U0565472

# 国家社科基金后期资助项目
# 出版说明

后期资助项目是国家社科基金设立的一类重要项目，旨在鼓励广大社科研究者潜心治学，支持基础研究多出优秀成果。它是经过严格评审，从接近完成的科研成果中遴选立项的。为扩大后期资助项目的影响，更好地推动学术发展，促进成果转化，全国哲学社会科学工作办公室按照"统一设计、统一标识、统一版式、形成系列"的总体要求，组织出版国家社科基金后期资助项目成果。

全国哲学社会科学工作办公室

国家社科基金
GUOJIA SHEKE JIJIN HOUQI ZIZHU XIANGMU
后期资助项目

# "预聘—长聘"制度与中国大学学术生产力

"Tenure-Track——Tenured" System and
the Academic Productivity
in Chinese Universities

尹木子　著

上海三联书店

# 序　言

　　随着我国高等教育的迅速发展,高校人事制度改革作为提升大学学术生产力与整体竞争力的关键环节,成为了社会各界关注的焦点。由浙江师范大学尹木子博士主持完成的国家社会科学基金后期资助项目的结项成果《"预聘—长聘"制度与中国大学学术生产力》一书,不仅是对这一领域研究的深入探索,更是对我国高校人事制度改革实践经验的系统总结与理论升华。作为尹木子博士的博士导师,我见证了她在学术研究道路上的不懈追求与辛勤耕耘,对其所取得的这一重要成果感到由衷的高兴与自豪。本书从我国高等教育发展的实际需求出发,以"预聘—长聘"制度为核心研究对象,通过丰富的定量数据与长达八年的追踪调查,全面剖析了该制度对中国大学学术生产力的多维度影响。在内容上,本书不仅深入探讨了"非升即走"与"首聘期科研考核"两种制度模式对大学科研与教学生产力的具体作用,还进一步揭示了制度实施中遇到的困境及其内外部原因,具有理论与实践的双重价值。值得一提的是,本书在研究方法上采用了定量与定性相结合的综合分析框架,确保了研究结论的科学性与可靠性。尹木子老师凭借扎实的学术功底与敏锐的洞察力,不仅揭示了"预聘—长聘"制度在提升大学科研与教学方面的积极作用,还深刻剖析了制度实施中的种种挑战与局限,为我国高校人事制度改革的进一步优化提供了重要的理论依据与实践指导。此外,本书在学术价值与应用价值均表现出色。首次构建了"预聘—长聘"制度对大学学术生产力影响的分析框架,丰富了相关领域的理论研究;同时,该研究成果也为诸多已经实施或即将实施类似制度的高校提供了可资借鉴的经验。通过本书的阅读,读者可以清晰看到"预聘—长聘"制度在中国高等教育改革中的实践轨迹与未来方向。在此,我要对尹木子博士表示衷心的祝贺与感谢。她的这部专著不仅是她个人学术生涯中的一个重要里程碑,也是我国高等教育研究领域的一项重要成果。我相信,本书的出版必将推动我国高校人事制度改革向更加科学、合理、高效的方向发展,为我国高等教育的持续繁荣与进步贡献更多的智慧与力量。

最后,我期待尹木子博士在未来的学术道路上继续秉持求真务实、开拓创新的精神,不断攀登新的学术高峰,为我国乃至世界的高等教育研究贡献更多的精品力作。

张　翼

中国社会科学院学部委员、中国社会科学院

中国式现代化研究院院长

2024 年 9 月 1 日

# 目　录

# 第一章 导 论

## 第一节 "预聘—长聘"制度实施背景与研究意义

### 一、研究缘起

（一）中国大学"预聘—长聘"制度改革

2015 年,关于高校未来发展总体规划的《统筹推进世界一流大学和一流学科建设总体方案》正式出台,各主要高校积极推进"双一流"建设。无论是兴办世界一流大学,还是建设一流学科,必然要以世界一流的学术水平作为支撑。[①]中国大学进步离不开大学教师队伍素质的提升,[②]高校要建设一流教师队伍,除了进行聘期改革之外,还需综合配套改革提供辅助和支持,即对传统的学术管理、评价机制进行全面改革,实行以教育、学术为本的管理。

随着中国改革向高等教育领域的发展,各高校开始探索教师聘任制度改革,从根本上改变"铁饭碗""终身制"等制约因素,逐渐形成了建设一流师资队伍的目标。历经 30 多年,高校基本实现了合同聘任制的全覆盖。进入新世纪,以北京大学为代表,部分高校实施了类似"预聘—长聘"的人事制度,引起了广泛探讨。2014 年,教育部颁布《深化教育领域综合改革实施方案(2014—2018 年)》,在部分高校试点进行"预聘—长聘"制度改革。第二年,清华大学和北京大学分别推出了《综合改革方案》,开始实施"预聘—长聘"制度,全力打造一支高水平师资队伍。[③]总的来看,"预聘—长聘"制度改革

① 洪煜.大学协同创新对学术产出质量的影响机制研究——基于中美高水平大学的引文分析[J].清华大学教育研究,2016,37(05):33—44.
② 沈红,王鹏."双一流"建设与研究的维度[J].中国高教研究,2018,(04):16—21.
③ 李志峰.高校长聘教职制度:历史发展及其演变逻辑[J].国家教育行政学院学报,2017,(07):15—20.

方案的核心是设计了"非升即走"和终身聘用的机制。

"预聘—长聘"制度,即新聘教师通过一定年限的考核期(预聘期),才能成为该校长聘教师。中国的"预聘—长聘"制度与美国大学的终身教授制度有相似之处。美国高校的新入职教师一般要经过5年左右的聘期,考核合格后才能获得终身教职。拥有终身教职的教师会有着更多的个人研究空间,所在单位不能随意解聘,因此这项制度可以有效选拔出合格的教师,并让其安心进行学术研究。实施"预聘—长聘"制度,是我国高校教师聘任制度改革的一次有重要意义的探索。当然,这一制度的效用发挥,还须同步推进学校薪酬制度改革和评价体系改革等综合配套改革,如实行年薪制和学术同行评价等。

(二)国外高校教职制度经验——以美国终身教职制度的形成为例

一直以来,国内学者对于高校教职制度的译法存在争议,到底是译为"终身教职"制度还是"预聘—长聘"制度。美国高校100多年前就实施了终身教职制度。20世纪初,美国密歇根大学与哈佛大学率先将教师进行了等级划分,①这种方法也为其他各级各类高校普遍运用。为了促使高校教师安心工作,促进学术进步,产生了终身教职制度的尝试,这一制度的出现是适应高校教师专业化、职业化的结果。1915年,终身教职制度在美国正式实施,美国大学教授协会(简称AAUP)基于维护教师学术自由,保证教师职业稳定性,发表了《关于学术自由和终身教职的原则宣言》,各项制度得到固定。②该《宣言》指出,讲师及以上职称的教师,工作满十年可以申请终身教职(Economic Status Report)。此后,美国大学教授协会对终身教职的规定不断修改完善,将工作年限由10年减至7年,并严格制定了解聘条款。总的来讲,美国高校终身教职制度的出现,是基于学术的健康持续发展,实现了教师职业的稳定性,③有利于促进教师安心从事教育和学术工作。

(三)国外终身教职对于中国大学的启示

终身教职是从"tenure"这一英文单词翻译而来,主要表达较长时间从事某一工作职务。这一英文单词最早可以追溯到古拉丁语"tenere",最早

---

① 朱军文,马春梅,李燕超.从打破"铁饭碗"到重建"终身制"——研究型大学教师聘用改革的悖论与反思[J].高等教育研究,2017,38(05):21—25.

② [美]伯顿·克拉克.高等教育新论——多学科的研究[M].王承绪等译.浙江教育出版社,2001.

③ Finkelstein, Martin, Seal R., et al. 1998. The New Academic Generation: a Profession in Transformation. Baltimore: Johns Hopkins University Press:276.

表示"占据"的意思,此后逐渐表达人们所属的"职业、地位或身份"。熊丙奇(2014)认为,清华大学和北京大学采用"预聘—长聘"制度,而不是用终身教授制来解释学校的人事制度改革,是担心引起"歧义"。①这次改革前很长一段时期,我国高校的人事制度改革,是以打破"铁饭碗"、实行全员合同制为重点,因为人们担心一旦实行"教授终身制",大学教师就会再次丧失考核压力,高校会出现"养懒汉"等负面现象。

从实际效果来看,该项制度可以充分激发新入职教师的创造性和积极性。中国科学院杨国梁指出,"预聘—长聘"制度的实施,可以使高校通过5—6年时间考察新教师是否具有学校期望的足够能力。同时,该项制度给了年轻教师独立学术的条件,能够充分发挥青年教师的潜能。此外,该项制度将较长一段时期作为考核期,可以保证新入职教师不受短期考核的压力和干扰,潜心钻研一些有价值和影响力的议题,形成意义性较强的成果。可以看出,"预聘—长聘"制度的最大好处是不给教授们很大的考核压力,给业已取得一定成果、基础优良的教授以充足时间,保障其更好进行研究和教学。该项制度效果目前在发达国家得到实现,而且越来越多国家的高校改革趋向于这个方向,应当说有制度本身的优势之处。

对于"预聘—长聘"制度,也有学者提出了审慎的建议。张瑞鸿和王晨(2020)认为,这项制度虽然在发达国家具有成熟经验,但"我国地区差异明显,各高校的具体情况有较大不同,实施时不能采取一刀切的方式。②清华大学和北京大学作为国内首屈一指的高校,虽然在试行这项制度的过程中,表现为极大地提升学校的学术水平,但在其他高校实行的效果有待考察。范先佐认为,中国顶尖高校比地方院校对高层次人才更具吸引力。而很多进行聘任制度改革的普通高校,目前采取的人才聘任制度是"非升即走",比如副教授如果在规定的时间内无法晋升正教授,就必须离职。这种方式某种程度上促进了人才流动,在全国范围内合理配置了人才资源。③此外,对于教授来讲,一流大学对受聘教授一般是有明确要求的,科研、教学和社会服务作为高校长聘教授的基本要求,只要达到相关标准,就能继续留任,这体现了"预聘—长聘"制度的竞争性和公平性。教授身份也存在频繁的人才流动,未能在一流高校取得长聘教授资格的大学教师,可以选择流动到其他高校或者企业等工作单位。

---

① 熊丙奇."高校教师长聘"符合学术规律[N].中国教育报,2014-12-18(002).
② 张瑞鸿,王晨.中国高校长聘教师制度的战略选择与制度风险[J].高等教育研究,2020,41(07):36—43.
③ 《中国科学报》2017-10-23.

# 二、研究意义

## （一）回应人才竞争新动向

随着市场经济、知识经济的纵深发展，各领域对于人才的需求激增，国内外人才竞争日益激烈，而且这种人才竞争逐渐向高校领域拓展。各高校为了在竞争中占据有利地位，纷纷从打造一支优秀的人才队伍入手，以此提升自身的综合实力。在全球化时代，高校之间的竞争打破了国界，重点是对各个领域的知名专家学者和有学术潜力的青年人才的争夺。在建设世界一流高校的背景下，各高校纷纷思索更优的人才引进举措，以获得未来发展的坚实人力保障，通过人才建设推动教学、科研等各个方面生产力的提高，不断增强综合实力和社会声誉，获得较高的知名度。我国高校建设和改革处于关键时期，如何进一步发挥高校在教育、科研、服务社会等方面的功能，在竞争中处于有利地位，这一问题得到了学术界的普遍关注。本研究从高校最活跃的力量——人才资源入手，通过研究中国高校人事制度改革，详细探讨"预聘—长聘"制度效果，为高校人事制度改革提供思路。

## （二）助力现代大学制度建设

建立现代大学制度要求进行全面深化高校各个领域的改革，人事制度改革是其中的关键一环，"预聘—长聘"制度的实施是高校在人事制度改革中的重要尝试，对于高校发展具有深远影响。各高校对于高水平师资队伍建设十分关注，人事制度改革的成败不仅关乎高校核心竞争力，也是建立现代大学制度的重要保障。改革开放以后，高校的自主权得到政府的承认，一般情况下政府对高校采取了宏观指导，高校由此可以在人事制度方面进行较为独立的探索，基于自身发展要求不断出台、完善人事制度，具体包括人才建设目标、招聘规划、实施路径、保障机制等等，力求最大限度挖掘教师潜能，促进高校与教师协同发展。

高校的发展离不开教学、科研、社会服务等各领域之间的协同共进，高校发展的实现由每位教师在各个领域能够取得高校期望的岗位目标而达成。越来越多高校认识到高校管理的核心是打造一支优秀的教师队伍，立足于进行人事制度改革，确保教学、科研、社会服务等各类工作的高质量开展。因此，当今中国高校改革大多从人事制度入手，致力于完善人事管理，具体来看，在办学目标、学科建设、用人政策、考评机制、人才保障等一系列相关制度不断进行优化。

建立现代大学制度是一项长期且复杂艰巨的重大工程，包括多个领域,涉及多方主体,影响多重利益。各项制度中,人事制度往往居于核心地位。制度对于进入其中的每一个个体都有着直接且深刻的影响,人的实践也是在一定制度体系内开展,行动效果往往取决于制度环境。高校完善人事制度,想尽一切办法招聘、培养、留住本单位所需要的各领域人才,以此推动本校教学、科研和社会服务等方面的进步。可以说,对高校人事制度的详细探讨和深入研究,不仅关乎各级各类高校自身发展,还关乎中国构建现代大学制度的成败。

（三）针对高校人事制度复杂性和特殊性的进一步探究

从人员构成来看,高校主要由学生、教学科研人员、行政管理人员和服务人员组成,上述四类主要群体在高校中拥有的地位和身份有较大差异,也具有不同的目标和价值追求,使得高校这一组织呈现出显著的复杂性。学者一般将高校理解为学术型组织,著名教育家蔡元培先生从功能角度出发,指出大学主要进行高深知识的研究。有学者从组织结构角度理解大学的特征,指出高校这一组织具有复杂的结构,每个组成部分各自有其运行规则,因此常常表现出冲突的状态。依据这一观点,高校具有的组织性表现为制度功能发挥良好;而高校的紊乱或无序,则表现为高校内部各个机构和人员在价值取向、实践行动等方面的离散状态。实际上,高校具有组织的一般特征,即组织各组成部分各司其职,同时又具有目标和行动的一致性,高校的协调共进需要一系列制度发挥效力。美国高等教育界著名教授伯顿·克拉克(1994)认为高校是知识生产类组织,具有相对独立性和自由度,其运行过程受制度化约束较小,外部对高校的影响较小,确保学术能够自由发展。[①]

高校教师工作相对而言具有一定自主性,这也深刻影响到他们的工作心理,教师往往具有强烈的自主发展意愿。高校教师一般会表现出较强的个人意识,主要体现在独立设计讲授内容、方式方法等,并不希望高校管理者过多干涉。高校作为承载知识生产、传播功能的组织,其地位和排名主要由教师学术水平决定。教师承担着知识生产和传播的职能,因此高校必须思考如何能促使教师致力于学术生产和传播活动,取得优秀的学术成绩。这就需要高校不断完善人事制度,形成有明显促进效用的一套激励制度,在选聘、激励、考核、保障等各个环节发挥积极作用。本研究通过梳理高校人事制度的变迁过程,剖析当今中国高校人事制度改革的措施及成效,立足于教师个体发展和组织发展的和谐共进,探索出适合不同高校特征的人事制度改革方向和路径。

---

① ［美］伯顿·克拉克.高等教育系统学术组织的跨国研究［M］.王承绪等译,杭州大学出版社,1994.

（四）选题特色

习近平总书记在党的二十大上再次强调教育的重要意义，全社会对于高等教育效果日益关注，而高校人事制度改革是推动我国高等教育事业持续健康发展的关键一招。此前学术界较多关注高校人事制度改革过程中存在的问题，并有针对性地提出相关对策建议和改革思路。总的来看，以往研究从西方所实施的终身教职制度出发，阐述该项制度形成的背景以及使用的制度环境，从部分高校在"预聘—长聘"制度尝试的个例出发，探求中国高校人事制度改革可以从西方获取的经验，但是此前很少有详细的实证研究，尤其缺乏对该项人事制度改革前后的比较研究，研究大多进行制度本身的探讨，并没有很好与改革成效（即学术生产力）联系起来展开分析。本研究通过部分高校"预聘—长聘"制度实施过程及效果的长期观察，获取了丰富的数据，以此探讨该项人事制度改革对学术生产力带来的影响，并选择一所地方高校，从其刚刚实施"预聘—长聘"制度开始，进行了长达8年的追踪调查，详细呈现该学校在实施"预聘—长聘"制度后陷入的困境，从大学内部系统的自主性与外部环境的变化分析出现困境的原因，力图全面详尽地呈现问题及其逻辑关系，从而为人事制度改革陷入困境或后续将进行人事制度改革的高校提供个性化的思路和借鉴。

中国高校为培养现代化建设的后备力量，使高等教育适应国家发展需要，全面推进中华民族伟大复兴，担负着重要责任，必须努力进行知识创新，做好知识传播和服务社会等工作。因此，必须进行人事管理制度改革，不断提高管理能力和效率，利用并发挥学校的人力资源优势。此外，高校的改革与政府宏观政策密切相关，高校探索的人事制度改革目标，必定受到政府的影响，从而使不同高校的人事制度改革设计回应政府和社会要求，产生具有自身特色的个性化制度设计。通过探讨高校在及时回应外部要求过程中对人事制度进行的经常性调整，可以对"预聘—长聘"这一制度的形成、演变获得更加全面的理解。

# 第二节　大学学术生产力的研究意义

## 一、学术生产力的提出

"生产力（productivity）"一词被多个领域所提及，经济学、管理学、政府、社会等都追求生产力的提高。实际上,发展生产力符合人类社会不断进步的基本规律,其最终目的则在于增进人类的幸福。[①]工业革命以来,如何提高群体工作的效率,成为社会普遍关心的问题,也构成了企业竞争、制度竞争的关键。[②]

教育领域同样面临着激烈的竞争,有关学校教育的有效性与绩效等问题,一直以来颇受人们关注。西方发达国家从20世纪60年代的《科尔曼报告》开始,对学校的有效性问题产生了浓厚的兴趣,并直接引发了20世纪70、80年代关于有效学校(effective school)的研究。[③]现在国际上共同关注的焦点是在确保资源运行和保持高等教育可获得性的同时,形成一种高效、稳定和成功的高等院校运行模式。[④]

## 二、学术生产力的意义

"大学学术生产力"主要表现为高校在各项学术工作中取得的绩效。一般来讲,大学学术生产力是高校这类学术组织所具有的培养各领域人才、创新知识和服务社会的水平。大学正是通过其拥有的学术生产力水平获得社会的认可和支持,并由此获得持续发展的动力。将大学学术生产力摆在重要位置的系统研究,是基于以下两点认识。

(一)学术在大学发展中的重要地位

大学进步最主要表现为学术进步。一所大学能否被社会认可或拥有较高的社会声誉,从根本上看取决于大学的学术生产力水平的高低,高学术生产力具体表现为有影响力的教师队伍、丰硕的学术成果和服务地方、造福社会的现实影响。总的来看,学术生产力是高校的核心竞争力,高等教育事业的发展,要求各高校不断提升学术生产力水平。

一方面,学术发展是高等教育存在的合法性基础。高等教育发展的历史表明,没有学术的发展就没有高等教育的发展。大学教育起源于欧洲中世纪,这种教育之所以被世界各国所认可并不断繁荣,最根本的原因就在

① 余朝权.优势竞争:突破生产力的奥秘[M].经济与生活出版事业公司,1985.
② [美]罗伯特·欧文斯.教育组织行为学[M].窦卫霖等译,华东师范大学出版社,2001.
③ 杜育红.论教育组织及其变革低效的制度根源[J].北京师范大学学报(人文社会科学版),2002,(01):68—74.
④ [美]杰拉得·盖泽尔.美国多校园大学系统:实践与前景[M].沈红等译,教育科学出版社,2004.

于其保持和发展自身的学术生产力,通过知识创新和造福社会得到世人认可。可以说,学术进步是高等教育的核心内容和主要标志,每一所大学要生存和发展,必须履行其在学术上的职责和义务,通过彰显学术生产力获得社会的认可与支持。

另一方面,提升学术生产力是每所高校实现其目标和功能的基本途径。大学是出产高深学问的场域,承担着培养人才、科学研究与社会服务等学术职能,被称为"学术组织"。作为一种由"学科"与科层"组织"交汇而成的学术机构,大学的各项职能无不需要借助"学术"来实现。以教学和科研而表现出来的"学术"活动是大学之所以能够存在的"目的性活动",是后勤、行政等其他"手段性活动"获得意义的前提,这就从根本上决定了"学术"在大学发展中的崇高地位和重要作用。

总之,"学术"的极端重要性要求加强对学术生产力理论的研究,以促进学术在现实中的发展。同时,"学术"在大学中的核心地位也决定了"大学学术生产力"的研究是极其重要的,其抓住了大学最根本的"生存之道",是对大学最核心、最精华部分的研究,如果能够得出一些有益的研究结论,必将有助于解放大学的生产力,促进高等教育的发展。

(二)大学的现实使命

在知识经济时代,社会赋予了大学创造、传播以及运用知识的重要职能,这对于高校既是机遇,也是挑战,只有创新知识才能得到社会认可。发展知识是对大学的最基本要求,大学拥有完备且学科专业基础强大的知识群体和知识生产的相关物质条件,这些优势使得大学成为"知识生产"的主力军。高校教师具有强大的学术生产能力,当他们的学术生产力被充分发掘出来,将对时代发展产生重要积极影响。知识经济时代是关注"知识"的时代,而大学重要的学术产品之一就是"知识",因此,大学学术活动的产出能力,或者说"大学学术生产力",就成为大学本身乃至全社会关注的焦点。如何有力回应社会"现实使命"的挑战,并借机大幅提升大学自身的学术水平与实力,这是大学不可回避的问题,也是理论研究面对新形势研究、解答新问题的迫切要求。

大学以知识生产、传播及运用为核心任务,因此具有教学、科研、社会服务三大职能。大学这一组织的独特之处在于知识性,丧失了知识性,大学就不成其为大学,就失去了合法存在的基础。大学正是凭借这种知识权威的角色,才日益成为社会的轴心机构。

## 三、学术生产力的接续探索

大学的学术生产力主要体现为以知识为内容所进行的学术生产工作中表现出来的基本能力。"大学学术生产力"一词在高等教育研究中已经有相关解读,典型代表是美国学者伯顿·克拉克,他强调知识和创造两者是密不可分的,由此展开学术生产力的探讨,并指出知识生产对于社会进步的重要意义,对大学提出了目标和发展方向。①克拉克在其代表性著作《高等教育系统》《高等教育新论——八个学科和比较的观点》中全面论述了大学"学术生产"的意义和实现途径,并以此将大学视为围绕知识生产的有机体,认为大学是"集结了各类知识生产主体的社会单元"。②英国学者迈克尔·夏托克阐述了学术、学校、学科三者之间的关系,指出三者的有机统一是大学进行学术生产的基本运行模式,大学这一组织表现出"包含并整合了各类知识群体,并保证了知识生产的有序"。③克拉克指出,大学运行表现出井然有序,在于不同知识生产部门或群体具有明确分工、各司其职,看似相对"独立"地进行知识生产,实际上各部门是有机结合在一起的。高校与其他组织有着相似的生产过程,只不过专注于知识领域的生产行动,具体表现为"发现知识、整合知识、创新知识、传播知识以及应用知识的一系列过程",而教师的工作就是"围绕某方面知识,寻找更佳方式整合、创新、传播,并发挥知识的社会价值"。④

总的来看,高校就如同"知识生产工厂",而学科就是"生产线",高校的生产表现为产出知识、毕业生,以及各个学科领域的服务。⑤因此,高等教育研究工作者,必须要清晰回答"高校进行知识生产的动力是什么?知识生产能力的形成途径是什么?哪些外部因素对高校生产能力有显著影响?"等一系列问题。⑥

在国内文献中,虽然没有以"大学学术生产力"为主题的著述,但在"关键词"和"全文"搜索中,"学术生产""学术生产者"等概念常常被使用。这也彰显了"大学学术生产力"的重要意义,也是本书将"预聘—长聘"制度对大学学术生产力的影响作为选题的重要原因。

---

①②④⑤ [美]伯顿·克拉克.高等教育系统学术组织的跨国研究[M].王承绪等译,杭州大学出版社,1994.
③⑥ [英]迈克尔,夏托克.高等教育的结构和管理[M].王义端译,华东师范大学出版社,1987.

# 第三节　本书的主要内容

第一部分——导论,由第一章构成,重点探讨我国大学实施"预聘—长聘"制度的背景及现实意义、大学学术生产力的研究意义,并对本书的主要内容、基本观点和研究方法、使用数据进行介绍,指明研究的主要思路及框架结构。

第二部分——文献回顾与理论基础,由第二、三、四章构成,该部分主要梳理了理论、文献、制度脉络和关键概念。第二章内容为学术职业理论与高校预聘长聘制度。笔者对本书所采用的学术职业理论进行细致解读,重点探讨了学术职业理论在大学的应用以及学术职业理论对大学教师、大学组织的影响,并梳理了学术职业变化对大学组织和大学教师影响的相关文献,作为本书展开论证的理论基础和逻辑支撑。第三章主要论述高校"预聘—长聘"制度。通过介绍国外终身教职制度和国内高校人事制度的建构逻辑及发展脉络,在此基础上笔者概括出本书主要议题"预聘—长聘"制度的理念、历程以及在中国大学的实践,本书根据"预聘—长聘"制度在各大学的具体实施情况区分出两类,即"非升即走"制度和"首聘期科研考核"制度,本章是后续几章建立假设及验证结论的基础。第四章主要进行大学学术生产力的概述与测量。笔者将分析阐释大学学术生产力的内涵与外延,着重介绍大学科研生产力和大学教学生产力的界定、解析与评价指标,回顾与评述国内外学者对大学科研生产力和教学生产力测量的研究成果,据此实现测量指标的本土化。

第三部分——实证研究,由第五、六、七、八章组成。其中,前两章使用丰富的定量数据验证和评估"预聘—长聘"制度的实施效果。第五章主要探究"预聘—长聘"制度对大学科研生产力的影响。笔者在介绍大学科研发展现状和相关文献基础上提出研究假设,选用"最好大学网"中国大学排行榜的数据和 CSSCI 期刊、中文核心期刊、中国科学引文数据库(CSCD)来源期刊发表数据作为样本,使用准自然实验方法验证"预聘—长聘"制度对大学论文表现(包括国际期刊和中文期刊)的发表数量、影响因子、被高引论文和被高引学者的影响效果。第六章主要探究"预聘—长聘"制度对大学教学生产力的影响。笔者通过分析中国大学的教学现状、教学与科研的关系,形成研究假设。本章从教师个人层面探讨"预聘—长聘"制度对中国大学教师的教学生产力的影响。笔者选择一所地方高校 D 全体 1091 名具有博士学位的教师,区分"预聘期内"与非"预聘期内"的教师,对其2017—2019 年三年教学业绩分与教学优秀评定情况的全面比较,考察了"预聘—长聘"制度与大学教师教学生产力的关系。本章又从组织层面上探讨"预聘—长聘"对大学教学质量的影响,使用中国校友会排行榜中大学教学质量数据,区分已经实施和尚未实施"预聘—长聘"制度,利用双重差分方法证实"预聘—长聘"制度对大学教学质量的影响。第七章和第八章使用质性研究数据解读"首聘期科研考核"制度失效问题。笔者对一所地方高校 D 进行了长达 8 年的追踪调查,充分了解其实施"首聘期科研考核"制度过程中出现的"离职多""招聘难""科研成果少""教学质量堪忧""学生满意度下降"等问题。第七章主要探讨制度失效的内部系统原因。通过大学的招聘程序、权力博弈(学术权力与行政权力的对抗)和组织内部多重制度逻辑冲突等方面入手解读制度失效的原因。第八章主要探讨制度失效的外部环境原因。笔者通过阐述学术劳动力市场理论以及运用该理论视角重点探讨 D 高校遭受到名校的挤压效应,从城市与大学关系详细叙述 D 高校遭遇的其他压力——同等院校的抢占效应和普校的抢夺效应以及从社会学角度解读 D 高校在实施"预聘—长聘"制度后,面对"内忧外患"情况下首聘期考核任务不断变化的原因。

第四部分——结论,由第九章构成,即研究结论与展望。在这一章,笔者总结本书主要研究结论与学术贡献,基于理论分析和实证研究的结论,为高等教育部门决策者和已经实施、即将实施"预聘—长聘"制度的大学提供实践指导,并客观评价本书的研究局限,提出后续研究方向。

## 第四节　本书的研究方法

本研究为实证研究,使用定量定性相结合的研究方法,收集有关大学在实施"预聘—长聘"制度前后的数据,并试图联系社会结构和社会文本解释这些发现。定量数据来自国内著名的大学排名榜——"中国校友会"和"最好大学网"网站的数据,各个大学官方网站、《高等学校科技统计资料汇编》(教育部科学技术司)、中国知网上论文发表数据;定性的数据来自笔者对一所实施"预聘—长聘"制度的地方高校长达 8 年的追踪调查,包括对 60 位新入职教师、近 20 位学校主管部门负责人和学院领导以及工作人员的访谈。

本节将论述研究使用的方法论和具体的研究方法,重点讨论定量和定性研究方法结合的可行性与在本研究的应用,然后分别介绍定量和定性数据的来源、分析方法和数据质量的评估。很多学科都涉足终身教职制度的研究,包括教育学、社会学、政治学和人类学。英文文献中有大量教育学和社会学的相关研究,大都采用定量的研究方法,例如使用量化研究终身教职的态度与看法以及利用调查数据研究博士毕业生就业意向。①②相反,国外的政治学家和人类学家在研究终身教职后果——"学术资本主义"偏爱定性的方法,③这可能是因为收集大规模随机抽样数据有一定难度。

国内学者对终身教职制度的研究还停留在理论政策层面,还没有关注终身教职制度的效果评价,即使有部分学者使用实证数据来说明终身教职对教师的影响,也是将关注点放在教师压力等老生常谈的问题上。④⑤⑥近年来,国内学术界在高等教育的研究中开始重视定量和定性方法的结合,一般包括收集调查数据和个案访谈,有的还包括参与式观察的方法。在定量与定性相结合的这股潮流中,很多研究并未充分说明为什么要使用混合研究方法以及所运用的原因。

在国外的终身教职研究中,定量定性相结合的研究方法得到广泛应用并被证实有效达成了研究目标。⑦⑧⑨如柏森(Pawson,2008)总结,研究者将定量和定性的方法结合得到了大多数研究者的认可,这是源于社会的多面性(multi-faceted)、多层次性(multi-layered)和多视角性(multi-perspec-

① Wolverton, M.(1998). Treading the Tenure-Track Tightrope: Finding Balance Between Research Excellence and Quality Teaching. *Innovative Higher Education*, 23(1), 61-79.

② Hayter, C.S., Parker, M.A.(2019). Factors that Influence the Transition of University Postdocs to Non-Academic Scientific Careers: An Exploratory Study. *Research Policy*, 48(3), 556-570.

③ Schulze-Cleven, T., Olson, J.R.(2017). Worlds of higher education transformed: toward varieties of academic capitalism. *High Education*, 73, 813-831.

④ 林晓娇.大学教师工作压力与心理韧性关系研究[J].大学教育科学,2015,(04):74—79.

⑤ 朱珠.现阶段大学教师过大职业压力产生原因与影响研究[J].大学教育,2019,(02):169—171.

⑥ 林培锦,李建辉.大学教师科研压力对科研绩效的影响——工作满意度、情绪智力的中介和调节作用[J].教育文化论坛,2019,11(01):130—131.

⑦ Bennett, Tony, Mike Savage, Elizabeth Silva, Alan Warde, Modesto Gayo Caland David Wright 2009, Culture, Class, Distinction. Taylor & Francis.

⑧ Silva, Elizabeth, Alan Warde and David Wright(2009), "Using Mixed Methods for Analysing Culture: The Culture Capital and Social Exclusion Project." *Culture*, 5(3), 5-25.

⑨ Warde, Alan and Lydia Marrens 2000, Eating Out: Social Differentiation, Consumption and Pleasure. Cambridge: Cambrige University Press.

tival)等特征。①学术界需要那些能够融合各种形式的材料和证据,并能整合当前多种研究视角的研究方法。在相关哲学理念的基础上,研究者针对具体的研究目的,将定量与定性两种方法以不同形式相结合,并根据不同的理论原则为这种方法论进行合理性辩护。布莱曼(Bryman,2008)通过对现有一些期刊论文的研究,发现大多数融合了定量定性方法的研究,其目的是为了"强化"(使用定性或者定量的方法可以收集更多数据,从而强化定量或者定性方法得出的研究发现)、"完整"(既使用定量方法,也使用定性方法,可以使得研究的解释更加全面)和"三角测量法"(综合定量和定性的研究方法,对研究发现进行三角测量,这些研究发现之间或许可以互相验证)。②

某些传统观点认为,定量和定性方法的本体论与认识论互不相容,两者之间存在不可逾越的"鸿沟",这使得定量定性相结合的方法常常受到挑战。表 1-1 显示了定量和定性方法在理论基础、研究方法和研究目的的不同。

**表 1-1　定性研究与定量研究的比较**

| | 定　　性 | 定　　量 |
|---|---|---|
| 理论基础 | 后实证主义、解释学、现象学的解释主义科学方法论,认为主体和客体之间是不能截然分开的,主张研究者介入,不赞成价值中立,主观价值因素的影响是不可避免的。 | 以经验主义的实证主义理论基础,主张价值中立,运用工具对研究对象进行测量获取数据以获得客观的研究结论,不受主观因素的影响。 |
| 研究方法 | 主要运用逻辑推理、历史比较等方法,从特殊的情形中归纳出一般性的结论,本质上是一个归纳的过程。具体方法包括深度访谈、参与观察、行动研究、人类学方法等。 | 主要通过观察、实验、调查、统计等方法,通过特定的工具运用经验测量、统计分析和建立模型等方法对研究对象进行测量获得数据,得出客观的研究结论,主要是一种演绎式的、自上而下的方法,从一般的结论推广到具体情境。 |
| 研究目的 | 通过广泛细致的研究,对研究对象形成更深刻的了解,注重参与者的观点,旨在理解社会现象,关注不同人对不同社会现象的态度,揭示各种情境的内部动力,从而把握事物的内在本质特征。 | 通过对研究对象进行测量,以及各种统计分析法,揭示研究对象之间的关系,从数量特征上获取事物的本质属性。 |

---

① Pawson,Ray. 2008,"Method Mix,Technical Hex,Theory Fix." in Manfred Max Bergman(eds.), Advances in Mixed Methods Reseach：Theories and Applications. Los Angeles, London, New Delhi, Singapore：SAGE, p.18.

② Bryman,Julia. 2008,"The Practice of a Mixed Methods Research Strategy：Personal, Professional and Project Considerations." in Manfred Max Bergman(eds.), Advances in mixed methods research：theories and applications. Los Angels, London, New Delhi, Singapore：SAGE, p.13.

总的来看,定量和定性方法相结合的研究方法有利于取长补短,更好实现研究目标。布莱曼(Bryman,2001)从本体论和认识论层面出发,指出研究方法并不是恒定的,需要不断寻找更适宜的研究方法,以达成研究者的目标。①定性研究方法,主要是结合实用主义与经验主义,在观察的基础上,寻找事物的内在联系和规律性。定量研究主要结合了建构主义与解释主义,对事物的动机、意义进行阐释,并为主体行动形成规律性结论。

博格曼(Bergman,2008)对此进行了更为全面系统的论述,提出在混合研究方法的应用中"混合"数据收集方法和数据分析方法,并不是模糊了定量和定性方法,这为研究者提供了一种全新的视角。根据博格曼的观点,传统的关于定量和定性方法的"分割"观念应当被抛弃,因为建立在此基础上的混合研究方法的前提是错误的。事实上,各种定量或者定性方法的实践相距甚远,很难为定量方法或者定性方法总结出彼此的区别。在这一观点基础上,博格曼提出了混合方法研究中的两个主要原则。第一个原则是区分"数据收集方法"(如无结构式口述访谈,建立在封闭式问题上的调查研究等)和"数据分析方法"(如定性的内容分析,福柯式的话语分析,定量的内容分析,结构方程模型等)。第二个原则是研究者可以根据具体的研究问题、理论和目标选择不同的搭配来理解他们的数据。鉴于此,研究者是在处理客观现实还是建构起来的现实,又或者是在做假设检验还是探索性的分析,与数据通过统计调查或者其他什么方法收集无关。②定量方法既可以作为"数据分析方法",也可以用于定性访谈数据,如果作为数据收集方法,所获得的数据也可以使用一些定性分析的方法,如探索性分析、个案分析。同样,研究者们也可以这样认识定性方法。

虽然定量和定性方法可以结合使用,但是两种方法的本体论和认识论有着本质差异,简单结合定量与定性两种方法过于极端,因此研究数据的收集方法,决定后续采用哪种分析方法。实际操作中,很多专家提醒研究者在使用计算机辅助软件分析定性数据时,横剖式的编码要与变量分析的定量逻辑区分开来。梅森(Mason,2002)认为,无法确保各部分定性数据之间的高度一致,并且定性数据所反映的复杂的社会过程和机制也不应该

---

① Bryman, Alan. 2001, Social Research Methods. Oxford: Oxford University Press.

② Bergman, Manfred Max. (2008), "The Straw Men of the Qualitative-Quantitative Divide and their Influence On Mixed Methods Research." in Manfred Max Bergman(eds.), Advances in Mixed Methods Research: Theories and Applications. Los Angeles, London, New Delhi, Singapore: SAGE, p.11.

被缩减到一个静止的或简单的变量，在不同数据上，编码形式和分析方法可能会有所不同。①本研究赞同这一观点，在处理定性数据时使用了不同的分析逻辑，同时将横剖分析和语境分析、个案分析相结合。将客观分析的方法应用于定性数据毫无疑问是可行的，而且已经在社会科学中得到应用，比如对于被访者的年龄、收入、家庭状况、学科分类等特征的分析以及对于被访者的语言构成的分析，后者在本研究中尤其重要，下文将进一步解释。

总的来说，布莱曼和博格曼的观点富有启发性，他们不仅为混合研究方法提供了比较一致的辩护理由，也提高了混合研究设计的可能性。关于混合研究方法的争论也提醒研究者，应当根据研究目的、数据类型甚至研究者的资质，选择一种合适的策略，系统地连结数据以及合适的数据分析方法。

本研究采用混合的研究方法，从不同视角揭示和解释"预聘—长聘"制度对中国大学学术生产力的影响，目的是丰富和深化研究发现并增强结论的可靠性。定量分析可以使用具有代表性的样本来描述各个高校实施"预聘—长聘"制度后科研规模与质量、教学质量、培养人才质量、毕业生质量、与企业合作项目经费、科研转换率等科研、教学与社会服务的情况，并可以同没有实施"预聘—长聘"制度的高校进行比较，定量数据的图表尤其可以非常直观地展现高校的特征及其实施"预聘—长聘"制度后各个方面的变化。此外，双重差分分析可以对"预聘—长聘"制度的效果影响因素做验证性的分析，从而增强结论的可靠性。本研究使用国内著名的大学排名榜——"中国校友会"和"最好大学网"网站的数据作为定量数据来源（本书将在第五章和第六章做详细介绍）。虽然是二手数据，但是两个网站上的数据包含了有关大学的科研、教学、毕业生质量和教师水平等变量，能够获得有关大学国际期刊发表表现、科研奖励、课题数量、教学质量、教学奖励、杰出校友、教师水平等方面的数据，节省了数据收集的精力。但是，定量分析的显著不足就是没有典型案例的代表，很难获得各高校内部实际情况上的差异。而且，定量分析也难以获得主观的解释以及"预聘—长聘"制度实施后产生的问题如何被具体的社会环境背景所塑造等信息。上述任务只能由定性数据的分析来弥补。第二章提到，本研究借助学术职业理论的研究框架，考察新教师离职的意愿和行为的解释中暗含哪些深层原因，可以建构"首聘期科研考核"制度失效分析的理论模型，因此定性分析必不可

① Mason, Jeniffer. (2002), Qualitative Researching. (2nd ed). London: Sage publications.

少。本研究收集定性数据的方法主要是半结构式访谈。访谈法有助于认清"真实的生活",访谈中形成的具体文本,可以作为理解研究问题的重要数据,尤其适用于找寻隐藏在内部问题的答案。[①]

总之,在本研究中,将结合定性与定量两种方法优势,定量分析能够以较大的样本,并通过实施与未实施"预聘—长聘"制度大学之间的对比,产生丰富、可靠的结论和分析框架,定性分析通过挖掘实施"预聘—长聘"制度的大学内部的差异并联系外部环境——学术场域等因素,能够深化定量的研究发现,也能形成关于消费倾向和动机的比较深入的结论。这种研究策略类似布莱曼(Bryman,2008)所谓的"强化"策略。[②]下面将分别介绍定量与定性两种数据来源和各自的分析方法。

# 一、定量研究

(一)定量数据来源

1. "最好大学网"数据

最好大学网(zuihaodaxue.com)由上海软科教育信息咨询有限公司经办,是呈现中国大学和海外名校基本情况、比较排名、深度分析等高质量信息的网络平台。"中国最好大学排名"的特点是涵盖了综合排名与单项排名,客观展示不同视角下的中国最好大学。

最好大学网公布的大学排名,包含 1 个综合各个指标的排名,以及多个单项指标排名,综合排名包括了多个指标,针对具有一定学术水平的本科高校进行排名,单项排名在单一指标下对高校进行排名,单项排名形式可以发现个别领域取得较好成绩的高校。

(1)指标设计及说明

具体来看,最好大学网制定的排名依据充分考虑到每项评价指标的重要性,以及该项指标对高校某领域学术水平的适切性,选用了四个方面共九项指标,从不同侧面反映了高校的学术生产力水平。第一,人才培养方

---

① Miles, Matthew B. and A. Michael Huberman. (1994), Qualitative Data Analysis: An Expanded Source Book. (2nd ed). Thousand Oaks, Calif., London: SAGE Publications.

② Bryman, Julia. (2008), "The Practice of a Mixed Methods Research Strategy: Personal, Professional and Project Considerations," in Manfred Max Bergman(eds.), Advances in mixed methods research: theories and applications. Los Angels, London, New Delhi, Singapore: SAGE, p.13.

面包括 2 项具体指标,即"新生高考成绩"和"毕业生就业率",前者反映了高校的生源水平以及对学生的吸引力,后者反映出教育成效。第二,科学研究方面包括 4 项具体指标,"论文数量"反映该高校的学术规模,"论文质量"可以代表高校的学术水平,"高被引论文"反映高校的同行认可情况,"高被引学者"表示高校的高层次人才情况。第三,服务社会方面包括 2 项具体指标,"企业科研经费"反映出高校对企业发展的助力情况,"技术转让收入"代表了知识实际应用情况。第四,国际化方面有 1 项测量指标,"留学生比例"可以表现出高校受国外的认可情况。以上 9 项指标涵盖了高校学术生产力水平的主要面向,通过排名既可以看到各高校的整体学术水平,又可以发现每所高校的学术优势与不足之处。9 项具体测量指标都可以找到数据支撑,从不同侧面反映高校的社会贡献,并且排除了行政和人情因素的影响,因此排名结果具有重要的参考价值。

最好大学网进行的高校排名,详细解读了每项具体指标的数据来源和统计方法,并提供了每项指标的原始数据,所有机构或个人都可以进行审核验证。公开原始数据也更好地体现了排名为学生、大学和社会服务的宗旨,各类用户可以根据自身需求使用最好大学网公布的排名,并利用该网站中提供的数据在所需领域进行研究。

(2)排名对象

最好大学网选取的是教育部承认的 1 243 所本科大学进行排名,包括826 所公办大学、153 所民办大学和 264 所独立学院。[①]"中国最好大学排名"综合排名的排名对象是 1 243 所大学中同时符合以下条件的大学:

第一,当年在理工类、文史类招生人数不少于 100 人(2017)。

第二,近 5 年内发表论文数量超过 100 篇(2013—2017)。

第三,当年有本科毕业生(2017)。

(3)各项排名指标说明(囿于篇幅所限,在附录 1 和 2 中展示)

2. 中国校友会——大学排行榜

中国校友会网(www.cuaa.net),又称中国校友网,2001 年末开通,初表是为各级各类学校的校友会组织提供专门服务,2015 年开始被授权独家发布校友会版中国大学排名,后来专注于大学综合排名和单项排名,目前该网站已经对中国大学进行了 360 度全景数据统计排名。

2003 年开始,中国校友会网立足当下中国高校发展实践,结合国家对高等教育的政策指向,不断革新大学评价指标体系,增加评价项目,积极回

---

① 本排名截止到 2018 年 12 月 31 日.

应国家"双一流"建设战略背景,创设"破五唯、全覆盖、全公益"以及符合中国本土学术发展的评价体系,得到了社会各界广泛关注和好评,中国校友会网大学排行榜已成为中国最具影响力和公信力的大学排行榜品牌,人民日报、中央电视台(CCTV)、中国教育电视台、中国青年报和参考消息等主流媒体均对中国校友会网大学研究团队的研究成果给予采访报道。中国校友网设计的排名评价体系,充分考虑到大学人才教育、科学研究和社会服务三个领域的功能,并区分国内和国际两个范畴的成就,综合考察已经离校人员(校友)的成就和校内人员的学术业绩。

中国校友网的大学排名具有鲜明的公益性,可以为政府、教育部门提供数据参考和政策依据,为大学提供全面评价和方向指引,为用人机构招聘提供需求参照,为学生提供报考指向,得到了全社会的好评。

(1)教学质量排行榜

2015 年 6 月 23 日,艾瑞深中国校友会网最新发布《2015 中国大学教学质量评价报告》,这是我国首个反映高校教育教学质量的评价报告,报告公布了 2015 中国大学的教学质量、教师水平、毕业生质量、杰出校友和考生最青睐大学排行榜等榜单。具体来看,教学质量评价指标体系包含了对学生质量的考察,包括在校生获得奖励、毕业生情况等指标;教学资源指标包含大学的学科专业设置、实践基地、教学科研工作室等指标;教师质量评价指标包括杰出人才、师资实力等指标,这些指标设计确保了真实、客观、科学、公正、透明地体现大学教学水平、教学效果和人才培养质量。

(2)毕业生质量排行榜

人才培养是大学的核心职能,大学提升学术生产力,最终是通过培养社会发展需要的各领域人才,从而推动社会进步。中国校友会网首席专家蔡言厚在制定排名标准时,特意将毕业生质量作为重要考察项,大学毕业生在工作中的作用,一方面可以体现出学校的教育质量,另一方面也反映出大学对于社会的贡献大小。检验毕业生质量的优劣主要是通过工作机构的评价,大学的人才培养成效可以借助毕业生在工作领域的表现来测量,因此选取用人单位对毕业生的评价可以较好反映社会对大学教育效果的评价。具体而言,大学为各个领域培养出的杰出毕业生数量是用来衡量大学教育水平较为科学、客观、准确的指标,从毕业生取得的工作业绩和认可程度可以对毕业生质量进行有效测量。

某些大学排名机构在测量毕业生质量时简单采取学生打分方式,这种测量方便完成,但是主观性很强,结果难以反映毕业生真实水平。中国校友会网所采用的客观测量方式,即毕业生工作领域的评价,更加能反映出毕业生的真实水平,从 2013 年开始连续 5 年发布毕业生质量排行榜,具体测量采用了分项加权方式,其中优秀毕业生(杰出校友)占 50％,教学奖励(教学成果奖)占 20％,培养质量(学生所获奖励和荣誉)占 30％等作为评价指标,采集数据全部由政府、大学、第三方机构、新闻媒体在正规渠道公布。

（3）教师水平排行榜

人才培养、科学研究、社会服务是大学的主要职能,教育是教师的天职,而良好的学术水平是其生命线。高校无论是学术水平的提升还是教学质量的提高,都依赖于专任教师,教师对高校教学、科研等学术水平的提升贡献最大。教研相长,科研为教学服务,增强学术能力是提高教师教学效果的最重要途径,教师学术水平的提升可以促进其更好开展教学、科研和社会服务,全面提升教育教学效果。蔡言厚教授指出大学在当前的一个严峻问题,部分国内高校评价体系出现了单纯以"科研规模"对大学进行简单类型划分和替代教师教学水平的不良现象,完全忽视了不同类型、层次、地区和特色高校的办学定位和办学差异,这种过度强调论文和专利数量的错误评价思想严重误导高校,使其轻视甚至忽视教学质量,造成科研规模大、师生数量多的高校被冠以所谓"研究型大学"的称号,从而严重动摇了教学在大学中的中心地位,不利于高校教师教学能力和人才培养质量的持续提升。

大学教师学术生产力的评价,包括毕业生质量(杰出校友)、师资水平(杰出师资)、教学水平(教学成果)、科研水平(学术成果)四个主要领域,这也是教师学术水平测量指标。指标确立可以引导高校注重教学科研的内涵与质量建设,努力造就一支教学水平高、科研能力强的师资队伍。与其他大学排行榜不同的是,教师学生数量、论文和专利数量等规模指标未纳入评价标准,采集数据全部来自第三方机构、政府部门公布的数据,确保数据的公信力、透明性、客观性。

（二）数据分析方法

本研究主要探求大学学术生产力的影响机制,属于对因果效应的发现,考察各项政策举措对大学学术生产力的影响,属于政策效果评估。最早进行因果研究和政策评估是经济学家,用来解决复杂经济问题。社会科学研究与自然科学不同,受道德、法律、社会存在等因素制约,无法使用实验方式对某项政策进行评估。为了解决上述问题,经济学家开始尝试建立"准实验"环境,利用计量经济学方法对政策实施效果进行评估,常用方法包括倾向值匹配法、工具变量法、断点回归法等,上述方法都有其优势和缺点,并有着严格的使用条件,不同条件下可以选取更适宜的方法。①本研究主要采用双重差分方法,该方法近几年兴起,在社会科学各个领域的政策评估中得到广泛运用。

本研究的分析模式是验证"预聘—长聘"制度对大学学术生产力的效果,具体使用双重差分法来评估。双重差分方法(Difference-in-Differences,简称 DID 方法),被广泛运用于公共政策评估,该方法看似简单,具体使用必须满足一定前提条件,但是实际操作过程中往往难以严格符合要求,因此必须进行合理化操作。

一般情况下,政策出台前必须进行可行性论证,包括对实施环境、社会风险等方面进行评估,同时涵盖了对政策结果预计和效果分析。政策评估通过对政策效果的科学预测,可以最大可能确保政策的科学性,并辅助政策更好发挥执行效果,促进政策的进一步完善,提升政策主体的效率和收益。

双重差分方法是进行因果效应评估的计量方法,该方法将公共政策的实施过程看作一个实验环境下的发生过程,对该项政策实施的结果进行预测、评估。具体程序是:第一步,将样本数据分为实验组和控制组,前者施加政策影响,后者没有政策干预。第二步,选取需要测量或评估的具体指标,将实验组和控制组在政策实施前后的情况进行第一次差分,得到第一次两组变化情况的结果,第一次差分的意义是消除个体不与时间同步的异质性。第三步,对实验组和控制组的变化情况进行第二次差分,第二次差分可以消除时间变化产生的增量,从而得到政策实施后的效果。

双重差分方法的使用条件比较严格,一般情况下要满足 3 个条件。第一,满足平行趋势,如果实验组与控制组不受任何政策影响,两者的发展趋势应该相同。第二,符合稳定单位治疗值假设(SUTVA),实验过程中政策仅对实验组产生影响,不会出现外溢效应,即对控制组没有影响。第三,线性形式条件,潜在结果变量同处理变量和时间变量满足线性关系。政策评估过程中,只有满足上述条件,才可以使用双重差分法,而现有的做法如下:

1. 处理非平行趋势

由于个体进入实验组和控制组并非完全随机,平行趋势假设经常很难满足,容易出现"选择性偏误"。②此时,研究者需要判断实验组与控制组是

① Imbens, G.W. and J.M., Wooldridge(2009). Recent Developments in the Econometrics of Program Evaluation, *Journal of Economic Literature*, 47(1), 5 - 86.

② Meyer, B.D., Viscusi, W.K. and D.L., Durbin. (1995). Workers' Compensation and Injury Duration: Evidence from a Natural Experiment. *The American economic review*, 85(3), 322 - 340.

否存在随时间变化形成无法观测的异质性因素。当实验组与控制组之间存在异质性因素,使用双重差分法进行政策评估会发生偏差。

研究者拥有两期以上数据时,则可以通过图示进行平行趋势判断,也可以采用"安慰剂检验"(Placebo Test)。在研究样本中,第 $t$ 期实施了某项政策,将 $t-1$ 期记为 $t$ 期的前一期,$t+1$ 期记为 $t$ 期的后一期,可以设想政策实施在 $t$ 或 $t+1$ 期,通过双重差分法测量这种分期时的政策效果。此时,由于政策分期是设想出来的,处理效应应该不显著。如果回归结果呈现出处理效应显著,很可能源于两种原因。第一,政策实施之前已经被个体有所预设。第二,如果个体并没有此前的政策预设,这种情况则不符合平行趋势,实验中假想的"虚拟"政策的处理效应表现出"选择性偏误"。当平行趋势假定未能得到满足,可以探讨样本实际情况,将双重差分方法进行扩展,然后再对政策效果进行评估,一般常用的两种扩展是倾向值匹配的双重差分方法与三重差分模型,后一种扩展方法本书并没有使用,因此这里不作介绍。

2. 基于倾向值匹配的双重差分方法

当不符合平行趋势假定时,可以先使用倾向值匹配法(Propensity Score Matching,简称 PSM),将实验组和控制组进行匹配。首先使用倾向值匹配法,然后对具有相似性的个体进行双重差分,再对使用倾向值匹配得到的控制组进行计算,这样可以较好对政策效果进行评估。[①]实验组与控制组的样本量越大,运用该方法进行政策效果评估就越准确。

双重差分法的使用需要符合平行趋势条件,也可以用来验证评估结果是否存在误差。如果存在两期以上的数据,则能够对实验组与控制组是否满足平行趋势进行判断,这时笔者采用倾向值匹配法进行测算,这也是很多学者进行政策评估时所使用的方法,本书中的检验同样使用了这一方法。

(三)数据评估

定量数据的显著优点在于样本较大,因而研究发现在一定程度上可以推广。但是定量数据还有一些缺点。首先,"最好大学网"数据不足之处就是科研数据以国际期刊 Scopus 库的数据而计算,缺少中文期刊发表的数据,不能全面地展现出大学科研水平。国际论文期刊通常是理工科发表论

---

[①] Hirano, K., Imbens, G. W and G., Ridder(2003), Efficient Estimation of Average Treatment Effects Using the Estimated Propensity Score, *Econometrica*, 71(4), 1161-1189.

文的阵地,人文社科专业的学者通常在中文期刊发表文章。所以"最好大学网"的科研数据有一定局限性,因此,本书添加了各个大学中文期刊发表数据,这个数据获得有一定难度,目前只有一款学术志 App(这是一款为学术科研准备的交流服务平台,关注人群主要是大学教师)曾整理 2018 年中国大学 CSSCI 期刊发表数据、中文核心期刊发表数量数据,本书在此基础上整理 2015、2016、2017、2018 年各个大学 CSSCI 期刊、中文核心期刊、中国科学引文数据库(CSCD)来源期刊的数据,即包括发表数量、影响因子、被高引论文、被高引学者。其次,定量研究无法详细分析各个大学实施"预聘—长聘"制度过程中的内部差异。这种差异主要表现在,是选择"非升即走"制度还是选择"首聘期科研考核"制度、实施不同的人事考核制度后所遭遇的状况等都无法用量化的数据测量。最后,两个网站的数据还都是以大学为分析单位,没有涉及大学教师在"预聘—长聘"制度的表现、态度、想法、意愿、行为等方面,这是目前很多调查数据共同的局限,致使定量方法难以进行测量,因此,仅依靠定量数据,难以获得深入和全面的分析。

## 二、定性数据的来源

收集定性数据的方法是半结构式访谈。笔者于 2015 年 12 月—2019 年 5 月对一所地方高校 D(后文简称"D 高校"或"D 大学")进行追踪调查,访谈的对象包括 2016 年新入职的 30 位教师,以及近 10 位学校科研、人事管理部门和部分学院领导及其工作人员。后续在 2020—2022 年期间又补充访谈了预聘期内 30 位新教师和 10 位学校各个学院的分管领导。访谈的内容包括"预聘—长聘"制度实施的原因,实施后对大学新入职教师的科研、教学、社会服务、日常生活等方面的影响,实施后出现的困难、如何改进等内容。定性数据的收集将会按照访谈设计、试探访分析方法,并将被客观评估。

(一)访谈设计和研究伦理

定性分析旨在理解"预聘—长聘"制度效果的复杂性以及相关主体的自主解释。半结构式访谈可以让研究者主持谈话,并可能使那些研究者忽略了的或者嵌置在日常行为中不易察觉的问题浮出水面。半结构式访谈比结构式访谈和调查问卷更加灵活,同时也比参与式观察节约时间。基于本研究的主题,访谈问题主要关注大学教师在"预聘—长聘"制度下如何践

行大学教师角色,如何分配好科研、教学和社会服务三个方面的职责。访谈问题的结构如下:

1. "预聘—长聘"制度下的大学新入职教师的科研表现,包括学校的科研考核设置、新入职教师对科研重视程度、个人科研能力、入职前和入职后的科研成果、入职后对科研的态度、分配给科研的时间。

2. "预聘—长聘"制度下大学新入职教师的教学表现,包括实施学校对教学的考核目标、对教学的重视情况、新入职教师对教学的投入度,对教学的态度和教学评价。

3. "预聘—长聘"制度对大学生产生的影响,包括学生如何看待"预聘—长聘"制度、学生对新入职教师教学评价、科研评价、指导学生评价等。

4. "预聘—长聘"制度实施后遇到的困境,包括学校实施"预聘—长聘"制度后遇到了哪些困难、矛盾和压力。对于这些困难、矛盾和压力,学校采取了什么措施解决,对后续实施该项制度有哪些影响。

5. 最后,人口特征作为背景信息,包括年龄、性别、婚姻状态、是否有小孩、专业和家庭背景(家乡、父母工作、家庭收入等)。

在访谈框架拟定好之后,本研究另一个挑战就是操作。访谈中必须覆盖上述话题,同时又要使得谈话愉快地进行。笔者主要采取两种办法:一种办法是从日常习惯谈起,再转入较为反思性的讨论,这样设计的好处是为了让谈话由浅入深,被访者在这样的过程中不会感到很吃力;另一种办法是关注详细的故事而不是概括性的结论,针对有的被访者喜欢表达一些空泛的观点和行为,比如"还行吧""我没什么想法",或者以"写论文呗""好好上课"这样的假设开头。这些数据具有一定的信息量,但是因为缺乏具体的文本而意义不大。这实际上是在民族志研究中访谈受过良好教育的被访者时常常会遇到的问题。哈默斯莉和阿特金森(Hammersley and Atkinson,1995)指出,高度抽象或者理论化的回答通常由受过良好教育或者"久经世故"的被访者给出,从描述游离到了分析,有破坏数据的危险。①被访者有这类反应,主要原因是访谈互动中,被访者意识到访谈者作为观众的存在,会有树立某种形象或者自我保护的表现。由于本研究的访谈对象几乎都是具有博士学位的高学历人群,他们更愿意给自己树立知识分子、热爱科研的形象,访谈难度因此大大增加。在访谈中,笔者会鼓励被访者告知每一个事件尽可能多的细节,不管这些细节多么琐碎和微小。这些努

---

① Hammersley, Martyn & Paul Atkinson (1995), Ethnography: Principles in Practice. (2nd ed). London: Routledge.

力使得笔者有足够的信息来思考研究发现并建构结论,从而增强了访谈数据的可靠性。

上述两个策略之外,笔者也特别将收入信息的询问保留到了访谈结尾,并且告诉被访者可以选择回答或者不回答。原因很简单:人们更可能在与研究者建立信任之后才会透露更多的私人信息。因为大学教师的收入是基本工资加绩效,而基本工资大致相同,绩效则决定了收入差距,而科研好的教师得到的奖励多,收入自然会高。这个策略帮助笔者从 90%的被访者那里获得了有关分配科研、教学时间、完成科研任务情况、自身科研水平的数据。数据的质量将在后续进一步讨论。

在做田野调查之前,笔者也思考了访谈中可能会涉及的伦理问题。最重要的是确保访谈数据的保密性和匿名性。经被访者同意,访谈会进行录音,但是这些文件将严格保密并且只有笔者本人能够接触,不会泄露任何信息给他人,也不会使用他们的真实姓名泄露个人的信息。所以,为了确保数据的署名性,本研究中的被访者姓名均为化名,并且在访谈之前都向被访者作了解释。事实证明,数据收集时获得被访者的知情同意(informed consent)对于建立双方的信任关系非常有帮助。另一个伦理问题是个别的访谈问题可能会引起被访者的焦虑或者尴尬。但是,这在访谈之前也已向被访者说明,如果有任何问题让他们感到不舒服,他们有权拒绝回答或者停止讨论。例如,被访者可以选择告诉笔者收入或者保密,或者在回顾他们的科研和教学时遇到不愉快的回忆可以立即停止。针对后一种情况,笔者的策略是一般不直接询问这些问题,而是在合适的时机问及或者让被访者自己提到。

(二)试探访谈、样本选取和田野调查

2015 年年末,笔者的身份还是一个即将毕业的博士研究生,在选择工作的时候,经常听到"预聘—长聘"制度,几乎所有应聘高校都实施了这项制度,但实施的方式却有所不同,有的学校是在预聘期(三年)设定一定科研任务工作量,如果完成就可以得到学校的长聘;而有的学校是要求在预聘期内晋升高级职称才能得到学校的长聘。前者在本书中称为"首聘期科研考核"制度,后者在本书中称为"非升即走"制度。笔者在选择工作时,就面临着两种"预聘—长聘"制度的抉择。"首聘期科研考核"制度相对容易,因为仅仅是与自己的竞争,只要完成学校规定的科研任务即可留任;而选择"非升即走"制度的学校,意味着笔者需要与同期进入学校的新老师或以往进入学校同一职称的教师竞争,竞争成功后才能留校。后者的难度显然要高于前者,出于对工作稳定的追求,笔者选择了一所实施"首聘期科研考核"制度的学校。在刚进入学校时,一起入职的新教师谈论最多的话题就是"能不能完成任务、能不能通过考核、能不能留下来",笔者对这个问题也非常有兴趣,对一起入职的同事展开了试访谈。

为了测试访谈问题的有效性和可行性,笔者于 2015 年冬天对 D 高校一位教师试探访谈。访谈对象是一位刚刚通过面试,准备入职的新老师(个案编号:F87NWB16),女性,东北人(与笔者是老乡),1987 年出生,当年 28 岁(由于访谈时间跨越 8 年,下文年龄统一用出生年份表示),从欧洲留学回来。由于是老乡的关系,谈话进行得非常顺利,她对未来工作期许、对"预聘—长聘"的话题非常感兴趣。事实是,被访者显著的乐观情绪让笔者决定在以后的访谈中补充有关焦虑和困惑的问题。试探访谈的时间也有点长,将近三个小时,也提醒笔者要减少问题的数量并控制谈话的节奏。这个访谈也被完全转录并且输入 Qualrus 中,和其他的访谈一并分析。

本研究于 2016 年 2 月开始进行正式的访谈,第一阶段时跨三年,直到 2019 年 1 月,笔者还在补充访谈资料。根据有关"预聘—长聘"制度的现有文献,访谈对象区分了学科和专业,既包括人文社科专业也包括理工科,多数被访对象是本人朋友或熟人介绍,之前与他们并未建立联系。样本选择中,笔者注意了两点。第一,避免选择熟知的人,因为他们具有同质性,这种亲密关系可能使得研究结果出现偏差;第二,选取多元化的样本,样本的年龄、性别、专业、家乡/出生地、婚姻状态、收入等特征尽可能多样,避免样本过于单一(如样本不能只包含科研能力突出人群),样本选取尽量符合代表性、普遍性要求。因此,本研究对于定性分析的结论使用的是理论推广。

2016 年 2 月—2018 年 10 月笔者进行了 25 个访谈之后,获得了非常丰富且颇具价值的信息。为了获得更多有关不同学科不同科研能力的教师信息,2019 年 1 月份笔者又继续开展了 5 次访谈,重点关注科研能力较高的新教师入职后的策略,这 5 位教师都是提前一年完成第一层次科研任务,并评上副教授的理工科新教师。因此,本研究的正式访谈有两个阶段,一共有 30 位被访者(包括试访谈的一位新教师)。当获得一位候选人的联系信息时,进行访谈的程序如下:笔者会给他/她打电话或者发 QQ(同年入职的新教师有一个专门的 QQ 群),说明访谈的目的以及保密和匿名的规则,如果被访者要求的话,笔者还会附上访谈的提纲,并与被访者预约方便的时间地点。一般情况是,大多数被访者选择在工作地点或者教师自助餐厅进行访谈;只有两位女老师邀请笔者去了家里,其中一位是与笔者有学源关系(硕士是同一所学校)所以更愿意在家接受访谈。从中或许可以推断,工作场所是大学教师其日常生活的一个非常重要的空间,尤其在处理非亲密社会关系时,经常会在工作场所进行。有 8 人拒访,笔者将自我介绍、访谈目的、访谈提纲等信息通过 QQ 或者学校工作邮箱发送给这 8 位教师,但是一直没有得到回复。笔者也曾尝试让中间人帮忙联系,有一位教师表示"没什么可说的"、有一位教师第一次回复说"这阵子太忙了,等假期吧",结果假期再次联系的时候,他表示在老家度假,没有时间做访谈,最后笔者不得不放弃这位访谈对象。其他六位教师均没有回复。他们可能担心的是访谈的保密性或者自己的科研实力真实地体现出来。虽然笔者一再保证数据的保密性和匿名性,但是无法说服他们,只好舍弃这些案例。

无论如何,笔者最终完成了近 30 例访谈,下表列举了被访者基本信息,包括年龄、性别、学科、毕业院校、此前成果以及签订的科研合同类型。

表 1-2　访谈对象的基本情况介绍

| 序号 | 性别 | 出生年份 | 婚姻状态 | 专业 | 签约类别 | 此前成果 | 个案编号 |
|------|------|----------|----------|------|----------|----------|----------|
| 1 | 男 | 1978 | 是 | 文科 | B | 能 | M78YWB01 |
| 2 | 女 | 1987 | 否 | 文科 | B | 否 | F87NWB02 |
| 3 | 女 | 1988 | 否 | 文科 | A | 否 | F88NWA03 |
| 4 | 男 | 1986 | 否 | 文科 | B | 否 | M86NWB04 |
| 5 | 女 | 1984 | 是 | 文科 | B | 能 | F84YWB05 |
| 6 | 男 | 1981 | 是 | 文科 | B | 能 | M81YWB06 |
| 7 | 女 | 1982 | 否 | 文科 | A | 能 | F82NWA07 |
| 8 | 男 | 1987 | 是 | 文科 | A | 能 | M87YWA08 |
| 9 | 男 | 1986 | 是 | 文科 | B | 否 | M86YWB09 |
| 10 | 女 | 1988 | 否 | 文科 | B | 能 | F88NWB10 |
| 11 | 男 | 1982 | 是 | 文科 | B | 否 | M82YWB11 |
| 12 | 女 | 1987 | 否 | 文科 | B | 否 | F87NWB12 |
| 13 | 男 | 1984 | 否 | 文科 | B | 否 | M84NWB13 |
| 14 | 女 | 1988 | 否 | 文科 | B | 能 | F88NWB14 |
| 15 | 男 | 1983 | 是 | 理工科 | A | 能 | M83YLA15 |
| 16 | 女 | 1987 | 否 | 文科 | B | 否 | F87NWB16 |
| 17 | 男 | 1983 | 是 | 理工科 | A | 否 | M83YLA17 |
| 18 | 男 | 1982 | 否 | 理工科 | B | 否 | M82NLB18 |
| 19 | 男 | 1985 | 是 | 文科 | A | 否 | M85YWA19 |
| 20 | 女 | 1980 | 否 | 文科 | B | 否 | F80NWB20 |
| 21 | 女 | 1979 | 否 | 文科 | B | 否 | F79NWB21 |
| 22 | 男 | 1985 | 是 | 文科 | A | 否 | M85YWA22 |
| 23 | 女 | 1978 | 是 | 文科 | B | 否 | F78YWB23 |

| 序号 | 性别 | 出生年份 | 婚姻状态 | 专业 | 签约类别 | 此前成果 | 个案编号 |
|------|------|----------|----------|------|----------|----------|----------|
| 24 | 男 | 1981 | 是 | 文科 | A | 否 | M81YWA24 |
| 25 | 男 | 1984 | 是 | 理工科 | A | 能 | M84YLA25 |
| 26 | 男 | 1983 | 是 | 理工科 | A | 能 | M83YLA26 |
| 27 | 男 | 1982 | 是 | 理工科 | A | 否 | M82YLA27 |
| 28 | 男 | 1985 | 是 | 理工科 | A | 能 | M85YLA28 |
| 29 | 男 | 1983 | 是 | 理工科 | A | 否 | M83YLA29 |
| 30 | 男 | 1985 | 是 | 理工科 | A | 能 | M85YLA30 |

　　个案编号注释:新入职教师:第一位表示性别,第二位、第三位表示出生年份的后两位,第四位表示是否结婚,第五位表示签约类型,第六位表示文理科,第七位、第八位表示编号。

　　学校、学院领导和普通老师:第一位表示性别,第二位、第三位表示出生年份的后两位,第四位表示是否结婚,第五位表示文理科,第六位、第七位表示编号。

　　样本中访谈对象中性别选择是根据 2016 年新入职教师性别比例选择,男教师 19 位,女教师 11 位;30 位新教师中,只有 3 位教师年龄超过 35 周岁,其中一位新教师已经在此前工作的大学取得副教授的职称,另外两位新教师也有几年的教师经验,但是职称仍然是讲师;样本中 18 位老师入职时已经结婚,有意思的是这 18 位已经结婚的教师都已经有小孩,剩下的 12 位教师还没有结婚。这些教师几乎都是国内外知名学府毕业,仅有的从普通学校毕业的两名教师,他们所学专业也是在国内排名前三的专业。样本中访谈对象有 21 名人文社科专业新教师,9 名理工科教师。10 位新教师选择签约第一层次(A 类)的科研任务,20 位新教师选择签约第二层次(B 类)的科研任务。第一层次(A 类)的科研任务难度和数量都高于第二层次(B 类)①,同时科研奖励也远远高于第二层次(B 类),新教师们根据自身科研能力选择签约。笔者发现理工科教师科研能力更强,因此更多选择签约第一层次的科研任务。此前成果是与签约类别中的科研任务相比较,如果此前成果中发表论文数量多于科研任务,且发表期刊等级高于科研任务,本研究视为能完成科研任务;如果此前成果中发表论文数量少于科研任务的要求,或者发表期刊等级低于科研任务的要求,本研究都视为不能完成科研任务。根据职业发展理论,职业生涯的早期阶段与在职业生涯的高级阶段取得成功十分相关。②如果这个假设是正确的,新入职教师此前的成果多数都是在博士期间取得的,学校的经历可能会影响他们学术

---

① 具体的科研任务要求与奖励,在后文第七、八章中会有详细介绍,在此不列入文中。

② 黄海群.转型变革下的高校青年教师科研发展动力研究[D].厦门大学,2018.

职业的后续职业。如果他们的前期发展是积极的,后续职业生涯发展也会比较顺利。但是,如果早期的职业生涯存在缺陷或负面经验,则很难充分发挥他们在高等教育中的潜力。根据入职前成果预测,在样本中有 12 位教师可以完成签订的科研任务,18 位教师不能完成签订科研任务。

（三）分析方法

每次做完访谈之后,笔者都会迅速记一些笔记,记录访谈中感悟的点滴,比如主要的回答、身体语言以及其他有关个性和取向的细节。在分析数据的时候,这些笔记十分有用。细节记录将笔者迅速带回了当时的场景,并且用高度简洁的语言勾勒了每个访谈的要点。因此,这些笔记是"初步观点"(plausibility)的重要来源,[1]可能会迅速带来一些结论性的观点,当然在之后的分析中需要进一步系统化。这些直觉性的观点对于之后的编码、关联数据以及解释数据带来了很大的便利。

在前 5 个访谈(包括 1 个试探访谈)之后,笔者将录音完全转录并且输入 Qualrus。这五个访谈的文本让笔者得以评估访谈问题以及访谈的进行。至于其余的 25 个访谈,笔者采用了一种"革命性"的转录方法。笔者将每一个录音文件标上时间轴,然后对每一小段录音(约每隔 30 秒)进行摘要记录,接着将每个录音的"摘要"文本输入 Qualrus。这种方法节省了大量的时间和精力,省略了一些不重要的细节,同时这些时间轴和摘要也允许研究者像对待完整的转录文件那样编码和分析。分析的细节将在后文详述。有了时间轴作为导航,笔者可以很容易地从大量的录音文件中找到所需要的信息,如果有需要的话,也可以完整转录某些片段。但是,这种方法也会有忽略相关材料的风险。Hammersley and Atkinson(1995)提到过这种转录的方法,在赞其"革命性"的同时也提到了风险,"尤其是哪些材料比较重要可能在不同分析阶段会有变化"。[2]笔者的对策是在分析的第一、二阶段(即编码和关联阶段,下文将详述)尽可能多地转录,当需要调整一些分析的时候,再回到录音本身。其实在操作中,这种方法并不像叙述的这样复杂,并且边听录音边思考比读电脑中的文本文件要愉悦得多。转录之后,余下的分析基本上经过了四个阶段:编码、关联编码、建构结论/观点以及验证结论。

分析的第一个阶段为数据的编码和检索,也是通过 Qualrus 来辅助

---

① Miles, Matthew B. & A. Michael Huberman. 1994, Qualitative Data Analysis: An Expanded Source Book.(2nd ed). Thousand Oaks, Calif., London: SAGE Publications.

② Hammersley, Martyn & Paul Atkonson. 1995, Ethnography: Principles in Pratice.(2nd ed). London: Routledge.

的。编码是根据研究的主题确定的,包括工作生活无法平衡、科研多、不上课、压力和焦虑。但是,这一阶段的编码比较杂乱,通过编码的方式尽量探索和熟悉数据。大多数的编码为横剖类型,基本上属于"文本的"(literal)和"解释的"(interpretive)编码。"文本的"编码包括被访者的语言、使用词汇、互动顺序、对话形式和文本内容。就本研究而言,比如"失衡"、部分的"反抗""困惑和焦虑""大学场域"以及所有的人口特征编码都属于"文本的"编码。"解释的"索引强调研究者给予的解释,好像研究者在问自己"你认为数据说明或者代表什么,或者你认为可以从数据中推断出什么"。①这种类型的编码是最多的,而且从研究者的角度来讲,在获得文本编码信息的同时也都会思考"这说明了什么"。解释的编码例如,"平衡科研和生活的策略""学术价值""自我追求"以及部分的"反抗"、部分的"家人追求"、部分的"与其他学校教师比较"。考虑到研究者在访谈中的角色作用,比如,如果不是笔者访谈的话被访者是否会提到别的学校选择,或者被访者在解释自己的行为的时候是否想要树立某种形象。第一阶段结束时,总共建立了 39 个自由编码(free nodes)。

然后继续分析这些编码之间的关系。每一个自由编码都被归类到一个相关的主题中,结果,总共建立了 11 个、每个有三个层次的树编码(tree codes——具有从属编码的编码)体系。事实上,一些自由编码不止被归类到了一个树编码中,还有一些转录/摘要文本不止被归类到一个自由编码中。这正是定性分析的独特之处——自由编码和树编码的内容之间并不一定要互斥。在归类和关联自由编码的过程中,主要应用的是解释性的逻辑,例如,将"反抗"与"年龄""收入"关联,将"家庭义务""配偶与子女""大学吸引"和"城市吸引力"归入了"名校挤压效应"的树编码中。

一方面,文本分析可以得到有关大学教师行为选择和社会文本的信息;另一方面,解释性的和反身性的逻辑在建构观点的时候,将客观观察与社会文本相联系并考虑"观众"的角色作用,可以增强文本分析的理论意义,克服文本分析中研究发现取决于数据是否真实的局限性。在索引和关联数据的过程中,一些编码的内容和定义也经历了多次调整,在 Qualrus 的辅助下操作起来非常方便。同时,大量的"评注"(annotation)也保存在了软件中,包含了一些重要录音片段的转录以及笔者在分析中的笔记。在编码和解释的不同逻辑之外,将横剖分析、语境分析和案例研究相结合,这也是为了避免计算机辅助的定性分析的"定量陷阱",在本书中"过客""过

---

① Mason,Jeniffer. 2002,Qualitative Researching. (2nd ed). London:Sage publications.

渡客""名校吸引""美好生活向往"的分析中都会有所体现。本研究的结论正是基于上述分析方法而得出。

本研究期望得到的结论和观点,如果按照马森的分类(Mason,2002),就是有关事情如何发展、如何发生作用或者如何组成的。①本研究将讨论"预聘—长聘"制度影响下大学教师行为策略以及结果,并详细说明大学教师的行为如何与大学自身和大学场域环境的调节相关。有关定性分析的章节将会说明结论如何从数据中得到,以及相关的解释如何被建构。

为了验证结论的有效性,笔者首先寻找数据中的"异类",检查结论是否对所有数据适用。比如,结论之一是强调对科研任务畏惧,在大学新入职教师尤其年轻的刚刚毕业的新教师中非常明显;然而,个案编号为M87YWA08是一个相对平和淡定的案例。M87YWA08在入职后的半年内成功申请上一个省部级课题,在普通期刊发表一篇论文,距离完成签订的科研任务还有一定的差距,但是他表现为积极参加学校组织的各项娱乐休闲活动,不像其他老师一样"7117"(每天7点开始工作、11点结束工作,每周工作7天)地工作,而是按部就班工作生活,仿佛没有"首聘期科研考核"这回事。笔者对他进行访谈时才发现,他早早地参加出国英语培训,准备出国访学一年,他表示出国访学期间,恰巧是其首聘期考核时间,学校不可能马上让他从国外回来,而他在国外一年可以安心地做科研,回国之后就可以完成学校规定的科研任务。这个案例中M87YWA08巧妙地运用学校出国政策,寄希望给自己留有足够且安心的时间和环境完成科研考核。因此,"异类"案例也能够被结论所解释,并且对于"异类"的分析进一步强化了结论。

另外一个验证结论的策略是从科研能力不佳的新教师访谈中得来的。一开始,他们的讨论集中在对于"预聘—长聘"制度下科研与生活不能平衡的痛苦,放弃科研的打算等话题。这样的反馈最初让笔者感到很沮丧,也让笔者开始怀疑所谓"预聘—长聘"制度是否真的可以促进中国大学科研的发展。但是,笔者很快意识到这正是本书研究结论的证据。只有当大学老师期望自身学术水平真正提高时,他们才会感受到"预聘—长聘"制度带来的益处。也正是因为日常生活在他们看来是有压力的和重复性的,他们才更加热衷于追求知识更新、自身科研能力提升等。这也是为什么当笔者继续询问笔者的朋友们如何组织日常生活的时候,跟访谈对象十分类似,他们也将追求知识更新、提升自身科研水平和能力作为首选。

---

① Mason, Jeniffer. (2002) Qualitative Researching. (2nd ed). London:Sage publications.

本研究结论的推广主要是理论推广,这种推广被认为在定性分析中比经验推广更为有效。①②首先,本研究的样本选择策略清楚显示,被访者是从非常广泛的大学教师群体中选择而来,所以没有理由怀疑数据可能有较大偏差。其次,结论指明了这种大学教师反抗在中国学术场域的不同方式以及社会文本。方法论和结论的验证也表明,结论也可以被用来解释其他社会情境(settings)中的大学教师行动策略。当然,研究结论在其他情境中的理论推广是否合适,受到那种情境与本研究所定义的情境的相似程度的限制。本研究情境的具体细节将会在定性分析章节中进一步解释。

(四)数据评估

由于被访者的善意合作,数据的质量得到很好的保证。他们不仅对于数据收集非常耐心,而且大多数人非常慷慨、倾尽所"知"地帮助笔者。一个原因是他们觉得"预聘—长聘"制度话题让人有共鸣。另一个原因,据几位被访者提到,他们认为本研究能够为这个社会带来一些有益的启示,因此非常高兴能为此做出贡献。另外,整体上,科研能力强的教师谈的更多是如何改进这个制度,而科研能力不佳的教师多数是抱怨这个制度。这也是为什么访谈对象和研究者之间的信任比较容易建立的原因。

无论如何,被访者的回答仍然需要更多的社会学思考。比如,有的被访者放弃唾手可得的稳定工作,去追逐高薪风险的工作,可最后倾向选择稳定工作?这需要研究者思考这样一个话语文本:被访者科研水平处于何种水平?在什么样的话题中提到这种倾向?想要表达什么?另一个例子是有的被访者提到大城市生活体验不愉快,但是研究者需要思考在多大程度上,这些被访者在实际生活中拒绝去大城市的学校。

通过田野调查,笔者认为可能影响被访者回答的主要是三个因素。一个是"形象管理",人们有意识或者无意识地努力树立某种形象,而且被访者的这种反应连同前文提到过的善于理论总结的"久经世故"的被访者是在民族志研究中经常遇到的情况。第二个因素是来自对笔者的印象,笔者在新入职教师中,科研能力尚可,也早早地完成学校规定的科研任务,部分科研不佳的教师在笔者面前,更多是进行对比之后的话语表达,有时不可避免提到可能使他们感到难堪或者看起来悲惨的事情。这是研究者作为"观众"的效应,因此数据必须经过反身性的分析。最后一个因素是自我保

---

① Mason, Jeniffer.(2002), Qualitative Researching.(2nd ed). London: Sage publications.

② Hammersley, Martyn & Paul Atkonson(1995), Ethnography: Principles in Pratice.(2nd ed). London: Routledge.

护,为了保护个人的隐私,避免泄露比较私密的信息。这种情况下,研究者可能获得有关科研能力或者家庭背景的错误信息。以上这些问题在田野调查过程中笔者已经意识到,因此采取了各种各样的策略来提高数据的"真实性"。在与被访者谈话时,笔者尽量保持"职业化",向他们保证数据使用过程中的保密性和匿名性,并且表现出对于各种情感和体验的理解。

# 第五节　各章内容安排

第一章重点探讨我国大学实施"预聘—长聘"制度的背景及现实意义,大学学术生产力的研究意义,并对本书的主要内容、基本观点和研究方法、使用数据进行介绍,指明研究的主要思路及框架结构。

第二章回顾了本书研究的理论基础。笔者对本书所采用的学术职业理论进行细致解读,重点探讨了学术职业理论在大学的应用以及学术职业理论对大学教师、大学组织的影响,并梳理了学术职业变化对大学组织和大学教师影响相关文献,作为本书的理论基础和逻辑支撑。

第三章内容为高校"预聘—长聘"制度概述。这一章主要介绍国外终身教职制度和国内高校人事制度的建构逻辑及发展脉络,在此基础上概括出本书主要议题"预聘—长聘"制度的理念、历程以及在中国大学的实践。本书根据"预聘—长聘"制度在各大学的具体实施情况区分出两类,即"非升即走"制度和"首聘期科研考核"制度,本章是后续几章建立假设及验证结论的基础。

第四章界定大学学术生产力及其测量。笔者将主要介绍大学学术生产力概念的内涵与外延,着重介绍大学科研生产力和大学教学生产力的界定、概念与评价指标。大学学术生产力的测量,分别对大学科研生产力和教学生产力测量进行国内外相关研究回顾与评述,并进行本土化的测量。

第五章主要阐述"预聘—长聘"制度对大学科研生产力的影响。笔者在介绍大学科研发展现状和相关文献基础上提出研究假设,选用"最好大学网"中国大学排行榜的数据和 CSSCI 期刊、中文核心期刊、中国科学引文数据库(CSCD)来源期刊数据作为样本,使用准自然实验方法验证"预聘—长聘"制度对高校论文发表(包括国际期刊论文和中文期刊论文)的数量、影响因子、被高引论文和被高引学者的影响效果。

第六章介绍"预聘—长聘"制度对大学教学生产力的影响。笔者通过分析中国大学的教学现状、教学与科研的关系,形成研究假设。本章既从教师个人层面探讨"预聘—长聘"制度对中国大学教师的教学生产力的影响,选择一所高校 D 全体 1 091 名具有博士学位的教师,区分"预聘期内"与非"预聘期内"的教师,对其 2017—2019 年三年教学业绩分与教学优秀评定情况的全面比较,考察了"预聘—长聘"制度与大学教师教学生产力的关系;又从组织层面上探讨"预聘—长聘"对大学教学质量的影响,使用中国校友会排行榜中大学教学质量数据,区分已经实施和尚未实施"预聘—长聘"制度两类高校,利用双重差分方法证实"预聘—长聘"制度对大学学术的影响。

第七章分析"首聘期科研考核"制度失效内部原因。笔者对一所地方高校进行了长达 8 年的追踪调查,充分了解其实施"首聘期科研考核"制度过程中出现"离职多""招聘难""科研成果少""教学质量堪忧""学生满意度下降"等问题,并通过大学的招聘程序、权力博弈(学术权力与行政权力的对抗)和组织内部多重制度逻辑冲突等方面入手解读制度失效原因。

第八章分析制度失效的外部环境原因。本章主要阐述学术劳动力市场理论,重点探讨 D 高校遭受到名校的挤压效应,探讨从城市与大学关系详细叙述 D 高校遭遇的其他压力——同等院校的抢占效应和普校的抢夺效应以及从社会学角度解读 D 高校在实施"预聘—长聘"制度后面对"内忧外患"情况下首聘期考核任务不断变化的原因。

第九章内容为研究结论与展望。笔者在本章总结本书的主要研究结论与学术贡献;基于理论和实证研究的结论提出本书对高等教育部分决策者和未来即将实施"预聘—长聘"制度的大学的潜在参考价值,客观评价本书当前研究的局限性,并据此提出后续研究方向。

# 第二章　学术职业理论与高校
## "预聘—长聘"制度

理论框架的意义主要体现在帮助研究设计、指导数据收集以及提供数据分析等方面。建立大学学术生产力研究的理论框架,一方面确保研究议题具有理论指引,另一方面对实证研究具有提纲挈领的重要作用。本章把研究议题同教育社会学中的主要理论联系起来,旨在建立本研究的理论框架。

## 第一节　学术职业理论概述

"学术职业"(academic profession)这一术语和概念源自国外。国外学者对大学教师学术职业的阐释,根据本国最新发展情况进行着持续研究和解读。总的来讲,大学教师原有"优待"在不断弱化,受众比例不断下降,而新的人事制度覆盖群体不断上升。受宏观经济、社会管理体制变革等方面影响,大学不断调整对教师的聘任要求和收入结构,传统的终身制度受到挑战,教师身份也向市场人方向发生位移。诸多学者指出,这一变化实际上是大学为了适应时代发展所进行的改革。

### 一、学术职业的概念和属性

1. 学术职业概念解析

关于学术职业内涵的理解,学术界并没有形成统一的答案,西方学者对这一概念的解读可以区分为广义和狭义两种认识。从广义上看,学术职业指代从事广义学术活动的人及其学术行为,狭义上的学术职业一般针对大学教师这类以发展学术为职业目标和任务的群体及其活动。各个领域都具有发展本领域学术的人及相关活动,大学之外其他领域从事的学术活动的人,大多是将学术作为实现实际社会价值的手段和路径。大学教师致力于将发展学术作为工作的核心,具体表现为通过教学、科研和社会服务最大限度出产、传播、应用学术创造,大学对教师的考核、大众对教师的评价以及社会赋予教师的各项荣誉,都是基于教师学术贡献给予的认可,教师的职业回报及其在劳动力市场的流动,也主要受其学术水平的影响。①本研究以大学学术生产力为切入点,主要考察大学教师的学术职业发展状况,因此是在狭义层面进行的研究。学术职业属于社会分工的一种,大学中从事学术职业的对象主要包括各专业教师和研究人员,也可以包括学生中已经进入或即将进行学术创造的人员。

对于大学学术职业的理解,总的来看包括以下几个方面:第一,学术研究是学术工作者生存和发展的基础。第二,学术工作者从事本专业领域学术发展的权利得到保障。第三,学术工作者的使命是进行学术生产、传播以及利用学术服务社会,最大可能推动客观、科学的学术发展。②

2. 学术职业属性

美国高等教育界著名学者伯顿·克拉克(Burton Clark)全面阐释了学术职业的内涵,指出学术职业涵盖了自然科学与人文社会科学,具有丰富的内涵,学术职业承担着培养各个领域专业人才的功能。根据众多学者对于学术职业内涵的解读,可以总结出以下几项主要属性:

(1)物质属性。学术职业的承担者呈现出以某一领域学术为核心职业,学术职业工作者的职能与其他职业相似,立足于本领域发展并实现其职业合理性、存在感和社会认可,在这一过程中取得个体发展和职业繁荣,学术职业会为社会创造真实的价值和物质世界的变革,这也向全社会展示其存在价值。③学术职业可以体现为真实的经济价值,日本劳动问题专家保谷六郎指出,任何职业都会指向为经济目标,表现为获取一定职业收入,这是维系该职业存在和发展的基本要求。米尔斯在阐释职业价值时,也指出职业指向经济价值的一般特征,这是劳动者从事实践活动的推动力量。对于经济利益的关注也体现在教师这一职业领域,教师在学术劳动力市场中的流动,在很大程度上是物质利益的驱动,因此大学基于自身发展的考

①③　郭丽君.大学教师聘任制[M].经济管理出版社,2007.

②　陈越.国际学术人才市场中我国学术职业竞争力及其提升路径[J].教育发展研究,2016,36(11):30—36.

虑,要给予教师合理的物质保障,这不仅是为了确保教师维系个体生活,也是为教师进行更为高深的知识生产提供坚实保障,如购买图书资料、仪器设备、调研活动、出版成果,以及参与学术会议等等。①

(2)精神属性。著名社会学家韦伯(Max Weber)在讨论学术职业时,立足其"精神"特征,指出学术职业与其他职业的最大不同是学术工作者更重视精神价值。摩尔(W.E. Moore)同样阐释了学术职业的特别之处是以精神文化方面的进步推动人类发展,与韦伯不约而同强调知识生产的深层次特征,从而指出从事学术生产是一项光荣且不容许添加杂质的伟大工作。②在这一认识影响下,社会赋予了学术职业工作者特殊声望和期待。学术职业工作者应该具有知识信仰,追求科学和真理,不受外界诱导和影响,在发展知识的全过程保持独立的人格,力求将知识成果助推社会发展。此外,从事学术职业人员的学术能力应得到重视,准入资格应得以明确,这需要高校设立相应的职业精神评价标准,以评判某些"准学术人才"是否适合从事学术工作。一般高校都设立了学术评议会等机构,制定聘用标准、审核聘用资格、评议任职水平和处理学术纠纷,尽可能保障学术职业的价值目标。③

(3)学术属性。芬克尔斯坦(M. J. Finkelstein)等学者专门阐释了学术职业的核心特征,即进行纯粹的知识生产,学术职业工作者应该遵守严格的学术规范和伦理守则,全身心投入知识创造、专业发展、知识运用和普及的工作。④对于学术职业工作者,应该全心全意投身于学术发展工作。为了真正发展学术,鼓励学术工作者不受外部影响,坚持探求真理、立足客观、宣传科学、造福人民,打破专业壁垒,扩宽学科发展空间,加强学术交流合作,以学术使命为终身追求。⑤

## 二、学术职业理论与大学教师职业特点

大学教师是专注于高深知识的传播、发现与应用的职业,一方面表现为教师个体职业意识、职业知识、职业能力和职业品质等方面发展,另一方面体现为教师群体专业化程度不断提升。教师的学术能力关乎学生教育

---

① ③ ⑤　陈越.国际学术人才市场中我国学术职业竞争力及其提升路径[J].教育发展研究,
　　2016,36(11):30—36.
② ④　陈斌.学术职业环境的变革图景、现实效应与优化路径[J].高等教育研究,2020,41
　　(05):63—71.

效果、科研成果出产以及对社会带来的实际效益,并直接影响到高校的整体的学生生产力水平。[①]

大学教师的教学、科学研究及社会服务之所以被视为"学术职业"活动,是因为其具有"职业"的一般特性,①专门知识的训练,可以满足社会对于社会专业人员的需要,一般情况下专业人员能力的提升必须建立在专业化训练基础上。②特定的职业目标、内容和方式与劳动力市场变化有密切联系。③相应的职业规范。一方面是职业内部的职业规范,保证职业的专业性;另一方面职业伦理,确保职业的高尚性和方向性。④相应的知识载体,以知识作为获得报酬的最基本的条件。⑤专门的工作领域,与其他工作领域具有明显的差异性,具有一定的稳定性。⑥具体而又特定的职业称谓。学术职业与其他职业相比有较大差异,在中世纪的欧洲,大学教师逐渐成为一个独立的学术职业,在后续不断发展中呈现出以下主要特征。

1. 学术性

学术性体现为大学教师职业是一种学术职业。在美国,学术职业指的是高校领域教学科研人员的工作。在中文语境下,学术职业指代各类以学术为工作核心的从业人员。[②]高等教育是在一定机构中实施的培养专门人才的教育实践,是在完成中等教育基础上进行的各种学术性、专业性教育。高等教育是高深知识的传承与创新,同时也是一种专业教育,目的是培养专业性人才。高等教育行业是智力高度密集型行业,大学教师这一职业对从业者有着较高要求和准入门槛。大学教师职业具有极强的专业性,目前大学普遍要求具有硕博学位的专业技术人员才能应聘教师岗位,学术职业工作者在从事专业领域具有完备的知识体系,在扎实的工作实践中形成了系统的专业认知,对本学科前沿的发展状况、发展趋势有广泛、准确而深刻的理解。

从大学发展历程和实际状况来看,学术职业的本质属性体现为学术性。虽然学术职业也具有一般职业的普遍性,需要通过该项工作获得一定经济收益,[③]但学术性才是学术职业与其他职业的本质区别,主要表现在:①学术职业以专业化高深知识为基础,以学术工作为主要内容。教师主要通过专业教学、科学研究及社会服务工作实现高深知识的传播、发现和应

① 李连梅,姜林.中国大学"准聘—长聘"制度的缘起、困境与走向[J].现代教育管理,2021,(07):105—111.
② 姜梅,史静寰.学术资本主义对学术职业发展的影响[J].江苏高教,2015,(06):14—17.
③ 李志峰,沈红.论学术职业的本质属性——高校教师从事的是一种学术职业[J].武汉理工大学学报(社会科学版),2007,(06):846—850.

用。②学术职业要求大学教师必须经过规范的训练,以掌握专业领域的高深知识。由于学术职业的价值直接体现在知识生产方面,知识活动也是教师从事学术职业活动的前提和基础。大学教师成为一种独特的职业,既是对高等教育自身发展需求的满足,也是在适应社会经济发展及社会对专业化人员需求的条件下形成的,专业化人员是经过后天专业化训练而成的,培育的重要主体就是大学教师。总的来看,大学教师与学术知识两者是密不可分的,以学术为业的教师,必须通过对高深知识的学术规训,使高深知识成为某种专业化程度较高的学科知识,形成学科和专业,并促进学科与学科之间的分层和分类。作为知识生产、传播、服务社会的主体,大学教师职业呈现出显著的学术性。

2. 自主性

对于大学教师的诸多研究显示,部分专业技术人才选择大学教师职业,其中很重要的一条就是自由支配工作时间,自主性比较强,工作相对比较独立。大学教师相对来讲拥有相对灵活自由的工作选择,形成了大学教师高度自主性,善于进行自我约束和自我发展,学术自由追求也形塑了学术研究者的个性特征。教师作为知识型人才,相对于社会上的其他群体,需求层次较高,也更注重自我价值的实现。因此,学术职业工作者会有意在工作领域进行创新,发现、创造新知识,锻炼新技能,形成新方法,并尽力追求完美,希望通过个人的劳动付出,充分发挥个人的聪明才智,实现自身价值。因此,大学教师的脑力劳动常常以个体劳动的形式出现,更多表现为自觉劳动,这使得其自主性的特点表现得更加明显。

3. 创造性

大学教师从事的是高价值的创造性劳动,这是由大学的使命、性质、高等教育目的、任务所决定的,这与一般体力劳动者的简单、机械的重复性劳动完全不同,并区别于一般教育活动。大学教师常常凭借强大的专业领悟、丰富的知识储备、完善的专业方法,进行学术生产,形成论文、著作等专业研究成果。面对个体差异鲜明的学生,教育内容的不断更新,环境条件的千变万化,教师素养的千差万别,科学研究本身区别于以往的革新创造,表现为教师会因人、因事、因时、因地制宜地去创造。①创造性工作的复杂性和艰巨性,要求为大学教师提供自由宽松的环境,尤其对于那些从事基础理论研究的教师,稳定的生活待遇、独立的思想空间和相对自由的时间安排对于激发他们的创造性显得非常重要。

---

① 薛天祥.加强高等教育研究促进高教深化改革[J].中国高教研究,2002,(01):31—33.

4. 潜在性

大学教师工作的特殊性在于其活动主要是思维性活动,是对知识世界的探索,其劳动过程往往是无形的,其绩效成果的取得一般需要较长时间才能显现出来,这使得大学教师的劳动过程难以精确监控,难以用统一的标准衡量其创造性的成果。教师在实际工作中的劳动成果常常以某种思想、创意、技术发明等形式出现,很多成果难以产生立竿见影的效果,是否能够获得社会认可也需要时间来验证。因此,大学教师的工作成果往往会经过一段潜伏期才会得到基本判断,且成果难于量化呈现,使得传统的基于行为和结果的绩效考核模式很难有效评价大学教师的劳动效果。

5. 自由性

基于保证学术客观性的要求,学术自由构成学术职业的应有之义。关于学术自由的理解,一般认为从事学术研究的人员不应受社会性权威的压制和影响,能够独立进行学术生产相关活动,具体可以表现为在传播知识、自主学习、进行擅长领域研究等方面的自由选择。高等教育及大学发展的历史进程告诉我们,从事发现知识、传播真理、将知识推动社会进步的学术职业工作,不应受到外界干扰,学术职业工作者应忠于知识、忠于专业、忠于真理。因此,美国著名的教育家约·布鲁贝克(J. Brubeck)阐释了学者的使命,即学术职业人员必须坚持客观性,确保所创造知识的科学性,所从事工作不受经济利益、政府权威等外部因素的影响。[1]

大学教师的学术职业自由性主要表现在三个方面:第一,学术职业具有开放性,从事这项职业的人员表现出较强的流动性,表现为自由从一个教学科研单位流动到其他教学科研单位。[2]大学教师学术职业的自由流动,不但有利于学术与学术之间、大学与大学之间、教师与教师之间的交流,而且有助于巩固大学教师对知识控制,从而加强学术职业的自主性。学术职业的自由性,意味着大学内部学术较少受外部权力的影响。早在中世纪,不同国家和地区教师的执教资格在欧洲各大学间得到相互承认和通用,大学教师可以在自由流动过程中减少或避免外部权力的干预和控制,确保教师对知识获取和掌握的权力。[3]因此,学术职业的开放性和流动性有效推动了学科、专业知识的发展,也拓展了知识产生的领域,进一步巩固了大学教师对知识的获取能力和控制权力,教师学术职业的自主性和职业地

① 张庆祝.创业型大学的内涵和特征[J].创新与创业教育,2018,9(04):6—11.
②③ 李志峰,沈红.论学术职业的本质属性——高校教师从事的是一种学术职业[J].武汉理工大学学报(社会科学版),2007,(06):846—850.

位不断提升。第二,大学教师的教学与学术研究具有自由性。大学学术自由性的真谛在于保障大学教师通过研讨、教学、探索、实验、著述发表等方式无阻碍地追求真理。中世纪的欧洲,虽然神学对于全社会有着严格的约束,但是学术进步依然存在,这也是从事学术职业人员长期争取的结果。①大学甚至争取到教皇以法令形式,宣布主教不能取消任何学术职业者的工作。总之,大学教师是承担学术发展职责的主要群体,应该成为高深知识传播、创新和应用的主体。只有教师或学者真正清楚拥有知识权力的重要性,从事学术职业人员的职业权力源于对学术发展的要求,这需要高校和社会有健全的机制,确保学术职业活动的顺利开展。②德里克·博克(Derek Bok)认为维护学术自由一方面是民主社会给予公民的权利,另一方面也是高校提升学术生产力的要求。第三,大学教师的学术职业环境具有自由性。大学教师从事学术职业应拥有一个自由和宽松的学术环境。如果大学学术职业过多受到外部力量的干预,就会失去发展学术的应有之义,教师的学术地位则难以维系。当某一职业失去其存在意义,就会丧失其原有的社会地位。③因此,发挥大学教师应有的学术职业价值,在学术活动中传播知识、创新知识和应用知识,就必须为教师学术职业活动营造良好的学术氛围。

6. 竞争性

大学自中世纪产生以来,进入学术职业领域一直是大多数知识分子实现知识价值的重要路径。随着进入学术职业领域人数的增加,学术职业者为了争取有限学术资源及提高声望和待遇,学术职业者之间的竞争就常伴左右。学术职业的竞争性表现为外部和内部两个方面。④外部竞争表现为对国家政策、社会资源和市场资源等的竞争,内部竞争表现为入职资格条件竞争、学校学术资源竞争、职业地位竞争以及获得学术职业权威的竞争等。在学术职业竞争中,学术职业者及其组织机构通过建立学术团体、学术体制和学术道德规范等等,以确保学术职业的存在意义,一方面为了保障学术职业者在竞争中获得胜利,另一方面通过建立系统化的制度体系,对进入学术职业领域的人员进行筛选,确保学术职业的权威性和专业性。

此外,学术职业者的声望和收入水平也反映了学术职业的竞争性。早期学术职业工作者的职业收入和经济利益一般受到教育学生总量的影响,当前学术职业工作人员的经济收益与其社会声望密切相关,而后者更多取

---

① ② ④ 李志峰,沈红.论学术职业的本质属性——高校教师从事的是一种学术职业[J].武汉理工大学学报(社会科学版),2007,(06):846—850.

③ 刘思达.职业自主性与国家干预——西方职业社会学研究述评[J].社会学研究,2006,(01):197—221.

决于学生规模的大小。因此,在现代大学学术组织内,社会威望和地位越高的教师,其社会和市场资源就越多,也就越能处于学术阶梯的顶端,即具有更大的竞争力,他们流动的可能性也就越大。正是因为如此,大学教师要想取得更高的职业荣誉和社会地位,需要在职业发展方向和评价标准的领悟中进行选择,以确保权衡的结果能保证竞争的存在和持续,学术职业人员存在于学术劳动力市场中,只有不断提升自身学术水平,才能在激烈的竞争中保持较高的地位,在流动中拥有主动权。①

### 7. 独立性

学术职业从本质上来看应是一种相对独立的职业形态。而独立性表现在教师的人格、教学、科学研究及对待学生等方面。自中世纪大学产生伊始,学者和学生通过高等教育机构(大学)形成较为特定的师生关系,这时学者承担大学教师的角色。大学教师不仅要对高深知识和研究负责,还要对学生和教学负责。在大学发展的历史长河中,一方面,学术职业受办学资金和物质支持影响,虽然经常受到政府和社会制度及规则等的制约,但大学自身在为社会提供服务的同时也提出相应条件,应力求降低外部对教师学术发展带来的偏差发展和不当控制,②以保持教师学术职业的独立性;另一方面,大学教师也不断利用自身的专业性以实现在高深知识传播、发展和应用等方面的绝对权威,并通过提升专业化程度获得独立的话语权。这也在很大程度上强化了教师学术职业的独立性。此外,美国教育学教授马丁·芬克尔斯坦(M.Finkelstein)认为学术职业并不能完全保证独立性,由于知识发展与社会场域紧密相连,学术职业工作者通过对知识环境的了解,以及市场最新动向的认知,形成创新知识的方向。③同时,知识生产离不开社会赋予的学术规范,也需要在社会伦理认可下完成。也就是说,学术职业的独立性不是指绝对的"独立"且不受外界因素干扰,而是更多强调学术职业活动自身的独立性。

## 三、学术职业理论与大学组织特征

大学各类工作人员中,教师是大学发展的基础,承担着发展学术职业

---

①②　李志峰,沈红.论学术职业的本质属性——高校教师从事的是一种学术职业[J].武汉理工大学学报(社会科学版),2007,(06):846—850.

③　陈斌.学术职业环境的变革图景、现实效应与优化路径[J].高等教育研究,2020,41(05):63—71.

的核心职能,也是教育教学发展的主要推动力量。大学是围绕知识生产而成立的组织,这是与其他组织的核心区别,塑造了每所大学的特色,也体现出了教育的本质,即以学术职业为核心的工作体系。①对于大学组织特征的认识,主要有以下几类观点。

1. 松散结合的组织结构

美国管理学家科恩(Michael D. Cohen)、马奇(James G. March)通过对美国大学管理情况的调研,指出大学的目标存在多元化和不确定的特点,大学具有复杂的职能、人员结构的多元、流动性大、管理相对松散,这些特征都使大学表现出松散的组织状态。韦克认为大学实际上表现为各个组成部分之间的松散结合,虽然各组成部分都立足于本领域功能的发挥,但是只有每个组成部分都保持并发挥自身功能,并保持一定程度的连接,大学整体才能良性运作。②具体来看,大学结构上呈现出的松散状态,与其他学术组织有一定差别。大学一般划分为多个学院和专业,每个学院、专业之间是相对独立的,且学院一般有较为独立的学术规划、财务自由和人事上的招聘、评定权;大学有人事、教务、科研、工会、后勤等职能部门,这些职能部门也是在本领域发挥作用;大学教师流动相对自由,可以在劳动力市场中寻求更大的发展空间。有学者将大学视为以知识为目标的集合体,在知识的生产线上,各个部门和群体以一种相对独立的状态结合起来,保证知识目标的达成。③

大学这一组织中,从事学术职业活动的教师与相关职能部门工作人员所产生的联系紧紧围绕大学的三大核心任务,即教学、科研、社会服务,当然中心工作是进行知识生产,发展高深知识,每个部门或每类人员之间的关系并不是隶属与支配,而是平等的完成知识相关任务,是一种并列关系。大学中的各项实际工作,在过程中也许存在时间上的先后顺序,但是总的来看是围绕同一目标进行的总体协调。伯顿·克拉克(Burton Clark)进一步指出,由于大学工作性质的特殊性,实现目标过程自然呈现出小范围的各自为政与松散结构,因此大学这一组织可能会出现部分的目标实现或工作实践凌驾于整体目标之上。教育管理专家托尼·布什(Tony Bush)等学者从大学学科发展和专业建设角度出发,指出大学存在显著的学科划分和专业区隔,表现为院系、部门日常教学研究、社会服务活动基本上依据自

---

①②　郭丽君.大学教师聘任制[M].北京:经济管理出版社,2007.

③　王应密,张乐平,朱敏.试论研究型大学全日制专业学位研究生专业实践能力的培养[J].学位与研究生教育,2012,(12):6—10.

身需要独立完成,①这种"分割与断裂"的大学各院系部门之间的状态,虽然限制了学科融合和大学的整体性,不利于统一管理,但是却带来基层学术发展,破除了约束,注入了活力,增强了学术发展的自由度。②

### 2.科层化组织结构——双重权力格局

还有一类观点,认为大学属于典型的社会组织之一,具有组织的一般性特征,依据德国社会学家马克斯·韦伯(Max Weber)的观点,大学具有科层化的组织结构,即大学各院系、部门被学校进行了统一的正式赋权,学校整体的良性运行,体现出大学规范的有效贯彻和由上至下的政令畅通。科层制组织的最大特点是权责分明,每个院系、部门承担着相应的职能要求,赋予其权力的是学校层面。在各所大学的管理体系中,实际上形成了责权统一、分工协作、管理畅通的基本形式,也保证了大学各项事务的顺利开展。③在大学中,学术职业人员和其他成员有着明确的岗位划分,并承担着符合其岗位职责,科层制中在处理各项事务或实践活动中所表现出的权力,可以视为一种行政权力。一旦形成这一权力结构,进入其中的每一个体都必须遵照相应规范开展行动,作为正式组织这种规范具有稳定性和较强的约束性,并形塑了大学中各类主体的等级关系,大学的整体关系因此得以维系和发展。④

诸多学者指出大学这一组织存在明显的制度体系,符合科层制组织的一般特征。著名学者罗伯特·斯托普(Robert Stoop)在其代表作《高等教育中的科层》一书中阐释了大学的基本特征。第一,学术水平是大学选择员工的主要标准。第二,重要校领导是由主管政府进行任免。第三,大学中各类人员的收入相对稳定,受整体经济大环境影响较小。第四,各类人员的日常生活,如吃饭、住宿、娱乐等活动与大学组织有着密切关系。第五,存在明显的"终身制"构想。⑤大学中权力的来源表现为相应规范或上级主管部门的赋予,从深层次看,学术水平在权力关系中起到了非常重要的影响,表现为一些资深专家在大学中拥有较高的地位和权力,这也体现了大学的基本指向,对于学术权力的注重,同时也将行政权力与学术权力联系起来。⑥著名社会学家帕森斯(Parsons)阐述了行政权力与以学术水平为依据的专业权力两者的关联,大学中的权力体系比较复杂,甚至体现出了"背离权威"的特征,虽然大学中有着严格的科层制划分,各院系、部门

---

① 阎光才.大学组织的管理特征探析[J].高等教育研究,2000,(04):53—57.
②③④⑥ 郭丽君.大学教师聘任制[M].经济管理出版社,2007.
⑤ 崔波.大学学术自治与科层制的冲突与平衡[J].江苏高教,2012,(06):45—47.

都要接受"顶层管理部门"的统一领导,但是这种约束并不是十分严格或者说时常有所松动。大学教师并不是其他科层制组织中完全处于被动服从的"下级",毕竟大学的核心意义是围绕学术展开,因此学术发展的确保使得行政权力不能随意涉入,教师在一定空间内可以自主选择进行教学、科研与社会服务。在大学组织中,由于其核心工作是进行学术生产,必然会对行政权力带来冲击。很多大学教师将学术工作视为职业理想,在学校里也形成了崇尚学术的基本思维,往往担任重要行政岗位的人员同时也是学术成就突出的人员,他们也获得了周围更多人的认可。[①]可以看出,等级森严的科层制并不适合大学,大学中权威对专业学术活动的控制具有一定限度,行政权威具有合法的逻辑基础,往往与学术权威保持一致。因此,在大学中,将学术工作的权力赋予学术成绩较高的人员,由他们自主选择学术发展方向,并制定人才选聘、学科发展、评价指标等各项规范。[②]很多大学的学术委员会制度,都体现出了行政权力与学术权力的一致性。

3. 规范化的文化价值体系

著名文化学家托尼·布什(Tony Bush)指出,文化是不同民族、群体分野的重要标志,表现为具有某一民族、群体特色的价值观和精神状态。[③]大学是社会的主要文化生产部门,也是以发展文化为重要指向的一类组织。每所大学的校训、校风、学风、教风等,是大学文化的核心体现,学术职业工作者正是在这一文化价值熏染下,进行各类活动。伯顿·克拉克(1994)认可大学文化的重要意义,其中价值观、情感使得大学这类组织成为一个不可分割的整体。[④]这也很好说明了很多毕业生作为知名校友,长期秉持在校期间的校训,并致力于反哺母校。这与企业类组织有着显著区别。大学培养的是有理想、有信仰、有目标的人,其中从事学术职业的工作人员,必然会以相应理想和价值追求为己任。从某种意义上讲,大学实际上属于"价值理性"类型组织,其成员更注重对价值的坚守,学术职业的价值性被提高到重要位置。大学在发展学术过程中,其学术指向必须与其价值理念相符,如果发生冲突,学术规范、学术道德会得到优先考虑,这也是由于文化价值的重要地位,价值追求具有了统领地位。因此,伯顿·克拉

① 王应密,张乐平,朱敏.试论研究型大学全日制专业学位研究生专业实践能力的培养[J].学位与研究生教育,2012,(12):6—10.

② 郭丽君.大学教师聘任制[M].经济管理出版社,2007.

③ 董潇珊,陆永胜.精神生活共同富裕的文化向度及价值逻辑[J].重庆社会科学,2023,(05):17—29.

④ [美]伯顿·克拉克.高等教育系统学术组织的跨国研究[M].王承绪等译,杭州大学出版社,1994.

克指出,某些价值理念构成了学术生产的前提。

现代组织对于价值信念日益关注,这也构成了企业持续发展并坚定实现目标的精神指引和方向导向。马克斯·韦伯(Max Weber)将组织价值信念比喻成为铁路扳道岔,即对组织行为产生类似于舵手的意义,避免市场经济下迷失组织方向。西方学者指出,为了使大学学术职业人员保持学术职业的纯粹性,必须形成以下基本价值观念。第一,确保"学术自治",外界权力对于学术发展不能过多干预,大学有权力对内部事务进行管理。第二,实现"学术自由",全体学术职业人员可以自主选择感兴趣的学术领域,进行自由探索并发表相关学术成果。第三,保证"学术中立",学术职业人员在学术探讨时应秉持价值中立原则,不选择进入某个"派别"。第四,保持"学术良心",大学教师和各类工作人员,应该对本职工作尽职履责,高质量开展学术生产,科学、合理使用社会资源,发挥学术对社会的服务价值。实际上,如果将各所大学所坚持的价值理念提取公约数,核心价值理念就是要坚持以上观念,这也构成了学术职业工作者的精神特质。

## 第二节　新管理主义盛行下的学术职业变革

### 一、新管理主义概论

由于传统组织管理方式的问题频发,造成内部矛盾日益显著,20世纪后期,新管理主义理论开始崛起并受到人们的重视。[1]从概念上看,"新管理主义"是指将管理看作在任何现代社会里取得经济进步,促进技术发展和维持社会秩序稳定所必不可少的技术工具手段和普遍意识形态的组合。[2][3]从管理实践和意识形态两个层面理解,就管理实践而言,新管理主义是指将规划、组织、预算、协调和人员调整等管理技术运用在公共部门;就意识形态而言,新管理主义背后的价值默认是更好的管理意味着更高的

---

[1]　陈斌.学术职业环境的变革图景、现实效应与优化路径[J].高等教育研究,2020,41(05):63—71.

[2]　Deem R, Hillyard S, Reed M, (2007). Knowledge, higher education, and the new managerialism: The changing management of UK universities[M]. Oxford: Oxford University Press.

[3]　Klikauer T, (2013). Managerialism: A critique of an ideology[M]. Basingstoke: Palgrave Macmillan.

效率;并且私营部门的组织模式和管理实践被移植到公共服务部门,以提高公共服务部门的效率。①具体来看,首先,新管理主义追求从经济(economy)、效率(efficiency)、效能(effectiveness)(简称"3E")的角度审视人类社会和人类组织的活动,强调管理是一门科学,合法化管理特权,最大化管理作用。并最终将"3E"原则上升至社会成员所共享的价值标准和信念体系。其次,在"3E"价值标准和信念体系的影响下,成果表现、成果管理和准市场等具体的管理技术手段和相应的制度安排开始逐渐广泛运用于公共服务部门中,并且形成了直接负责管理技术运行的"管理阶层"。最后,"3E"价值系统为公共服务部门里的成员追求利润,减少成本,提高效率的"市场行为"或是"准市场行为"提供了合法性根据。总的来看,新管理主义从宏观、中观、微观三个层面对组织管理进行了阐述,宏观层面主要倡导组织文化和价值理念的构建,中观层面立足于制度规范的完善和外部资源的合理利用,微观层面主要探索每位成员行动的引领手段,试图通过建立一套行之有效的管理机制,避免组织内部冲突并最大限度利用外部资源,促进组织快速发展。②

　　新管理主义理论最早运用于企业组织,对于经济型组织的行之有效的管理模式进行了探索。但是大学属于公共事业领域的文化类组织,将企业组织的管理理念、成功经验运用于大学,不能简单地照抄照搬,需要形成一套关于"绩效考核、运行成本、费用管理和目标达成"等方面的保障机制。③④新管理主义在公共服务部门实现了控制方式从"规范控制"向"技术控制"的根本性转变。⑤其中"技术控制"是指直接控制组织成员的工作过程或是工作产出,是对成员组织行为的一种直接控制;"规范控制"是指组织里的专业人士根据其专业规范自主控制其工作过程和产出或是依赖组织文化调节组织行为,是对组织成员工作信念的一种间接控制。欧盛和彼得(Olssen and Peter,2005)认为新管理主义改革所构成的"结构性选拔"

① Pollitt C,(1993). Managerialism and the public services:Cuts or cultural change in the 1990s(2nd ed.)[M]. Oxford and Blackwell.
② 黄亚婷,彭新强.新管理主义改革进程中西方学术职业的变革与坚守[J].比较教育研究,2015,37(02):45—52.
③ 张银霞.新管理主义背景下西方学术职业群体的困境[J].高等教育研究,2012,(04):105—109.
④ 陈斌.学术职业环境的变革图景、现实效应与优化路径[J].高等教育研究,2020,41(05):63—71.
⑤ Alvesson M,(2004). Knowledge work and Knowledge-intensive firms[M]. Oxford:Oxford University Press.

彻底改变了专业角色的本质。①贝克和杨(Beck and Young 2005)认为,新管理主义影响下,大学教师受到直接的政府干预,在自主权、相对的特权地位、经济地位和专业特长合法性等方面遭遇了前所未有的挑战。②传统上大学教师作为专业人员,其教学和科研的专业角色被定位为知识生产者和传播者,在这个过程中,管理经常受到反对与质疑。但是为了应对复杂多变的环境,推进学术发展应该从管理方式入手。③高等教育改革过程中,社会各界对教育教学质量也日益关注,大学中的问题也逐渐为外部化或遭遇到质疑,高等教育体制改革压力巨大。高校发展的压力,最终落实到每个教师身上,造成教师的工作强度不断提升。大学教师一方面承受着组织压力、社会压力和学术压力,另一方面学校也制定诸多政策推动教师向期望方向发展。④⑤新管理主义对于实际运行效益的关注,使得全社会对于大学进行了重新审视,人们开始关注高等教育的成果并对一些不合理现象进行问责,在这一背景下,大学难以维持自身的学术独立性,学术职业工作者也随着受到外部监督。米尔斯(B. J. Mills)指出了当今大学发展的困境,一方面是政府投入的减少,另一方面是全社会对于高校提出了更多要求,大学教师的工作绩效成为考评的主要依据,此前对于大学学术自治和学术职业工作者的自由选择的理念和实践不断弱化。新管理主义理论指引下,对于大学和教师制定了一系列详尽的考核标准,并对高校发展方向和教师行为选择产生了实质影响。⑥

## 二、新管理主义与学术职业变革

学术追求是一种对高深知识的探寻理念和价值思考,新管理主义理论

①　Olssen M，Peters M A，(2005). Neoliberalism，higher education and the knowledge economy：From the free market to knowledge capitalism[J]. *Journal of Education Policy*，20，313 - 345.

②　Beck J，Young M F，(2005). The assult on the professions(2nd ed.)[M]. Buckingham：SRHE/Open University Press.

③　黄亚婷,彭新强.新管理主义改革进程中西方学术职业的变革与坚守[J].比较教育研究,2015,37(02):45—52.

④　Kogan M，Teichler M,(2007). Key challenges to the academic profession[M]. Paris and Kassel：International Centre for Higher Education Research，Kassel.

⑤　熊华军.后学院科学时代的大学学术职业[J].高等教育研究,2012,33(09):36—41.

⑥　陈斌.学术职业环境的变革图景、现实效应与优化路径[J].高等教育研究,2020,41(05):63—71.

的普及,使得传统学术追求发生了偏移,学术人员不能延续此前发展学术的道路,不得不适应新的场域,并努力理解新领域确立的全新的追求效率与产出的秩序。

1. 加剧了学术职业群体的分层与分化

在学术分层上,依据新管理主义理论进行的改革,造成学术职业人员的分层,分层依据并不是内部学术发展所导致的学术等级分化,而是外部管理所进行的刚性划分。①不少西方学者强调,新管理主义理论影响下的高校改革出现了一类重要群体,即大学中的管理层,他们开始与学术职业人员有了界限,制定考核标准并进行监督、考核,而学术职业群体成为被监督、管理、考核的对象,两者在地位上也有了显著区别。此外,依据新管理主义理论,利用资源可以对行动主体进行行为调控,很多地方政府采取了对大学的奖励标准,大学也对教师设立了考核标准,具体都是将绩效评估与资源提供两者结合起来,实际上是一种市场调节手段,使得各大学及其内部不同院系、部门之间的学术人员在资源获取方面的分化日益严重,并且因市场的竞争性而导致马太效应。②

2. 行政权力与学术权力此消彼长

新管理主义理论秉持由上至下的直线管理模式,直接强化了大学行政部门权力,而学术权力呈现出弱化趋势,行政权加强并逐渐占据了对学术权力的优势,学术职业工作者的独立性被不断剥夺。③行政权力在政策制定上往往占有决定权,学术人员为了获取更好发展不得不进入预设轨迹。④新管理主义改革的过程,实际上被各国政策执行者认为是与专业权力进行较量的过程。因此专业主义被视为"市场导向的竞争、基于指标的成果测量以及基于管理主义的控制系统等技术和组织改革的最主要障碍"。⑤要实现新管理主义的目标,针对经济组织进行的改革,可以说改变了知识生产领域的运行规律,学术职业工作者的身份和行动也由此发生转

① 张银霞.新管理主义背景下西方学术职业群体的困境[J].高等教育研究,2012,(04):105—109.

② 黄亚婷,彭新强.新管理主义改革进程中西方学术职业的变革与坚守[J].比较教育研究,2015,37(02):45—52.

③ Dearlove J, (2002). A continuing role for academics: The government of UK universities in the Post-Dearing Era[J]. *Higher Education Quarterly*, 56(3), 257-275.

④ Askling B, Kirstensen B, (2000). Towards "the learning organisation": Implcations for institutional governance and leardership[J]. *Higher Education Management*, 12(2), 17-42.

⑤ Farrell C, Morris J, (2003). The "neo-bureaucratic" state: Professional, managers and professional managers in schools, general practices and social work[J]. *Organization*, 10 (1), 129-156.

向。曾荣光(1984)认为,专业是有较大控制权的职业,这种控制权表现在对市场、人事关系以及分工制度的控制上。①在新管理主义改革影响下,学术人员对市场的控制加强,但是对人事关系以及分工制度的控制权力则很大程度被剥夺。

### 3. 造成科研商业化产生

新管理主义理论影响下,导致大学的教学、科研、社会服务活动难以并行发展,学术工作出现了显著的市场化倾向,②新管理主义改革对教学的影响主要是大学教师的教学需要更多关注学生(也就是"消费者")的需求,需要迎合消费者的喜好,抢夺学生资源,重视消费者的满意度等,以此来获得生存与发展。在科研方面,新管理主义改革强调对科研的投入"物有所值",科研活动体现出科研评估绩效化的特点。此前对于科研的评价更多依据其学术价值,而新管理主义更强调实用价值,使得大学开始注重经济收益和社会排名。③此外,很多大学对于科研的评价更多与经费支持数额相匹配,造成很多学术人员将职业置于市场收益和竞争层面进行考虑;学术工作的初衷原本是创新知识,找寻真理,而新管理主义导向下,人们的视线被经费和经济利益所占据;进而导致了"科研商业化"现象的出现。目前,很多学术职业工作者反思了自身行为,发现"科研商业化"的影响日益广泛,高校排名及认可度、学术职业人员在劳动力市场上拥有的地位和荣誉,大多来自科研领域成就;现代大学的职能和考评侧重也发生了较大转变。④

### 4. 丧失学术自由

学术自由原本是大学的基本特征,广义上可以理解为大学可以选择发展方向,进入其中的教师可以自主开展教学、科研等相关活动,狭义理解为学术职业工作者的个人自由选择。⑤随着知识社会对高等教育获益度的期待日益增高,学术自由的本质也在不断发生变化。一般认为,强化管理会给主体更少的自主性,不过当现代组织充分了解到成员职业生涯发展规律

① 曾容光. 教学专业与教师专业化:一个社会学的阐释[J].香港中文大学学报,1984,12(1).
② Altbach P G,(2005). The international imperative in higher education[M], Rotterdam: Sense Publishers. p.57.
③ Willmott H,(1995). Managing the Academics: Commodification and Control in the Development of University Education in the U.K. *Human Relations*, 48(9), 993 - 1027.
④ 黄亚婷.聘任制改革背景下:我国大学教师的学术身份建构——两所研究型大学的个案研究[M].浙江大学出版社,2019, 24.
⑤ Aarrevaara T,(2010). Academic freedom in a changing academic word[J]. European Review, 18, S55 - S69.

的时候,实施相应管理举措,符合成员自我发展的需要,对于组织发展也会起到积极推动。政府增加对大学的要求,或者强化对大学的管理,这也是政府在自身发展中有意识将大学纳入其发展规划的结果。然而,很多学术工作人员将接受政府管理视为常态,对于学术自由的初衷没有发生转变,也就是说并未将新管理主义的主张视为对学术自由的挑战。相反,只有进入管理体制内,才能获得学术的进一步发展。

对于学术人员个人来讲,他们的选择权和学术兴趣受到了严重挑战,不得不屈从于行政权力的指挥棒,自身的学术权力地位进一步弱化;传统学术价值被经济理性取代;学者身份地位降低,去专业化现象显著,甚至出现了学术意义上的无产阶级;最终出现了学术身份危机等。其中,"去专业化"表现为学术职业工作者的专业权力不断弱化,"学术无产阶级"描述了学术职业工作者不断降低地位的现象。①

学术职业所具有的吸引力就在于活动的相对独立与自主,即不受外部干扰乃至胁迫的自由、追求精神满足、获得同行与社会认可,以及有相对稳定的工作与生活保障。新管理主义理论是在经济全球化大背景下逐渐兴起的,试图通过优化管理提高竞争能力和生产绩效。以往的专业权威、学术地位表现出低效一面,逐渐被取代,而通过引入竞争机制、采取绩效考核方式,以及进行方向控制等手段,大学可以有效提升学术人员的绩效,提升学校整体的学术生产力。虽然新管理主义发挥的作用日益明显,学术场域的固有规范和价值理念并未被消解,大学在制定政策时也给予了充分考虑。很多时候新管理主义理论进入到大学场域中,具体实施也进行了充分融合,例如在职称晋升时,除了依照新管理主义的客观标准,社会服务情况也被充分考虑,多所学校设立了支援贫困地区或西部地区的特殊职称晋升通道,这也是大学公共事业性质这一基本价值理念的体现。学术发展既需要新管理主义的制度化引导,还需要创造健康自由的学术空间。因此,可以考虑弱化学术的市场竞争倾向,为学术职业工作者提供选择空间,创造先进的学术生产力。②

5. 知识生产对学术职业的改变

在全球竞争型知识社会里,随着知识在社会发展中的外在功用不断被强化,新管理主义改革在公共选择和市场问责的合法框架里重新界定了知

---

① 黄亚婷.聘任制改革背景下:我国大学教师的学术身份建构——两所研究型大学的个案研究[M].浙江大学出版社,2019, 24.

② 王思懿.自治与控制之间的博弈:荷兰学术职业变革的多重向度与潜在风险[J].现代大学教育,2021, 37(06):52—59.

识的内涵外延、知识的拥有者和行动者,进而对知识生产的方式和性质产生了重要影响,最终根本上改变了大学的使命和发展方面。

纵观西方高校发展历史,可以看出知识生产领域的两次大变革。第一次变革是从依据兴趣进行的知识创造到制度化、规范化的学术生产;第二次变革是转向为市场化、国际化的知识生产。①在知识经济时代,知识生产具有重要的市场意义,所以市场被作为实现效益、效率的手段,无论是政府主导知识生产,还是市场决定知识创造,其结果都会形成各种形式的知识。②国家的意志和需求主要以与地位性符号资本或是经济资本相挂钩的政策、法规和制度等方式加诸大学;市场需求主要以降低成本、创收利润等市场价值附加于大学。例如,我国的重点学科制度、专业审批制度和学位管理制度等从本质上反映了国家对知识的选择,这种选择事实上引导了我国大学知识生产的方向。③

新管理主义理论改变了知识的性质,促成了知识的商品化。大学原本属于公共事业组织,大学所进行的知识生产属于公共产品,具有鲜明的公益性质和非排他性。如果说知识生产早期具有稀缺和排他的特点,随着知识传播,其公益性就逐渐鲜明起来。高等教育市场化改革过程中,大学在朝向"管理型专业公共组织"的模式发展。这种类型的组织看重生产力、顾客服务、行政领导、竞争和市场等,④这些组织利益要求促使知识作为公共产品的性质发生了变化。由此,知识的公共产品性质弱化,其商品属性得到强化,从目前来看,知识表现出了公共属性和私有属性的两重性,可以进行公益传播,同时也可以进入市场进行交换。⑤⑥知识的商品化,指的是知识从公益属性向知识的商品属性的转变,在这一过程中,一方面表现为知识在市场上进行无障碍流通,实现了自身的经济价值,这里知识是隶属个体的,另一方面,大学作为知识生产组织,可以通过知识在市场中的交换获

① 蔡宗模.美国高等教育全球化的政策与实践[J].比较教育研究,2013,35(07):97—102.

② Kearney M-L,(2000). Globalisation: Higher education for social inclusion.[C] Society for Research into Higher Education News. No.42 January.

③ 张继明.理性审视政府干预与大学自治——政府与大学关系的知识社会学解释[J].高教探索,2015,(06):5—9.

④ Valimaa J,Hoffman D.(2008). knowledge society discourse and higher education[J]: *Higher Education*,56(3),265–285.

⑤ 蒋凯.终身教职的价值与影响因素——基于美国八所高校的经验研究[J].教育研究,2016,37(03):132—140.

⑥ 黄亚婷.聘任制改革背景下:我国大学教师的学术身份建构——两所研究型大学的个案研究[M].浙江大学出版社,2019,22.

得实际利益。①

改革所带来的知识生产方式的变化和知识商品化严重地改变了大学的研究角色和教学角色。大学科研原本是探索未知领域的高深知识,具有纯正的学术指向。②高等教育改革则将科研引向市场,指向能够在市场中进行交换的知识创造,而大学科研与市场过于亲近,势必会伤害知识的创造性。对学者个体而言,知识商品化也改变了学者的科研工作,甚至削弱了大学教师的公共知识分子角色。③

## 第三节 学术职业理论与高校人事聘用制度改革

学术职业工作者立足于所处的学术职业环境展开各项学术发展活动,环境对进入其中的个体有着深层次的影响。大学教师只有明确自身在学术职业环境中的定位,找寻到应对环境发展的个体策略,将学术进步与职业环境有机结合起来,才能更好立足于学术劳动力市场,不断增强应对环境风险的能力。④

### 一、加剧学术职业压力

人事聘任制度对教师的学术职业发展有着深刻影响。考察世界主要国家大学人事聘任制度,可以将世界各大学的人事聘任制度分为4大类,即英国模式、德国模式、法国模式和美国模式,每一种模式都有其优势和问题。总的来看,各所大学所采取的聘任制度和晋升制度有较大差异,但是每一种聘任制度或晋升制度都存在相应问题。因此,大学一直在实践中不

① Sewell G, (2005). "Nice work?" Rethinking managerial control in an era of knowledge work[J]. *Organization*, 12, 85 - 704.

② Davies B, Petersen E B, (2005). Neoliberal discourse in the academy: The forestalling of (collective) resistance. *Learning and Teaching in the Social Sciences*, 2(2), 77—98.

③ Whitchurch C, (2008). Beyond administration and management: Reconstructing the identities of professional staff in UK higher education. *Higher Education Policy and Management*, 30(4), 375 - 386.

④ 陈斌.学术职业环境的变革图景、现实效应与优化路径[J].高等教育研究,2020,41(05):63—71.

断探索、改良聘任制度和晋升制度,避免制度实施过程中对学校和教师产生负面影响。[①]总的来看,大学的聘任制改革,表现为限制终身教职人员增长,增加非终身学术职业工作者比重,利用代理方式聘用流动性较强的教职人员从事不定期工作。如美国部分大学大幅增加兼职学术职业人员的聘用,被称为"学术临时工"。美国大学教授协会早先倡议终身教职的构想,目的是促进学术发展、维系学术自由。但是受资本逻辑影响,美国终身教职的获取难度与日俱增,难以进入终身教职的学术职业工作者面临着前所未有的职业压力,职业不稳定性风险可能在随后衍生出学术发展困境等长远问题,可以说新管理主义理念下的人事制度改革,风险问题会持续发酵。

中国实施"预聘—长聘"制度的大学,表现为大学教师入职初签订的是短期"预聘"合同,大学给予新进教师3—6年试用期,试用期满接受考核,通过考核者进入"长聘"教职,反之必须离职。"预聘—长聘"制度下的高校新入职教师需要通过考核才能留任,而"预聘—长聘"制度一般配套量化科研考核机制,教师们便开启了学术锦标赛竞争。锦标赛制度(Tournament System)是由拉齐尔(Edward Lazear)和罗森(Sherwin Rosen)两位经济学家在20世纪80年代提出,这一理论对于经济类型组织作出了很好阐释。锦标赛制度主要采取收入待遇、职务晋升的分级管理,具体是根据业绩情况进行排名,并由高到低赋予相应待遇,以此促进员工展开内部竞争,最终提升组织绩效。[②]阎光才(2012)指出,我国学术等级系统存在泛化的锦标赛制特征,这一机制因其效率指向鲜明可以让少数人脱颖而出,但长远来看未必有利于学术环境的整体优化以及学术人才的成长。[③]采取锦标赛制度的激励方式,给学术职业工作者带来了持续心理压力,也容易使其迷失学术方向。[④]中国大学在引进国外终身教职之初,并没有进行本土路径优化,缺乏出台与之配套的相关措施,实行弹性考核机制与柔性的转岗机制以及后续的保障工作。我国大学的人事制度改革,主要涉及编制问题,这也是绝大多数教师十分关注的。获取长聘资格意味着拥有稳固的身份地位和收入保障,很多情况下正式编制还关系到教职工的社会保险、人才住

---

① 阎光才.学术聘任制度及其政策风险[J].高等教育研究,2016,(03):21—29.
② 王务均.论学术锦标赛及其育人转型——一个组织分析的链条[J].教育发展研究,2019,39(03):55—61.
③ 阎光才.学术等级系统与锦标赛制[J].北京大学教育评论,2012,10(03):8—23.
④ 阎光才.象牙塔背后的阴影——高校教师职业压力及其对学术活力影响述评[J].高等教育研究,2018,(4):48—58.

房、子女升学等个人或家庭问题,必然引起教师关注。①如果教师不能获得长聘资格,意味着工作压力和不稳定性等问题更为突出。

## 二、滋生功利心做学问

传统对于高校学术职业工作者的理解,认为他们应该潜心学术、追求真理,为社会理想和信仰寻求终极关怀。社会希望大学学术职业工作者将主要精力投入学术研究中,推动学科的发展的同时为广大学生提供最新的知识和见解。学术工作者被视为真理的追求者,他们通过科学研究和学术探索来不断扩展人类对事物本质的理解。这种追求真理的理念强调了大学学术工作者在知识生产中的独特角色。高校学术工作者被期望具有社会理想。他们的研究和教学活动应当服务于社会的发展和进步,同时也体现了一种对于道德和伦理标准的承诺。大学教师这一学术职业被认为是一种终极关怀,他们通过培养学生的综合素养和学术研究能力,为社会培养未来的专业人才。

在新管理主义、学术锦标赛等理论的影响下,大学在提升整体学术生产力水平过程中进行的人事制度改革,给教师的行动方向创设了一种市场化需求。新管理主义倾向于引入市场化的竞争理念和绩效导向的管理方式,大学由此采取了更强调绩效评估、竞争和效率的人事制度,教师在工作中受到绩效评价影响日益显著。学术锦标赛理论强调学术界的竞争和排名。在这种影响下,高校更加注重学术排名、发表论文数量和引用率等指标,教师的学术产出成为评价绩效的主要依据。人事制度改革促使教师在市场化的需求下开展行动,包括对于高水平科研成果的追求、争取研究项目、提高学术声望等,以符合市场对于高水平人才的需求。为了提升整体学术生产力,大学更加强调外部资金的吸引和科研项目的申请。促进教师主动寻找研究资金,与企业或其他机构合作,以增加学术产出和研究成果。教师受结果导向的影响,需要在教学、科研和服务等方面取得实际可衡量的成果,以适应新的人事制度和管理理念。

在新管理主义和学术锦标赛等理论的影响下,学术职业环境确实出现了一些变革,其中学术职业的性质逐渐从"知识本位"向"社会本位"发生偏移。这种偏移会对新入职教师的研究方向和行为产生直接影响,耗时漫长

---

① 朱玉成.高校"预聘—长聘制"改革的风险研判及破解路径[J].教师教育研究,2021,33(01):40—44.

的基础性研究或者短期内影响不显著的研究则被忽视。在学术职业环境中,学术评价标准对于社会效益的注重,对于解决实际问题、产生社会贡献的强调,直接影响着教师研究方向和选择,新入职教师暂时放弃耗时漫长的基础性研究,更积极地寻求外部资金和与产业界等社会机构的合作,以推动研究成果的应用和迅速转化。

"预聘—长聘"制度实施后,教师承受着考核、留任的压力,而大多数基础性、原创性、关键性研究周期相对较长。迫于现实压力,很多教师只能选择周期短、风险小、出成果快的方式。长久下去,那些需要长期深入探究的学术领域和高质量研究成果难有实质性突破。[①]许联和樊平军(2009)指出商品化时代,部分学术职业者逐渐丧失学者追求纯粹学术价值的品性,转而迎合市场逻辑并商品化知识以追求名利。[②]实际上以上问题逐渐得到关注,在学术职业环境中,对短期成果的热衷会形成忽视基础理论的不良氛围。基础理论研究是学术发展的基石,对于推动学科发展和创新至关重要。忽视基础理论研究会导致学术的畸形发展,缺乏对知识体系的根本性贡献。追求短期成果还会增加学术不端和数据造假的风险。部分学术职业者受到竞争压力影响,追求迅速取得研究成果,会采取不当手段实现迅速发表的目的。因此,大学人事聘任制改革需要仔细平衡对短期成果的重视和对基础理论研究的支持,确保学术生态系统的健康发展。

总的来看,学术职业者关注发表论文数量、争取项目资金、提高学术声望等直接与市场和职业发展相关的目标。这种情境下,他们的行为日益趋向市场逻辑,将知识和教育看作商品,注重满足市场需求,关注能够获得更多关注和资助的研究方向。长此以往会导致一些教育指向更偏向于实用性和短期效益,不利于学术职业的长期健康发展。

## 三、忽视教学现象严峻

大学人事制度的"预聘—长聘"制度改革,由于考核内容中更加偏重可量化的科研成果,实施中固化了教师重视科研而轻视教学的心理。从学科共同体层面来看,大学学术生产力评价往往强调学术声誉、研究成果、学术

---

① 张应强.大学教师的社会角色及责任与使命[J].清华大学教育研究,2009,30(01):8—16.
② 许联,樊平军.大学教师身份考察与大学文化的复兴[J].国家教育行政学院学报,2009,(10):53—58.

交流,以及获取各级政府项目制的经费投入。在这种评价体系下,教师更倾向于追求学术声誉和研究成果,为在各级项目经费获取中处于有利地位,更加注重科研产出,力争获取更多经费支持。大学排名和学科排名通常以科研产出为主要评价指标。为了提高学校和学科排名,大学会设计特定奖惩和晋升机制,引导教师专注科研工作。无论是政府经费投入、学科评估、学校资助,还是晋升发展机会,都与科研成果紧密绑定在一起,从而形成了对大学教师的激励机制,集中表现为科研成果成为评价的重要指标。

市场的介入、效率取向的薪酬激励制度和考核评价制度降低了教师们的教学投入、教学能力和教学质量。[1][2]当前大学教师的薪酬主要以市场导向的方式进行,即以教师的工作绩效、学生数量及表现情况等为基础,导致大学教师关注相关量化的指标而忽略了教学投入和质量。"预聘—长聘"制度改革中的考核评价制度进一步强化了这些量化指标,使教师紧盯考核指标本身,而忽视了教学的本质。人事聘任制度改革后形成的效率取向观念,使大学教师的行为越来越遵循市场原则,对于效益和效率的专注,会对教育教学发展构成严重阻碍。

大学在人事制度改革中与教师订立的契约中包含的激励机制主要以科研产出为导向,而对教学的考核要求较少,或多或少改变了大学教师对教学赋予的意义,当教师从理性出发思考考核任务时,更多会将教学工作视为考核外的任务,承担较低且满足底线避免遭受惩罚的教学任务即可,教学在学术传播和推动社会进步中的神圣性不断削弱。[3]在"破五唯"的影响下,大学考核机制虽然有一定改变,但无论人事聘用还是职称评定,重科研成果的现象依旧严重。更为严重的是形成的重科研轻教学的学术氛围,深刻影响着每个新进入学术领域的工作者。王向东(2011)认为,很多大学将学生评教和督导评教结果与教师职称评定、岗位考核、奖金发放甚至与解聘低聘等结果紧密相连,使得大学教师的教学中出现了降低课程教学要求、放低考试难度、放松课堂管理等变相讨好学生的教学乱象。[4]此外,评价体系仅仅以学生评教为主,则难以对教学进行全面和深度的评价,难以全面反映教师的真实教学水平。

---

① 刘献君,张俊超,吴洪富.大学教师对于教学与科研关系的认识和处理调查研究[J].高等工程教育研究,2010,(02):35—42.

② 徐继红,董玉琦.大学教师教学能力现状调查与分析[J].现代教育管理,2010,(05):76—79.

③ 林小英,宋鑫.促进大学教师的"卓越教学":从行为主义走向反思性认可[J].北京大学教育评论,2014,12(02):47—72.

④ 王向东.大学教师教学管理制度的反思与完善——基于教学行为与制度关系的视角[J].现代大学教育,2011,(03):97—102.

# 第三章 高校"预聘—长聘"制度概述

高校"预聘—长聘"制度是一种高校人事制度。关于人事这一概念,顾名思义,指的是人们由于参与劳动而形成的组织内的社会关系,主要表现为工作关系和人际关系。人事制度,即组织基于实现目标的要求,对全体组织成员设计的一整套行动规范、事务流程和管理制度。[①]具体来看,人事制度包括成员资格制度、招聘和就业制度、培训制度、分配制度和奖励制度等。实际上,我国各类组织中的职工制度都属于具体的人事制度,人事制度是国家政策体系的重要组成部分,属于上层建筑的范畴。[②]

高校人事制度不仅涵盖国家对高校教职工的宏观政策,还体现在高校对于内部人员的日常管理,具体包括机构设置、聘用制度、收入制度和职称、职务晋升制度等。机构设置是高校人事制度的运行基础,为了更好实现高等教育目标,专门设置了国家教育人事管理部门、高校人事管理部门及其工作人员,这些机构和工作人员是各项人事制度制定、实施、反馈的重要载体。用人制度是对从事高等教育事业人员的招录和聘用制度。分配制度是对高等教育从业者所从事工作给予薪资的设计。晋升制度是依据一定标准,对高等教育从业人员在职称、职务等级方面给予职级评定的制度。[③]

高校人事制度改革是大学改革中最为棘手的一项,是决定大学改革和高等教育事业发展的一个"瓶颈"。随着全面深化改革的持续进行,大学这个"瓶颈"得到社会各界的广泛关注,国家及教育部门给予了极大决心解决现存问题,僵化的用人制度正在被逐渐打破。然而,这一改革成效初显,未来改革之路还任重道远。

高校中主要学术职业工作者是教师,教师聘任制也是每所高校十分重视的一项基本制度,其他职务系列都是从属于教师聘任制,高校人事制

---

① 吕玉曼.校企人员"双向流动"的内涵、困境与实践路径[J].教育与职业,2021,(24):28—33.
②③ 肖兴安.中国高校人事制度变迁研究[D].华中科技大学,2012.

度改革主要是针对教师聘用进行的。①归纳起来,高校用人制度改革一般从以下几个方面着眼,即按需设岗、公开招聘、平等竞争、择优聘用、契约管理。②

# 第一节　国外终身教职制度研究

## 一、国外高校人事制度研究

国外关于高校人事制度的研究,以美国学者的研究最具代表性,成果的涉及面较宽,研究更为深入。二战后,美国高等教育面临大众化的挑战,美国高等教育也朝向多元化方向进行改革,这为我们研究高校人事制度提供了丰富的实践资料。在此基础上,大学教师的职业不断被重新审视和观察。上个世纪中后期,美国学者对于高校人事制度的探讨聚焦于制度本身的基本说明和影响探讨,以及提出改进设想。③主要探讨的议题包括:终身教授制度、教师聘用中的平等问题、教师工资模式、工作绩效等。美国分权型的高等教育管理体系,逐渐形成了现如今美国各所大学之间的竞争局面,争夺优秀教职员工成为大学发展的重中之重,④这也激发了美国学者的相关研究热度。

国外对高校人事制度的研究代表人物及著作主要有:菲利普·G.阿特巴赫(P.G. Altbach)的《比较高等教育:知识、大学与发展》《变革中的学术职业:比较的视角》和《失落的精神家园——发展中与中等收入国家大学教授职业透视》。这几本著作都是从国际视角来研究各国高校教师职业。《比较高等教育:知识、大学与发展》指出大学教授这一职业的"黄金时期"已经结束,正面临着危机。总的趋势是终身教授比例在下降,出现了一些新的任用和晋升制度。《变革中的学术职业:比较的视角》分析了美、英、德、法、荷兰、意大利、西班牙、瑞典等国学术职业的最新变化,重点聚焦学术工作条件聘任要求,以及薪酬方面发生的重大变化,指出学术职业的工

---

① 曹振纲.中国公办高等教育资源配置中的市场与政府职能[D].西北大学,2004.
② 管培俊.新论高校人事改革的方向和推进策略[J].北京大学教育评论,2015,13(01):179—187.
③ 王应密.中国大学学术职业制度变迁研究[D].华中科技大学,2009.
④ 罗兰.大学年轻教师选聘优化论[D].湖南师范大学,2010.

作条件受大众化、管理控制、公共财政拨款减少等不利条件的影响,正在不断恶化,学术职业的终身制不像以前那样有保障。该著作横向比较了世界各发达国家的学术职业情况:英国,终身制被废除;美国,在兼职学术人员与专职的非终身制学术人员不断增加的同时,传统的终身制职位数却在不断减少;许多欧洲国家目前正在对学术人员传统的公务员身份展开讨论,法国的学术人员身份介于专业人员与公务员之间;而西班牙的学术人员身份介于公务员与市场人之间;德国的讲座制正在转变,以保持德国大学教授的水准;意大利的教师面临转型,在政策和体制变革时期瑞典的学术人员工作条件也在变化。在这个充满变革的时代,部分学者学术聘任的条件在不断恶化,而还有一些学者却将这些变化看成是为了适应新的时代所必要的改革。《失落的精神家园——发展中与中等收入国家大学教授职业透视》一书对 13 个发展中与中等收入国家大学教授职业面临的困境与危机、未来的发展趋势,以及解决困境与危机的策略与变化进行了分析。

对高校教师职业综合性研究的代表著作,如哈尔塞(A. H. Halsel)和马丁·特罗(Martin Trow)的《英国的学术界》(The British Academy),该书从社会学的视角对英国大学教师职业进行了综合性的论述。此外,雅克·勒戈夫(Jacques Le Goff)在他的《中世纪的知识分子》中,结合有关的历史性文化背景,尤其是大学的发展情况,考察了中世纪从事精神劳动以教学为职业的教士这个特殊阶层的产生、演变、分化到最后从历史舞台上消失的整个历史过程。

## 二、国外大学终身教职制度实践

西方各主要国家均认识到了终身教职制度对于保护学术自由的重要意义。以美国为例,虽然宪法层面并没有特别提及确保学术自由,但由于美国的学术观念一定程度上承继了德国大学的学术理念,实践了学术自由理念并使之成为美国社会普遍接受的价值。当然,也有部分美国学者从本国宪法出发,认为保护公民的言论自由,就是保护学术自由,是公民自由的组成部分。但美国大学对学术自由的保护做出的最重要的制度贡献,是形成和确立了终身教职制度。该制度的形成要追溯到斯坦福大学爱德华·罗斯事件。1900 年,斯坦福大学著名经济学家爱德华·罗斯(Edward Ross)关于铁路垄断和移民工人使用的言论激怒了斯坦福大学的捐赠者斯坦福夫人。这一事件引起了鲁乔伊和杜威等著名人士的广泛关注,他们主张成立一个组织来保障教师的学术自由。①

1915年,美国大学教授协会(AAUP)产生,并同时发表了学术自由宣言。宣言的起草人把当时新兴的大学比喻成知识实验室,指出"在大学中,新的思想能够萌芽,暂时对整个社会来说可能并不合口味,仍能够成长并成熟,或许,这些果实就能够成为国家和整个世界接受的文明之果"。对这样的知识实验室,学术自由显然是重要基础。在成立时的指导思想和随后几次会议及1925年宣言的基础上,美国大学教授协会在1940年颁发《关于学术自由和终身教职的基本原则宣言》。在该宣言中,AAUP提出了终身教职原则:"考察期结束后,教师或被考察人应该享有永久或持续教职,他们的工作不得终止,除非因年龄而退休,或是处于财政危机的特殊情形之下。"并提出了具体实践指南,包括"聘用合同应该以书面的形式载明聘用期限和聘用条件""考察期不应该超过7年,如果一位教师在一所学校完成3年考察时转到另一所学校,可以与新学校签订合同,要求考察期不超过4年,如果考察期结束后不打算续聘,应该至少在考察期满前一年通知该教师"、"考察期间的教师享有与终身教职教师同等的学术自由"、"合同提前终止,应该由教师委员会和学校治理委员会决定。如果存在争议,教师有权为自己辩护,并可以邀请法律顾问陪同自己参加听证会。对于不胜任的指控,证人证言应该既包括本校教师,也包括其他学校学者的证言。如果已获终身教职的教师非因道德原因被解聘,从通知被解聘之日起,应该还可获得至少一年的工资,无论是否还需要他们继续履行教职"。此外,该宣言还明确提出,由于财政危机导致终止终身教职的情形,教师所在单位必须提供相关证明。

美国大学教授协会发布的这则宣言日后不断完善,如今已经得到了美国各高校的认可,并作为制定具体人事制度的重要参照。②在2000年庆祝宣言发布60年纪念时,其已经被150多个学术团体正式接受,几乎代表美国学术生活和学科的每个方面,以及绝大多数研究型大学和文理学院。在美国最高法院和地方法院的判例中,宣言也作为学术自由原则的指导而被援引,因而具有一定的法律效力。

终身教职的提出和之后的实践,保证了美国大学教师一旦合格,即可获得终身教职,除年龄或学校财政原因外,不能被随意解聘,尤其不能因为学术或言论而被解聘,从而为促进学术进步、维系学术自由提供依据。终

---

①② 胡娟.高等教育行业自律:美国经验与中国探索[J].清华大学教育研究,2014,35(02):60—67.

身教职制度已被不少西方大学接受并持续发挥影响。我国现阶段北京大学、清华大学等大学人事制度改革中的"非升即走""终身教职""长聘教授"等提法,就是学习和吸纳美国大学的经验的结果。

# 三、国外大学聘任制的经验解读

## (一)发达国家高校人事制度评述

通过回顾世界各主要国家高校人事制度,可以帮助我们理解人事制度的实施背景、特点及差异,可以为我国高校人事制度设计提供经验借鉴和改革思路。自2003年以来,北京大学采用美国终身教授制这一改革举措后,学术界对美国高等教育领域施行的终身教职制度予以高度关注和广泛探讨。总的来看,国内学者主要研究了美国、日本、德国、英国等发达国家高校人事制度。其中,关于终身教职制度在中国的本土化实施路径的探讨,以及各项人事制度改革的评估是重点研究内容,也有学者讨论了日本实施的大学教师聘任制的经验,希望对我国提供借鉴。

### 1. 日本大学任期制度

日本的教职制度可以追溯到明治维新时期,学者们回顾了从明治维新到上个世纪中后期日本各个历史时期实施的人事制度。著名教育学家巴玺维从历史背景、制度设立、制度体系和实施成效几个主要方面对人事制度进行了详细阐述,日本早在明治维新时期就存在终身制用人模式,其中也包含了对能力、成绩的考核,这可以说是日本教育界人事制度的起点,这一制度发展到上世纪后半叶,开始落后于时代需要,需要进一步改革,并解释了教师任期制、教师流动对于学术生产的积极影响。日本大学教师任期制包含了所有教师,主要是制定任期、公开任命以及审查和评估教师业绩。在日本,任期制是一种选择性制度,大学可以自主决定是否实施或具体实施策略。

### 2. 德国大学教师聘任制

德国的高等教育机构包括大学(Universitäten)、教育学院(Pädagogische Hochschulen)、艺术、电影和音乐学院(Kunst-, Film-und Musikhochschulen)、神学大学(Theologische Hochschulen)等。每种类型的教育机构都有其特定的专业研究领域,一般是州立的,属于公共法人团体。大学的经营管理主要由校长(Rektor)具体负责,校长是大学的首脑,负责学术领域的管理和决策。行政事务通常由行政主管(Kanzler)负责,他们负责财务、人事等方面的管理。大多数州立大学的教师是公务员,这确保了他们在工作中享有一些特殊权益和稳定性。这也意味着他们通常被认为是终身公务人员,尤其是对于担任教授职务的人员。这有助于确保教师在教学和研究方面有足够的独立性和自由度。大学对教授、准教授以及其他教职人员的招聘通常采用公开招聘制度,有着明确的程序和标准,以确保招聘过程的透明度和公正性。聘任德国大学教授一般需要具备3项必要条件,一是具有学术业绩或者艺术业绩;二是在从事职业至少5年中能使学术观点和方法得到应用与发展,并取得特殊业绩;三是从事的职业至少有3年是在校外进行的。招聘委员会负责评估申请者的学术或专业资历,以确定其是否符合招聘条件。教授资格考试一般包括专题著作或研究论文的正式审查以及学术研讨会的讲演等。即使取得教授资格,也只是拥有讲师称号而已。根据相关职位规定,可以被任命为附有任期的大学讲师,一般任期为6年。大学讲师由授予教授资格的大学聘用,禁止在同一大学招聘教授(2002年改正的高等教育大纲法取消了这项规定,也废除了大学教授资格考试),同一大学的C3级教授不能直接晋升为C4级教授。晋升为教授以后,不再进行行业绩审查。若要再晋升,原则上就要转职到其他大学,这是为维持一定水平的教育和研究的惯例。教授通常是从校外招聘的,原则上不把本校毕业生直接任用为教授,这有利于确保教师人才在大学之间的流动。通过严格的竞争审查,被任用为教授以后,其身份就是终身职位。教授成为终身职位以后,学术自由身份得到保障。①总的来看,德国的高等教育体系在国际上享有很高的声誉,其制度和管理方式较好保障了学术自由和质量。

3. 英国大学教师聘任制

英国的大学是独立的法人机构,拥有自主的管理权,有权自主制定政策、规章,并管理财务和各项事务。大学拥有一定程度的自治,而非直接受政府的指导。英国大学内部的管理结构有多种形式,其中包括董事会(Boardof Governors)、理事会(Council)和评议会(Senate)。这些组织在大学内部负责监督、决策和指导。校长通常由董事会任命并代表大学,副校长通常是大学管理运营的最高负责人,也可能兼任评议会主席,他们在大学日常管理和决策中发挥着关键作用。大学教师通常不是公务员,而是由各大学的理事会负责聘任。聘任教师的方式一般采取公开招聘,要求申请

---

① 陈永明.德国大学教师聘任制的现状与特征[J].集美大学学报(教育科学版),2007,(01):32—36.

者具有优秀的业绩、专业学位以及教育研究经验。①这确保了大学能够聘请到具有良好学术背景和丰富经验的教师。总体而言,英国大学的管理体系强调学术和行政方面的分工,同时给予大学更多的自治权,保证大学能够有效地履行其教学和研究职责。

4. 法国大学教师聘任制

法国的大学被视为兼具学术性、文化性、专业性的"公共设施法人",在教育、研究、管理和财政等方面拥有决策权。这种法人身份赋予大学一定的独立性和自治权,使其能够自主运作。法国大学教师主要分为教授、副教授和助教。这些职位都属于公务员身份,需要遵循国家公务员相关规定,严格遵守大学教师这一身份的特定规程。大学教授在法国通常具有终身性质,不能解聘。如果有不称职者,一般惩罚措施是不予升职。在法国,大学教师的职业生涯中,升职与表现和能力紧密相关。大学教授作为国家公务员,其聘任程序是校方先定候补者,然后由国家进行最终任命,并决定其工资待遇。这强调了国家在大学教授聘任过程中的重要角色。聘任助教通常是根据国民教育部长公布的助教缺额一览表,以大学为单位进行公开招聘。聘任决定由聘任的大学专门委员会进行,经过个别审查后做出决定。法国大学的这一体制强调了教师的公务员身份,同时也通过终身性质和聘任程序等方式确保了一定程度的职业稳定性。这种结构旨在维护教育和研究的质量,同时给予了大学教师学术职业安全感。②

5. 意大利大学教师聘任制

意大利大学现在已完全取消教师的公务员身份制度,对所有教师实行了聘任制。意大利大学教师有"正式教师"和"合同教师"两类,前者包括教授、副教授、研究员、助教四个层级,只有正式教师中的正教授是终身教职,其他教师与大学之间都是附带有限任期的合同聘用关系,任期一般是 5年;合同教师属于大学根据工作需要临时聘用的教师,其与大学签订1—2年的短期合同。这些职位有不同的职责和要求。大学教师的聘任通常通过公开招聘进行。招聘过程包括提交申请、评审个人学术和教学成就,以及参与面试等步骤。终身聘用是意大利大学教师聘任制度的一个重要特点。一旦教师通过了一系列的评审程序,包括同行评审和学术表现的考核,就有可能获得终身聘用。终身聘用确保了教师在大学体系中的稳定性

① 陈永明.英国大学教师聘任制的现状与特征[J].集美大学学报(教育科学版),2006,(04):14—19.
② 陈永明.法国大学教师聘任制的现状与特征[J].集美大学学报(教育科学版),2007,(02):3—6.

和长期参与。教授职位的评审通常会经过国家层面的评审,由国家大学委员会(National University Council,NUC)或其他相关机构进行最终的评定和任命。从大学组织体系上看,意大利的大学与德国类似,大多实行讲座制,讲座和研究所是大学的基层学术组织单位。大学由中央政府教育管理部门"教育、大学与研究部"(MIUR)管辖,除 MIUR 外,在中央一级还设有全国大学委员会、全国大学校长委员会、全国大学评价委员会等协调和咨询机构,主要负责具体规划、实施专业性较强的大学管理工作。意大利大学教师的聘用权力主要分布在大学管理体系的"两端":最上端的 MIUR 及全国大学委员会和最下端的讲座教授。2010 年后,各级职称都由国家(MIUR)统一组织考试和评审,教授职位由国家统一组织聘任,非教授教师的职位由各大学自己聘任,且流动到其他大学才能晋升正教授。意大利大学教师聘任中对教师的评价强调教师的科研业绩,认为科研是教学的基础,强调有学术研究积累的教师才有资格教学。①

(二)各国大学教师聘任制比较研究

从不同角度可以对各主要国家大学教师聘任制进行比较。第一,从历史学、组织学、社会学等不同学科出发,对英、德、美高校教师的专业化建设作了比较研究。②第二,从任期角度进行分类探讨,具体包括美国式的高职称教师长聘、低职称教师有限任期,德国式的教授长聘、其余教师均为有限任期,日本式的高校自主为各级教师定制聘期。③第三,在发达国家聘用教师的自主性方面,可以总结大学教师聘用制度的几个共同特点。具体包括,大学在聘用教师方面有较高自主权,教师的公开聘用,教师聘用有严格的条件和审查程序,教师聘用与适当的待遇和培训相结合,可以为我国高校人事制度提供具体措施参考。④第四,从选拔标准比较,袁祖望(2006)通过考察美、法、日、德四国的高校教师聘用制度,总结出各国的通常办法,包括选拔标准多方权衡、重科研成就、选拔方式是公开招聘或招聘与晋升相结合、选拔过程确保民主和规范。⑤第五,探讨终身教职的成因、发展历程,以及存在问题和改革方向,对各主要国家高校实施的终身教职进行比较研究,为我国大学的人事制度改革提供相关启示。

① 吴培群,沈永社.意大利大学教师聘任制及对我国的启示[J].国家教育行政学院学报,2014,(10):89—93.
② 陈伟.高等教育多样化发展的哲学反思和历史溯源[J].清华大学教育研究,2003,(05):13—19.
③ 陈永明.日本教育财政的现状及其特点[J].外国教育资料,1999,(04):49—54.
④ 张万朋.中外高校教师聘用制度的比较研究[J].江苏高教,1998,(03):73—76.
⑤ 袁祖望.发达国家高校教师选拔的比较[J].有色金属高教研究,2000,(02):91—93.

# 第二节 国内高校人事制度研究

我国关于高校人事制度的研究与实践密切相关,到目前为止经历了三个阶段。对于计划经济体制下高校人事制度的研究,主要考察大学教师的选拔、福利待遇以及身份地位等,此阶段中国大学教师身份实际上为终身制。20 世纪 80、90 年代,随着改革的不断推进,高等教育人才观念、人才结构和规模效用等宏观领域成为高校人事制度研究的主要面向。进入 21世纪,随着国家全面深化改革进程不断深入,高校人事制度改革大踏步推进,高校人事制度改革成为诸多学者长期探讨的重要议题。①

## 一、我国大学聘任制的历史研究

现有研究中关于我国高校人事制度变迁历程进行的探讨并不多,其中有学者对清末和民国两段时期教师聘任情况进行了阐述,②也有学者对建国后高校教师的人事制度改革进行了回顾,③还有学者重点探讨了改革开放后教师职称晋升变化,④学者们从不同时期不同侧面对我国高校人事制度进行探讨。⑤总的来看,学者对大学教师的聘任状况的研究分为建国前和建国后两大历史时期。

对建国前大学教师聘任状况开展研究的代表人物有田正平等(2018),他们基于当时人事制度的规章条例进行了文本研究,将近代中国大学教师聘任制度划分为 3 个阶段,清朝末期教师的任职资格并不清晰,并没有制度化的聘任程序;民国初年教师从业需要进行资格审查,聘任的权力主要

---

① 肖兴安.中国高校人事制度变迁研究[D].华中科技大学,2012.
② 邓小林.近代大学教师聘任与教学科研等关系之试析[J].黑龙江高教研究,2010,(04):67—69.
③ 赵庆典.日本、韩国高水平大学建设的启示与思考[J].国家教育行政学院学报,2008,(02):89—96.
④ 李文霞.高校教师职称评审制度的演变特征研究[D].江西师范大学,2017.
⑤ 周光礼.委托—代理视野中的学术职业管理——中国大学教师聘任制改革的理论依据与制度设计[J].现代大学教育,2009,(02):80—85.

由校长掌控,与清末相比呈现出明显的制度化、规范化特征。[1]邓小林(2010)从资料中查询到,中国大学教师聘任可以追溯到京师大学堂,这是中国近代大学教育的开端,在《京师大学堂章程》中的"聘用教习例",对教师人事要求有简单阐述。1926年,国民政府颁布《对于大学教授资格条例之规定》,聘任制度向制度化方向发展。对于国民政府时期高校人事制度的研究,集中阐述了聘任制度的形成以及聘任、晋升的标准和程序等方面。民国时期中国大学校长和教师任职与任命受德、美、法等国影响较为明显。在高校教师聘任方面,民国时期,大学教师受到各种非制度因素的影响,如校长的个人取向、地缘和学术关系。此后,教师任命权限逐渐从校长的唯一权限转变为校长与下属部门的联合协商。[2]

对建国后高校教师人事制度的研究较为丰富。比较有代表性的是赵庆典(2008)整理了新中国高校教师人事制度的纵向发展历程,他将新中国成立后高校教师人事制度分为五个阶段:1949年新中国成立到1957年,中国高校基本沿用旧式高校教师职务聘用模式;1958年开始到文革前,为全面学习苏联高校教师聘用模式;文革时期取消对大学教师职务的聘任;文革后重新建立起高校教师人事制度;1992年颁布的《教师法》,标志着我国高校人事制度走向正规化。对于新时代高校人事制度的特征,后文将有详细的梳理。[3]周光礼(2012)重点研究人事制度的变迁特点,当前教师聘用正从"计划分配"转向"合同聘用",教师薪资收入也从"固定"转向"灵活",福利保障已从"国家保障"向"社会保障"转变,高校与教师之间的关系不再是简单的行政关系,而是向合同关系转变。[4]

## 二、当前我国高校教师聘任制中的问题探讨

对于当前我国高校教师聘任制度中的问题,前文已有较为详细的归纳。可以说,应运国家全面深化改革的大趋势,高校必然随之发生重大变革,体现在人事制度方面,必然会靶向定位解决计划时代的人事制度弊端,

---

[1] 田正平,潘文鸯.关于中国大学史研究的若干思考[J].社会科学战线,2018,(02):237—244.

[2] 邓小林.近代大学教师聘任与教学科研等关系之试析[J].黑龙江高教研究,2010,(04):67—69.

[3] 赵庆典.日本、韩国高水平大学建设的启示与思考[J].国家教育行政学院学报,2008,(02):89—96.

[4] 周光礼.中国大学办学自主权(1952—2012):政策变迁的制度解释[J].中国地质大学学报(社会科学版),2012,12(03):78—86.

有效回应社会普遍关注的高等教育质量缩水问题,进一步提升广大教师的工作积极性,平衡科研和教学之间的关系,增强高等教育的实效性,建设与大国地位相衬的高等教育体系。

关于教师聘任制改革的设想,研究者们形成了较为完备的论述。如刘献君(2008)关于高校如何实施聘任制,聘任制度怎样设计的探讨,指出高校教师聘任制改革势在必行,由于涉及面广、人员复杂,必须进行详细谋划,如优化岗位设置、理顺考核和聘任关系、对各类聘任人员的保障和管理等。①高校进行聘任制改革,不是单纯依据新管理主义理念和市场经济要求,改革方向要坚持以教师为中心、以学术为重的发展思想,将教师发展、学术目标与效率实现有机结合起来。高校教师聘任的制度设计原则,要坚持学术平等、学术公正和学术自由,促进学术发展,反映高校教师学术职业的特点。

## 三、高校聘任制的跨学科研究

除教育学外,从法学视角出发对于高校聘任制的研究成果颇丰。徐靖(2020)指出现在高校中的教师聘任制问题主要是没有形成完备的制度规范,一方面签订的聘任合同性质不明确,教师所享受的福利保障也没有明确,他认为大学与教师的聘用关系,既不是纯粹的民事关系,也不是单纯的行政关系,从结果来看,呈现为民事关系与行政关系的结合,因此必须制定明确的规范体系,高校要优化用人制度,与教师签订合同时,应当按照合同自由的原则平等协商,从而实现高校人事制度的法治化,同时合同内容要符合公共利益优先原则,坚持社会主义办学的公益性特征。②陈鹏和王书琴(2021)通过对具体案例的实证研究,指出大学教师的聘任与其职称晋升并不是同一项事务,高校与教师签订正式劳动合同,这种聘任方式是对教师身份的确认,表明存在教师与高校的人事关系;职称评定或晋升反映的是高校对教师劳动成果的认可,是教师在其岗位向上流动的体现,他们进一步指出现阶段高校教师在职称晋升环节中,明显处于弱势地位,高校掌握了绝对主动权。③赵恒平等(2008)指出高校进行的教师聘用制改革,改

①　刘献君.高校教师聘任的制度设计——基于学术职业管理的研究[J].高等教育研究,2008,(10):34—38.

②　徐靖.高等学校"非升即走"聘用合同法律性质及其制度法治逻辑[J].中国法学,2020,(05):44—63.

③　陈鹏,王书琴.公办中小学教师作为国家公职人员的特殊性权利及其立法保障[J].当代教师教育,2021,14(04):1—12.

变了高校与教师之间的关系,聘用制实施前,两者之间属于行政隶属关系,聘用制改革使得合同关系成分不断增加,但仍存在行政隶属关系。①

## 四、我国高校人事制度研究的成果梳理

学术界关于高校人事制度的研究成果涉及内容十分广泛,主要包括教师选聘考评、收入保障、身份编制等。李金春(2007)指出高校教师评价体系的异化现象。②具体表现为评价依据过于注重数量,评价标准设计较为单一,没有很好考虑到教师类型和成果指向的多样性,评价系统异化为管理工具,实际中指向的评价目标对于学术发展存在负面影响。李碧虹等(2010,2014)着重探讨了教师收入福利,从分配概念的分析入手,指出追求效率和保护学术是高校应该综合考虑的目标,两者既对立又统一,部分大学在分配过程中专注效率的现象,没有对学术产生促进效用,并很可能给教师指错了方向。③④黄正杰等(2018)通过考察我国高校的人事代理制度,认为"代理"实际上体现了人力资源的市场化,高校从劳动力市场中选取适合人员承担某一岗位,即对教师劳动力的使用,教师个体表现为两重性,既是高校员工,又是社会中的劳动力,教师身份受到了挑战。不过很多高校所采取的人事代理,并不是完全市场化的代理方式,也没有普及到更多教职员工,主要是为了解决编制和岗位问题,面向群体大多为行政、后勤人员。⑤韩亮(2022)主要对人事制度文件进行了详细解读,指出我国高校的人事权力的有限性,高校正式人员的编制需要相关政府部门的准许,正式入编人员的身份由教育行政部门统一管理。这种人事制度强调了政府与学校的隶属关系,体现为政府在用人方面对高校的控制,高校必须严格遵守政府文件和政策,高校的人事制度改革也必须接受政府指导,这种情

① 赵恒平,龙婷,李倩倩.论高层次人才队伍与高水平大学建设的内在联系[J].湖南科技大学学报(社会科学版),2008,(03):106—109.

② 李金春.美国大学终身教授的聘后评审制度及其启示[J].中国高教研究,2007,(08):32—34.

③ 李碧虹,熊弋帅,彭辉.人力资本、社会资本与高校教师工作业绩关系的实证研究[J].大学教育科学,2010,(06):66—70.

④ 李碧虹,舒俊,曾晓青.中美学术职业国际化的比较研究[J].比较教育研究,2014,36(10):97—103.

⑤ 黄正杰,王秀友.高校科研团队隐性人力资本激励问题思考[J].阜阳师范学院学报(自然科学版),2018,35(02):91—94.

况下,高校主要承担着人事编制管理权。[①]

# 第三节　中国大学的"预聘—长聘"制度

目前,对"预聘—长聘"制度的探讨还是在借鉴、照搬国外经验上,还没有形成本土化的特色。实际上,中国大学在实施"预聘—长聘"制度过程中,还是富有中国大学特色。

## 一、中国大学"预聘—长聘"实施情况

"预聘—长聘"(Tenure-Track)制度在中国最早实行的学校是清华大学,1993年清华大学在校内人事处规定中提出"如果讲师、副教授的学术成果不足以在规定期限内晋升更高职称,则必须离职"。[②]此时的规定没有做严格要求,真正离职的教师也寥寥无几。而真正明确提出这一制度的是北京大学,北京大学基于"世界一流"的目标,借鉴了美国诸多高校实施的教师聘任制度,按照教师现有职称分类签订劳动合同,现为教授职称的教师可以签订长聘合同,现为讲师、副教授职称的教师,设定一定聘期时限,在聘期内实现晋升职称的教师可以获得长聘资格,否则教师必须离职,这就是目前国内很多高校模仿实施的"非升即走"人事制度。[③]

继北京大学之后,复旦大学、中山大学以及诸多"双一流"大学也采取了类似人事制度改革。不过在具体实施过程中,各高校依据自身需要和实践经验,采取了不同的考核方式、标准、福利待遇和保障举措,相同之处是选拔优秀人才,有效提升本校学术生产力。

实行"预聘—长聘"制,是我国高校教师聘任制度改革的一次有价值的探索。2014年,北京大学的《北京大学综合改革方案实施》和清华大学的《清华大学综合改革方案》得到了国家主管部门的审批,标志着该项制度得以稳固,为了打造"世界一流"大学,清华大学和北京大学从打造一支高水

---

①　韩亮.地方本科院校人事自主权及其运行研究[D].浙江大学,2022.

②　张东海."非升即走"的逻辑及其引入我国高校的可能性[J].比较教育研究,2013,35(11):55—60.

③　娄宇.我国高校"非升即走"制度的合法性反思[J].高等教育研究,2015,36(06):21—32.

平教师队伍入手,提升增强国际竞争力。①这意味着"预聘—长聘"制度在中国高校首次实现制度化。我国相关高校人事制度改革的推进,促使终身教职制度建设从高校改革措施进入公众视野。因此,从 2015 年起,中国高校纷纷效仿清华大学和北京大学,开始实施"预聘—长聘制度",招聘新教师推进教师人事制度改革,实施教师分类管理与"预聘—长聘"制度。截至 2018 年 12 月 31 日,实施"预聘—长聘"制度的大学有 112 所(具体情况如表 3-1)。从表 3-1 可以清晰看出,2015 年之前实施"预聘—长聘"制度的大学,除零星几所大学实施"首聘期科研考核"制度外,其他大学都实施"非升即走"制度。自 2015 年开始,越来越多的大学不再单一地选择"非升即走"制度,而是选择实施"首聘期科研考核"制度,尤其是 2016 年和 2018 年,实施"首聘期科研考核"制度的大学数量超过了实施"非升即走"制度的大学。这说明,中国大学在实施"预聘—长聘"制度时,没有完全照抄照搬西方的终身教职制度,而是充分考虑到自身实际。

表 3-1　中国大学"预聘—长聘"制度实施情况

| 实施年份 | "非升即走" | "首聘期科研考核" |
| --- | --- | --- |
| 1993 | 清华大学(1) | |
| 2003 | 北京大学(1) | |
| 2004—2010 | 浙江大学、上海交通大学、复旦大学、中国科学技术大学、南京大学、中山大学、南开大学(追溯)②、合肥工业大学、上海理工大学、上海财经大学(10) | 西南财经大学(1) |
| 2011 | 华中科技大学、大连理工大学、哈尔滨工业大学、武汉大学、同济大学、北京航空航天大学、中国人民大学、南京理工大学(8) | |
| 2012 | 吉林大学、四川大学、北京师范大学、厦门大学、北京化工大学(5) | |
| 2013 | 山东大学、重庆工商大学、中南大学、兰州大学(4) | 宁波大学(1) |
| 2014 | 东南大学、华南理工大学、湖南大学、中国海洋大学、华中农业大学、上海师范大学、华南农业大学(7) | 华中师范大学(1) |

① https://www.lit.edu.cn/tw/info/1003/1474.htm,网文引用。

② 南开大学"预聘—长聘"制度是 2016 年出台,但它追溯至 2010 年,也就是说,2010 年以后入职的教师都会进入"长聘制"轨道中,在预聘期内没有晋升到高一级的职称都会被解聘。

续表

| 实施年份 | "非升即走" | "首聘期科研考核" |
|---|---|---|
| 2015 | 西安交通大学、北京理工大学、西北工业大学、北京交通大学、中国药科大学、中国矿业大学、华侨大学、西北农林大学、中国石油大学、河北工业大学、东北农业大学、东北林业大学(12) | 东华大学、暨南大学、南京师范大学、陕西师范大学、杭州师范大学、广州医科大学、上海海事大学、天津师范大学(8) |
| 2016 | 天津大学、华东师范大学、电子科技大学、华东理工大学、重庆大学、南京航空航天大学、南京农业大学、北京工业大学、华南师范大学(9) | 武汉理工大学、南京医科大学、浙江工业大学、浙江师范大学、太原理工大学、浙江工商大学、温州医科大学、青岛大学、河北大学、江苏师范大学、武汉工程大学、长沙理工大学、浙江农林大学(13) |
| 2017 | 苏州大学、华北电力大学、北京林业大学、南京邮电大学、南京工业大学、广西大学、广州大学、山东财经大学、中央财经大学、(8) | 湖南师范大学、山西大学、河北师范大学、温州大学、武汉轻工大学、四川师范大学(6) |
| 2018 | 河海大学、济南大学、北京外国语大学、中国农业大学(4) | 西南交通大学、南京信息工程大学、浙江理工大学、汕头大学、湘潭大学、武汉科技大学、安徽医科大学、辽宁工业大学、河南师范大学、广东海洋大学、西南民族大学、西华师范大学、湖北经济学院(13) |
| 总计 | 69 | 43 |

注:笔者根据各个大学官方网站整理,可能会有偏差。

## 二、"非升即走"与"首聘期科研考核"的比较分析

中国大学在实施"预聘—长聘"制度时,并非完全按照国外终身教职和"非升即走"制度实施,也出现了本土特色,即并非要拿高一级职称才能留任,而是在预聘期内完成一定量的科研任务就可以留任。

以2015年开始实施"预聘—长聘"制度的×××大学为例,×××大学要求新进教师在预聘期三年,人文社科学科的老师要完成一个省部级项目和发表3篇CSSCI期刊论文,才可以留校,如果在预聘期三年没有完成这项要求,学校将解聘老师。

1. 定义

（1）"非升即走"制度（up-or-out）

"非升即走"制度是指在首聘期考察中，新教师不仅要完成一定量化的科研成果，还要与其他教师竞争有限的高一级别职称，在规定聘期内升到高一级别职称才可以留校，即除了与自己竞争，还要与他人竞争。

（2）首聘期科研考核制度

首聘期科研考核制度通常规定新教师在三到六年的首聘期内，除了完成日常基本教学任务之外，还需要在科研项目、论文著作等方面达到相应要求，逾期没有达成合同约定的新教师将不再被续聘，即只需与自己竞争。

2. 任务难度

"非升即走"制度与"首聘期科研考核制度"的区别就在于要不要同别人竞争。而"非升即走"制度要与其他人竞争，所以其完成的难度要远远高于"首聘期科研考核"制度，因为留任不仅取决于自己的科研情况，还要与周围同事竞争，竞争的同事既包括新进教师，也包括处在同一专业职称的老教师。能否升到高一级职称还是取决于竞争者的实力。以南京大学为例，一位科研能力很强的新老师，在预聘期三年内申请上一个国家社科基金青年课题，发表本学科领域两篇权威文章，但是与他竞争的教师科研实力更强，在预聘期三年内除申请上一个国家社科基金青年课题，发表本学科领域两篇权威文章外，还发表了三篇英文 SSCI 文章（影响因子都在 1.0以上，算作权威文章）。所以，这位新教师被无情地淘汰了。其实这位教师的科研实力是毋庸置疑的，但是在有"非升即走"制度的限制下，职称的名额是稀少的，竞争的难度会更大，对大学新进教师的激励程度更多。

后来武汉大学、中山大学陆续出现"预聘期"淘汰率97%的新闻，2021年5月复旦大学更是爆出"非升即走"制度引起的惨案。

## 某 985 大学高淘汰率

从 2015 年初开始，××大学已经为这项任务选择了 112 名讲师，这项任务按照"3+3"进行管理，一直进行到 2018 年底，69 名教师的第一个任期即将届满。2018 年 7 月，××大学正式启动为期半年的首次教师定期考核。通过个人申请、成果演示、学院审查、学术部门专家审查和学校审查，48 人中有 6 人（包括 42 名教师）正式申请该职位，将直接被聘为拥有正式编制的副教授。

新入职教师的考核期为 6 年，只有特别优秀的老师可以在 3 年内完成考核任务顺利拿到长聘资格，提前进入永久教职；其他员工仍有

3年的考核期,但没有提前调到固定教职,也没有直接被淘汰。就当地大学目前的发展趋势而言,博士毕业三年后调任副教授越来越困难。

## 某985大学"抢人大战"

国内高校掀起"抢才大战",另一所985大学自2015年启动"人才强校"战略,已累计引进各类人才8 000多人。当时,这所大学经过三年发展,截至2017年12月底,引进各类人才已逾3 000人,全部具有博士学位,其中40%的人才直接从海外引进。其中,新设立的专职科研人员队伍,加上博士后队伍的增量,已经达到1 500人规模。再经过两年发展,截至2019年8月,这所大学新引进各类人才逾5 000余人,共有专职科研人员、博士后共计2 368人。

### 3. 学校综合实力

2014年,北京大学的《北京大学综合改革方案实施》和清华大学的《清华大学综合改革方案》获得国家主管部门批准。①中国最早实施"预聘—长聘"制度的大学集中于"一流学校"高校(原985高校)。自2015年,中国大学纷纷实施"预聘—长聘"制度,但是实施过程中不少学校选择"首聘期科研考核"制度,笔者发现这些学校往往是非"一流学校"和"一流专业"的大学。笔者认为,"一流学校"和"一流专业"的大学在业内名声、学校资源、薪酬待遇、团队建设等方面都远胜于非"双一流"高校,因此,他们天然地吸引了大量人才进入学校工作,而非"双一流"高校在人才吸引力方面的不足,促使它们往往处在求贤若渴的状态,主观上不愿意人才的离开,前文也证实了部分学校实施"非升即走"制度后淘汰的教师并不是不优秀,而是因为"长聘制"教师名额的限制,所以,这些学校选择这种不受名额限制的"首聘期科研考核"制度。

---

① https://www.tsinghua.edu.cn/info/1662/59715.htm,网文引用。

# 第四章　大学学术生产力及其测量

　　大学作为高等教育机构,其基本特征是以学术为核心对知识的深层次操作。大学是人类社会文明进入到高级阶段的产物,大学的兴起是社会进步的象征,现代社会大学成为传授知识不可或缺的组织。从世界范围内来看,当今大学规模超越了人类历史上的任何一个时期,大学的组织结构更加复杂,大学所担负的历史使命也比任何时期更要重大。大学能否完成推动社会良性运行、实现人类永续发展的使命,关键在于大学所具有的学术产出能力,即大学学术生产力。大学的生命线在于学术上的不断进步,这也是大学得到社会认可的根本原因,也是大学永葆辉煌的源泉。只有不断提升大学的学术生产力,才能充分发挥大学对人类文明、社会进步和自身发展的巨大促进作用。

　　大学所具有的高深的学术生产力,大大拓宽了现代大学的生存空间,使大学成为推动社会发展的核心地带。近些年,世界和我国进行的大学排名引起了全社会的关注,正是基于意识到大学学术生产力进行的划分。

## 第一节　大学学术概述

　　学术的重要性在知识经济时代是不言而喻的,学术是一个民族和国家进步的重要推动力量,是大学存在和发展的基础,更是大学学术研究的根基。下面从学术的理解入手,来探讨大学学术的意涵。

### 一、关于学术的探讨

　　在当代英语中,Learning, Scholarship, Scholarism, Science 等词汇,

在语意上包含了学问、学术、知识、科学等意义,表现出这几者是密切相关甚至是彼此涵盖的。

1. 西方经典学术理念

西方从苏格拉底(Socrates)、柏拉图(Plato)到文艺复兴,再到自然科学和技术发达的现代社会,关于学术及其价值的理解经历了五个阶段,或者说形成了五种典型观点:第一,学术是"通往真实存在之路",反映了古代社会哲学知识的发展状况;第二,学术是"通往真实艺术之路",反映了文艺复兴时期艺术知识的发展状况;第三,学术是"通往真实自然之路",反映了近现代社会时期自然科学的发展状况;第四,学术是"通往真实上帝之路",反映了中世纪及近代宗教改革时期神学知识的发展状况;第五,学术是"通往真实幸福之路",反映了现代社会中应用性科学技术知识的发展状况。

德国社会学家马克斯·韦伯(Max Weber)1918年在慕尼黑大学发表演讲《学术作为一种志业》,韦伯从自身经验出发,谈论"学术研究者"将学术作为生命的利与弊,点明了学术研究的本质和学者的责任,对学术的内涵和意义作出了极为精当的表述。韦伯把学术(德语是 Wissenschaft 一词,英语是 Science 一词)视为人类的理性化,并阐释了学术活动的价值中立原则、学术的非政治化等重要观点。

2. 国内学者的研究

国内对学术一词有多种理解,有代表性的观点大致有以下几种。(1)从学术的表现形式出发认为学术是"比较专门、比较系统的知识,即所谓学术(Academic)或高深学问(Higher Learning)";(2)从学术的本质出发认为学术是"与知识相联系的概念,是人类对自然、社会以及人自身真谛的探求与认识,学术既是知识活动的过程,也是知识活动的结果";[①](3)从学术的实践意义,指出现代社会中,学术基于学科的知识活动及其结果,而不单纯表现为学问。[②]

总的来看,学术是一个复杂且较为模糊的词语,对其本质的理解带有浓厚的历史色彩和个人色彩。关于学术,国内学者主要从以下三个方面来理解:第一,学术是一种知识活动;第二,学术是知识活动的结果;第三,学

---

① 张俊宗.现代大学制度——高等教育改革与发展的时代回应[M].中国社会科学出版社,2004.

② 张林祥.共建学术规范,整饬学术道德(续六)为学术规范辩护[J].自然辩证法通讯,2001,(02):1—2.

术既是知识活动的过程,又是知识活动的结果。基于本研究议题,将学术理解为当代社会的学术,即学术人员在当代社会中以大学等机构为核心进行的有关高深知识(Higher Learning)的活动及其结果。

# 二、大学学术

对于大学学术的探讨,首先必须弄清大学与学术的关系,明确学术在大学中的位置。

(一)大学学术与大学的关系

关于学术在大学中的地位和作用,总结起来有以下代表性观点。

第一,学术是大学的基础。诸多学者意识到了学术在大学发展中发挥着核心作用。美国加州大学伯克利分校前校长田长霖说:"学术是大学管理中最重要的事情,其他一切都是次要的。"这里对大学学术的理解是广义层面的,其内容包括了大学的教学、学术研究、社会服务等。

第二,大学是以高深知识为基础进行活动的组织。这种对学术的理解是基于知识水平。史蒂文·卡恩(Steven Cahn, 1990)认为"高等教育之所以成为高等教育,在于其超越了简单的信息汇集而达到复杂和精妙的水平,学术的高深之处在于揭示思想的要义,形成理论框架,展示事实背后的多种可能"。[①]在高深知识的意义上,学术研究是大学的一种重要学术活动。

第三,大学中的学术主要包括教学和研究。这类观念是从大学学术的表现形式出发进行的理解。日本《世界教育辞典》对大学的定义是高等院校中以学术为媒介进行研究和教育,即培养人和进行高等专业教育的机构。[②]中国台湾大学校长陈维昭也有类似的看法:"如果说教学是大学的生命,那么研究就是大学的灵魂。"由于处在探索知识和研究真理这一领域,大学不应当仅仅传播知识,还应当发展知识,目标是培养知识分子。蔡元培还提出大学中的教学应当与研究统一的观点,认为大学不仅是为学生提供教学内容,还是师生共同研究学术的领域。

---

① 王飞.教师本体论[M].南京大学出版社,2019,232.
② 张俊宗.现代大学制度——高等教育改革与发展的时代回应[M].中国社会科学出版社,2004.

以上观点对大学学术的理解虽有差异,但共同之处都认为学术是大学之所以成为大学的实质性内涵,其中学术研究是大学学术的重要方面,只不过这种重要性在不同学者观念中的具体体现有所差异。

(二)大学学术的内涵

1. 大学学术

本书将大学学术视为大学学术人员在当代社会中基于大学而进行的高深知识的活动及其结果,大学与学术密不可分。具体可以从以下几个方面解读。

第一,学术活动是大学的基本实践之一。从大学产生伊始,大学中的学术活动主要包含三种类型,即教学、研究和社会服务。这三种学术活动分别履行着大学的三大社会职能:教育职能、科学探索职能和服务社会职能,这种划分视角是基于大学在社会中承担的功能。如果从学术活动的对象和结果视角划分对大学学术实践进行归类,大学学术可以分为知识整理实践、知识传播实践、知识创造实践和知识应用实践。正如卡内基教学促进基金会主席博耶将大学中的学术活动划分为"探究的学术""整合的学术""传播的学术""应用的学术"四种类型。[①]可见,大学的主要实践活动都蕴含着学术的意涵。

第二,学术是大学学术活动的对象和结果。这是对大学学术形式的理解。作为大学学术活动的对象和结果,大学学术形式一般表现为高深知识,与一般性知识相比,具有以下特征:首先,高深知识是原则性的、规律性的知识,具有普遍的重要性,不是普遍接受的、个体的知识、观念和意识。其次,高深知识是理性的而非感性的。非理性的知识不能称为高深知识。再次,高深知识是综合性较强、含义深刻的知识,处于知识金字塔的顶端,不是常识性的、大众化的知识。可以说,高深知识"是人类在所处时代对外在客观世界认识所达到的最高程度。当一种知识尚处于认识与探索阶段时,一般具有高深性,属于学术范畴。而当这种知识已成为人们共知时,则成为常识,逐步远离学术范畴"。[②]最后,高深知识的拥有者是社会中的少数人,其生产者在现代社会中一般身处学术机构,他们以学科和专业的学术专业人员的身份有着不同的知识分工。他们不是一般的"公共知识分子",而是以大学为中心活动的"学术知识分子"——他们通常在大学接受

---

① [美]博耶著,涂国艳、方丹译.关于美国教育改革的演讲[M].教育科学出版社,2002.

② 张俊宗.现代大学制度——高等教育改革与发展的时代回应[M].中国社会科学出版社,2004.

深入的知识教育,拥有了相应基础之后,才会在大学平台上进行进一步的学术活动。

第三,大学是从事学术研究的主要场所。《教育大辞典》对学术研究的定义为应用科学方法探求事物的本质及其运动规律的活动。①本书认为,学术研究是具有创新性的、以产生高深知识为目的和结果的知识研究活动。大学作为社会的主要科研机构,理所应当成为学术研究的主要阵地。当然,企业、研究所等也可以进行科学研究实践,但是大学的学术研究更倾向于理性和高深知识的探究,而非重点倾向于实用性或经济效益为目的的科研活动。因此,大学在推动社会进步、构建思想殿堂中扮演着无偏无私的纯事业心角色。

2. 大学学术的特点

第一,大学学术具有创新性。一般来说,大学的学术研究可以提出新的理论,产生新的研究方法,发现新的研究资料,提出新的研究问题或范式。有学者指出,单纯收集、整理不以学术研究为目的的资料等活动,并不具有学术性。但是,如果收集资料用于进一步的学术研究,或者基于这些资料提出新的理论,那么这些资料和相关人员的集体活动则是学术性的,属于学术的前期研究阶段。②

第二,大学学术具有高深性。大学学术研究的目的和结果是生产高深知识或技术,与一般学术研究相比,成果特点具有明显的高深性,与增加高深知识无关的活动不能看作是大学学术研究的成果,也不能算是大学学术研究成果。所以,大学学术研究的成果一般表现出学术论文、专著、研究报告,并表现为特定科研项目的设计和完成。

第三,大学学术具有知识性和技术性。大学是直接面向教学、科研和社会服务的组织,大学学术研究以知识为活动对象和目的,其基本任务和工作围绕知识(或知识群类)而进行,学科专业是学术工作的基础。大学学术研究的知识群类可宽可窄,可围绕普通知识模式进行组织,也可围绕专门知识模式进行组织。③这使得大学学术与其他实用性学术研究有着本质区别。

---

① 顾明远.教育观念的根本转变:思想解放的 20 年[J].中国教育学刊,1998,(06):7—9.
② 彭江.大学学术秩序——现代大学制度研究的重要课题[J].黑龙江高教研究,2006,(02):16—18.
③ [美]伯顿·克拉克著.高等教育系统学术组织的跨国研究[M].王承绪等译,杭州大学出版社,1994.

# 第二节　大学学术生产力概述

## 一、大学学术生产力的概念解读

### 1. 大学学术生产力的内涵与外延

大学作为知识的集散地,在进行知识的生产、传播和应用等诸环节自然地使大学学术与生产力存在内在的密切关系。因此,从大学学术活动及其结果来看,学术生产力可理解为,"学术活动中知识生产与贡献的能力,是知识在生产、转移和传播过程中输入和输出的能力,其外部表现为人或物化的知识载体。不仅体现了大学和知识的内在关联,知识和学术的内在统一,也反映出了大学学术与生产力的融合"。[①]

陈何芳(2011)把大学学术生产力界定为,"在大学各个专业领域中的教学科研人员与图书、设备等学术资源相结合,通过知识的授受、创造与应用而形成的培养专业人才、发展知识和社会服务的能力"。[②]在此基础上,本研究依据导论中对学术生产力的界定,将大学学术生产力视为在"大学"这一个学术生产力场域中,具有学术生产能力的教师,利用教育活动所需要的各种教育资源进行教学、科研和社会服务,最终形成创造、传播和应用知识的能力。

大学所承担的教学、科研、社会服务功能与大学学术职业紧密相联,培养高水平的人才、创造一流的科研成果以及为社会服务,不仅是大学三大功能的具体表现,也是大学学术职业的重要职能。大学学术生产力是大学存在和发展的根本,它与学术职业一脉相承,相互融合。因此,从学术职业的职能和大学学术"产出"的内容出发,大学学术生产力主要包括教学生产力、科研生产力和服务生产力。这三种大学学术生产力的分解成为大学学术生产力的外延。

教学生产力,指的是大学教师在教学活动中传播知识、培养人才的能力,即我们通常所说的"传道授业解惑"。具体指标通过培养的学生数量和

---

① 邬伟娥,傅志辉.基于知识的大学学术生产力新解析[J].生产力研究,2010,(03):107—108.

② 陈何芳.大学学术生产力发展论[M].北京:光明日报出版社,2011.

质量得到体现。学生数量指在校学生数,学生质量的考核指标一般用学生毕业率、每年授予学位数和就业率等来体现。

科研生产力,指的是大学教师在科研活动中创造知识、从事科学研究(特别是基础研究),实现大学科研功能的能力。科研生产力是大学发挥知识创新作用的重要力量,在国家创新体系中发挥着重要作用。具体指标有科研经费,大学教师数,在 SCI、SSCI、Nature、Science 发表论文数,诺贝尔奖获得人数等,较为直观地反映了大学学术职业的科研产出。

服务生产力,指的是大学教师适应社会发展需要,为区域经济、社会发展作贡献的能力。通常指为社会提供的知识产品或学术性服务。其非量化的指标主要有:大学教学科研人员为社区提供的各种志愿服务,以及为社会提供各种教育培训;大学对区域文明、文化和观念的影响。服务生产力的量化指标通常指大学教育消费及大学技术创新变革为地区经济带来的收入,大学为社会提供的就业机会等。

由于难于获得大学服务生产力的有效数据,所以本研究中学术生产力主要探讨的是"大学在学术上的产出能力",即教学生产力和科研生产力,而服务生产力不在本研究的考虑范围之内,下文将不再专门讨论。

2. 大学学术生产力的主要特征

(1)变革性。大学学术生产力受人的因素影响,不是恒定不变的,可以升降变化。由于学术职业者因素的改变,这种变化既有其内在的规律性,同时又是可以规划和促进的。掌握其中的运作规律,并采取积极有效的措施,可以从人的因素方面提升大学学术生产力,这也是目前大学面对激烈的竞争和挑战时,大学进行人事聘用制度改革,期望以更多优秀学术工作者的加入来获得学术生产力的提升。

(2)内隐性。大学的根本任务是发展大学学术生产力。学术生产力一旦形成,就会成为看不见的"手",除了具有一定的外在表现形式,还内化和蕴涵为大学的价值追求、理想信念和大学精神,构成了大学存在与发展的历史基础和最终决定因素,学术生产力的内涵决定着大学在社会中的生死存亡、兴衰荣辱。

(3)量化难。大学学术生产力最终体现为一种"能力",在本质上是非物质性的。这种能力的形成,是内外环境和各种复杂因素共同作用的结果,其模糊性和复杂性会导致对它分析的难度,而且,由于能力本身的难以量化,将会进一步影响对其评价的精准性。如同诸多学者对现有科研评价标准颇有微词一样,大学学术工作的效率与能力,学术成果的质的优劣,虽然可以通过一定的形式表现出来,但要对其精确评价却是非常的困难。当然,难量化并不等于不能量化。对大学学术生产力的评价,要贯穿大学学术生产的始终,关键是制定出一个全面的、科学合理的评价指标体系,为大学教师学术职业的发展提供努力的方向和目标,从而最大程度促进其在大学的发展。

（4）创造性。大学学术研究活动的创造性特征是其最本质特征。学术研究活动不能复制他人的科学成果,可以在现有科学成果的基础上进行创新、扩大、深化和发展知识。创造力程度可以说是衡量科学成就水平的重要指标。科学成果的创造力越大,水平就越高。国际上所设置的一些国际性奖项,无一不是以研究成果的创造性作为主要的评审标准,以奖励和鼓励有探索和创造能力的人。

## 二、大学学术生产技术的演变

组织理论认为,每个组织在从事活动中都拥有常用的技术,技术的高低决定了组织活动效果的优劣。对于生产型组织来讲,技术通常蕴含在机器设备中,实际上,技术不仅包括用以完成工作的硬件,还包括工作人员的技能和知识,甚至包括工作对象的特征。[1]从某种意义来讲,所有组织活动都是依靠特定技术来完成的,即组织的生产力水平取决于该组织拥有的技术水平。

大学学术生产力集中体现为大学学术生产过程中的"技术"。大学作为一种典型的学术组织或者说知识型组织,其技术主要是知识技术,是传授知识、创造知识和应用知识的技术。大学的一切活动都是围绕着知识进行的,"知识就是材料,教学和研究是主要的技术。[2]大学学术生产的"技术"是大学为实现组织目标而采取的知识手段和方法,具体表现为大学教学、科研与社会服务的"生产技术"。

在大学的历史演变过程中,大学的"学术生产技术"不断丰富和发展,随着大学职能的演变,大学学术工作者的工作重心不断发生变化,有学者提出了大学学术内涵发展的逻辑路线"教学—教学、科研—科研、教学—科

---

① ［美］W.理查德·斯科特、杰拉尔德·F.戴维斯.组织理论:理性、自然与开放系统的视角［M］.高俊山译,中国人民大学出版社,2011.

② ［美］伯顿·克拉克.高等教育系统学术组织的跨国研究［M］.王承绪等译,杭州大学出版社,1994.

研、教学科研"。<sup>①</sup>这一演变路径是大学学术生产发展变化的具体体现,即各大学为自己的生产属性进行的定位。

1. 以教学为中心

在大学诞生之初及此后很长一段时间,大学作为传递知识的领域,学校活动围绕教学而展开,工作内容是对已有知识加以阐释和传授。此时,大学教师的身份与角色十分明确,他们无论在课堂上或课堂以外,都是教育高层次人才的工作者,教学是大学的主要知识技术,这种状况一直延续到19世纪。

2. 教学向科研的位移

19世纪初,柏林大学的建立导致了大学学术生产技术的深刻变革。科学研究成为大学知识的新兴技术。直到19世纪中叶,所有德国科学家都是大学教师或大学研究人员,大学基于开展某项科学研究设立。此时,研究工作已成为进入大学所必须具备的资格,科研工作在一定程度上延续并转化了教学知识,但是教学成为科研的附属物。<sup>②</sup>这一阶段,大学教师的工作重心已开始了由教学向科研转变,尊崇科学研究在德国大学中蔚然成风。此后,由于欧洲局势的紧张,经过各种途径的流传与扩散,科学研究的风气在美国大学扎根,并催生了美国高等教育事业的繁荣与发展。科研的注重在一定程度上降低了教学的核心地位,但是教学思维并没有因此退出大学学术范畴,相反两者在一个较高层次实现了统一。

3. 教学科研向社会服务的倾斜

19世纪末20世纪初,受实用主义思想影响,美国高等教育逐渐兴起社会服务之风。社会服务理念的产生和发展在客观上进一步拓展了大学学术的应用意涵,也使相应的专门技术飞速发展。将科研、教学活动同社会需求紧密结合,为社会提供直接的服务,成为大学学术工作者的生产目标。由于社会需求的促进,大学学术生产技术和能力水平大幅提升,使大学对社会的影响力更加巨大,社会服务技术的发展直接促进了大学生命力的增强。

4. 教学科研社会服务的融合发展

20世纪中叶开始,各个流派学术思想百花齐放,大学学术生产力的多元化融合趋势更加明显。世界各主要国家知名大学在培养知识传承人、深耕科学研究、热心社会服务等领域,并没有明显侧重,而是承担起社会赋予

---

① 王怀宇.教授和教授群体与中国研究型大学的发展[D].华中科技大学,2003.
② [美]约瑟夫·本·戴维.科学家在社会中的角色[M].赵佳苓译,四川人民出版社,1988,21.

大学的各项责任。教学与科研相结合,以科研促教学,以教学带动科研,以社会服务获取教育、科研发展动力,三者融通趋势愈加显著。

# 三、教学与科研的对立统一

不同于一般生产技术的单一性或统一性,教学和科研作为大学学术生产主要的"技术手段",在对立统一的张力中共存。两种性质不同、要求迥异的技术汇集于大学学术工作者一身,使得细致的分工难于进行。这也使如何协调不同技术之间的冲突,成为大学学术生产力发展必须正视和解决的问题。

总的来看,与教学和科研两种"学术生产技术"相对应的,不仅是大学教师所从事的两种主要活动,而且也是大学中的两种活动系统。其中,教学活动或系统的目标或任务就是培养各种专业人才,科研活动或系统的目标或任务就是创造高深知识。这两个系统具有各自的要求,并表明了大学两种学术生产技术的具体内涵:与培养专业人才职能直接对应的培养系统,其过程主要表现为教师、学生与教材等之间的相互作用关系,所遵循的是育人规律、教学法则等;与发展高深知识直接对应的科研系统,其运行过程表现为教师、专业研究人员、高年级本科生和研究生所开展的各种研究活动,所遵循的是知识发展规律和研究法则。[①]这两个系统及其具体要求之间各有一些交叉和冲突,可以从以下两个方面进行分析。

（一）科研与教学关系的争论

教学与科研的关系是高等教育发展史上的一直备受争议的问题。自洪堡明确提出"教学与研究统一"的观点以来,关于大学教学与科研关系的研究一直颇受关注。国外学术界形成了三种主要观点:教学与科研的正相关(两者相互促进,一荣俱荣),教学与科研的负相关(两者此消彼长),教学与科研不相关。

支持正相关的学者认为,教学过程中,通过对于知识体系的认知,可以形成对现有成果的质疑,以及发掘未尽解释的知识,从而引发研究需求,促进新知识的形成,并将科研创造的新知识应用于教学中。同样,科研活动中,亦是团队协助、相互启发的过程,有了新的知识,向外扩散新观点,可以解决教学环节中的认识不清问题,有利于培养学生的求知态度和掌握知识

---

① 朱国仁.高等学校职能论[M].黑龙江教育出版社,1999.

的方法,并且科研参与可以加强大学教师对外的学术联系等。[1][2][3]

支持负相关的学者认为,学术研究者的时间和精力是有限的,涉足多个领域必然导致角色内冲突,[4]如果身兼二职,就会影响另一种角色职能的发挥,大学教师将精力更多投入到教学中,就会形成教学倾向,难以与科研型教师竞争,从而专注于教学工作,久而久之容易淡化科研意识。同理,科研型教师的特长和兴趣更多倾向于创新知识,从而忽视了教学方法等方面的提升,也会影响其教学意愿。持这一观点的学者秉持教学和科研的差异性,对教师的要求有较大不同,且两类活动对人的个性要求不同,因此二者的关系应该是负相关的。[5]

支持不相关的学者认为,教学和科研既不是连理同枝,也不是水火不容,两者是相对独立的。教学与科研只是两种工作类型,现实中的例子充分证明,既存在教学科研双优的教师,也存在教学科研"一边倒"的教师,还存在教学科研水平都很一般的教师。这类观点学者认为教学科研外的因素决定了教师的最终学术成就。[6]

总的来看,以上这三种观点都有一定道理。事实上,根据特定情境,将三种观点结合起来考虑,才是大学教学与科研关系的正确答案。在大学当中,教学科研的关系处理得当时,两者就会成正相关关系;处理失当时,两者就会成负相关关系;当放任不管的情况下,两者很可能呈现不相关。

(二)教学、科研与大学学术生产力

教学与科研的矛盾在大学中是显而易见的。从大学学术生产的主体来看,大学教师是教学与科研的主体。教师过分强调研究和发表的成果,或者大学制定的晋升和成绩考核过于强调科研产出,无疑会影响教师对教学的投入,从而导致教育教学质量的下降。如果教学任务过重,大学学者也无暇进行科学探索,研究质量也会受到影响。在这种情况下,大学的教学和研究是相互制约、相互矛盾的。教学与科研两种学术活动的冲突对人才培养和科研产出均会产生影响,如果解决不好,将从根本上构成大学学术生产力进步的障碍。

① 高德胜.国外高校教学和科研关系研究述评[J].上海高教研究,1997,(11):64—67.
② 李永刚.难解的谜题:高校教师教学与科研关系研究的几种新视角[J].教育学报,2016,12(05):60—67.
③ 莫云春.对高校教学与科研"正相关"关系的冷思考[J].大学教育,2014,(11):1—3.
④ 王世忠.地方新建本科院校教学与科研互动机制探讨[J].国家教育行政学院学报,2008,(07):55—59.
⑤ 曾晓娟.大学教师工作压力研究[D].大连理工大学,2010.
⑥ 张桂平.科研考核压力对高校教师非伦理行为的影响机制研究[D].华中科技大学,2012.

实际上,教学与科研存在相互促进的一面。比如,研究是创造知识,教学是传递或传授知识,两者在大学学者的学术生产中呈现出"源"与"流"的关系。大学生产力的实现要培养有实践能力和创新才能的人才,这是单一的教学过程难以完成的,科研作为一种助力育人的手段和方法,能够使学生了解和熟悉研究过程,培养其创造性和研究能力。同时,具有较好学术声誉和社会影响力的大学科研工作者,能够对学生起到一种"偶像"或榜样示范作用。因此,科研同样能够直接或间接对教学学术生产力产生影响。在某些特殊情况下,大学教师仅承担了单一的教学者或研究者角色,并不承担教学科研的双重任务,这并不意味着教学与科研呈现"零相关"。有很多科研专家为本校或其他教育机构做讲座,将科研成果传递给他人,实际上起到的是教学效果。

可以说,教学与科研作为大学学术生产的两种核心技术,有其存在的合理性与重要价值。两者同为大学教师必须掌握的专业技能,如果能将两者结合使用,无论是对于教师自身水平的提高,还是对于专业人才的培养,以及学校的整体学术生产力,都会取得比发展单一技术更好的效果。不能忽视的是,这两种学术生产技术"两位一体"地共存于大学教师一身,造成教师精力与时间的冲突。这就需要采取"双轨制"的办法,保证教学、科研工作不受影响,以及教师公平感不受剥夺的情况下,大学政策制定部门通过制定合理的制度规定,平衡两者关系,使教学与研究这两种"学术生产技术"相辅相成,促进大学学术生产力的永续发展。

## 四、大学学术生产技术的一体化与多元性

大学组织并没有截然区分技术部门与生产部门,技术方与生产方实际上是合二为一的,大学教师既是学术生产者又是技术操作者。具体表现为,大学学术生产的技术是附着于大学教师身上的,不同教师具有不同的生产技术。同时,由于大学的学科专业设置是多元的,教师所擅长的方向以及所拥有的技术也是各不相同的,这就决定了大学学术生产技术的多元性。举个例子,即使是同一门课程的授课教师,其教学的内容、方案设计与教学方法会存在差异,同一所大学中教师较少从事完全相同的学术研究。

大学学术生产技术的一体化特点,使得大学教师身兼两职,增加了大学教师在大学学术生产中的难度。大学教师需要探索并发展技术,没有所

谓固定不变具有明确操作规程的技术,大学教师的技术需要时常主动更新。由于大学学术生产力的技术主要是教学、科研和社会服务,这些技术科学知识的更新、社会需要的变化是密不可分的。因此,大学教师要不断提升自我素养,紧跟技术前沿,及时革新陈旧的知识信息,应运科学的发展和知识的进步,不断进行技术更新,这也是大学学术生产以知识为内容的特性使然,是知识探索永无止境的必然要求。

大学学术生产技术的多元化特征,使我们懂得技术更新是大学教师的自身追求,应该尊重每位教师的学术方向,并鼓励教师间的团队合作。对于大学学术工作者而言,专业发展是其一生的价值追求,而专业发展只能借助于技术更新来实现。通过专业技术的发展,大学学者不仅可以实现晋升职称的目标,还能够获得学术界的声誉与威望。值得注意的是,大学教师在工作中呈现出的角色特征不尽相同,存在着权威与非权威、领导者与追随者的区别。这种等级或权威大小的差异,一般以专业技术为基础。专业技术水平高深的教师在学术组织中具有较高的权威地位,成为大学的学科带头人或学术带头人。作为学校组织,在学术生产技术多元化的特征下,应该建立公平合理的竞争机制,保护教师的学术生产积极性。

## 第三节 大学学术生产力的表现与评价

大学组织在现代社会中具有崇高的地位,在当今所有社会组织机构中,大学关乎人类进步的远大目标和社会未来发展的走向。大学之所以能够获得如此高的评价,最根本的原因就在于其拥有其他组织所无法比拟的学术生产力。

### 一、大学学术生产力的表现

大学学术生产力主要表现为培养专业人才的能力、发展知识的能力和社会服务的能力。从发生学即大学发展的历史来看,培养专业人才是大学的最初职能和基本职能,是大学本质的直接反映;发展知识是大学的派生职能,由大学的学术性特征所决定;社会服务是大学的另一个派生职能,这是由社会期望和大学的知识性能力决定,社会服务是前两种职能在社会领域中的拓展,有学者将之称为延伸职能。与大学的职能相对应,大学学术生产力在一般意义上体现为专业人才培养、科学研究和社会服务的能力,后面简称为教学生产力、科研生产力和社会服务生产力。

从性质上看,大学学术生产力的发展经历了一个由低级到高级的过程,从较低的水平和地位向较高的水平和地位不断攀升,具体表现为数量扩张、结构转换、质量提高、速度加快、效益提高、条件改善、成效扩大、平等和稳定程度提高等方面。同时,大学发展体现为具有本校特色的"自我发展",由大学内部教职工持续发力和整体力量协作而获得的发展。塞尔兹尼克认为,组织如果想获得高效发展,不仅在于正确的组织发展工具和手段,更在于形成组织自身的生命力。①从这个意义上说,大学学术生产力的实现正体现为大学自身获得生长的能力,或者说大学获得更强生命力的能力。

从系统分析视角来看,大学学术生产力的发展是一个综合、系统、全面发展的过程,既有较为明显的、可感知的结果,也有较为隐性的体现。明显的表现诸如大学规模的扩大,学术水平的提高,大学所提供的人才、知识和服务对社会的适应性增强等等;隐性表现主要包括大学学术活动的繁荣、学术体制的优化、学术文化的培育等,这些都是大学学术生产力作为"结果"的发展和作为"过程"的发展。本节选取了以"结果"为划分依据的三个主要外延,这些是最显而易见且最能引起人们直接关注的,下面分别列出并进行详细论述。可以说,本节内容更确切地讲是"结果意义上的大学学术生产力外延"。

## 二、大学科研生产力的表现与评价

20世纪以来,人类知识的进步已经离不开大学的全面参与,社会对大学发展知识的要求也越来越强烈和广泛。大学以其多学科的人才资源、完备的研究设施、丰富的图书资料和优良的学术环境等,在发展高深知识方面具有得天独厚的优势。现代大学作为"知识的中心",承担着为社会生产知识的责任。目前中国各大学面临着越来越激烈的竞争与挑战,扩大学校的学术影响,提高科研实力和知名度,已经成为每所大学面临的紧迫课题。

---

① ［美］W.理查德·斯科特、杰拉尔德·F.戴维斯著.组织理论:理性、自然与开放系统的视角［M］.高俊山译,中国人民大学出版社,2011.

无论是社会的外部需求,还是大学自我发展的内在需求,都对大学增强科研生产力提出了要求。

(一)大学科研生产力的意义

科学研究最早进入大学是充当一种新的教学方法,即通过研究更好地进行教学。促使科学研究进入大学的原动力来自国家和大学自身两个方面的需求。对于政府来讲,各种组织都是在政府规定的框架下建立或直接由政府资助建立,政府资助大学进行科学研究,促进工业发展和社会进步。对于大学自身来讲,为了把握时代脉络,领先竞争对手,培养符合时代需要的人才,只有通过科学研究发现并解决问题,并探索未来发展趋势。尽管教学与科研的指向不同,两者可以共同夯实大学的科学知识和技术基础,对大学进步产生强大的推动力量。大学科研生产力对大学发展可以体现在提高大学学者的学术水平,并作为培养后备研究力量的重要途径,加快研究力量培养与科学研究产出的一体化进程,通过项目等方式获取更多的研究经费,为大学的进一步发展提供资金保障。最为重要的是,科学研究是学科建设的重要方式,是大学保持学科领先的基础,也是新学科发展的源泉。由此可见,大学科研生产力是大学学术生产的重中之重。

当然,科研生产力的实现需要相应系统来承载。大学科研系统因大学的层次、类型不同而有所差异,一般是由大学的科研管理机构、研究所、实验室、教研室等部门或机构构成。该系统的主要成员包括教师、专职研究人员、科研管理人员和研究生。其中,教师和专职研究人员是核心成员,科研管理人员的作用主要在于组织、管理和协调科研相关事宜,研究生作为后备力量在科研中也承担了辅助职能,其中自然科学领域的研究生在实验过程中有着重要作用,社会科学领域的研究生在获取资料、撰写研究报告等方面是教师的好助手。

(二)大学科研生产力的表现

大学的科学研究主要分为基础性研究、应用性研究、单科性研究与综合性研究。作为多学科的人才培养组织,大学一般侧重于基础性研究而非应用性研究,并在单科性研究的基础上注重开展综合性研究。从研究分类上看,虽然大学涵盖了多种研究方式,但大学科研的优势主要在基础性研究方面。从知识类别上看,虽然一般大学受其学科与专业限制,在研究过程中会侧重某些学科,但现代科学研究的基本趋势是跨学科,因此大学应致力于开展综合性研究,促进各科知识的全面发展。因此,大学科研生产力的水平应重点表现为基础性研究的水平和综合性研究的水平。

大学科研中的基础性研究包括纯基础理论研究和应用基础研究。纯基础理论研究旨在创立新的理论,或者完善已有理论和学说,研究成果主要表现为学术论文和专著。应用基础研究是在具有广泛应用背景的研究领域中,以开拓新领域、获取新知识、新原理和新方法为主旨的研究。[①]基础性研究的目标是揭示自然、社会和思维现象的基本规律,体现高深知识的基本含义和逻辑脉络,基础研究开展状况能够显示出一所大学的学术水平与综合实力,也是大学之间进行实力抗衡的基础。为了提高基础性研究的水平,大学要鼓励科研工作者积极探索未知领域,撰写高质量的学术论文和专著,激发教师理解世界、追求真理的热情,调动研究团队的积极性,为大学研究和高质量教学打下坚实的基础。[②]

大学科研中的综合研究水平主要表现为多学科融合的特点。一般大学设置的学科门类较多,多学科、多层次的学科结构打破了科学研究的专业阻隔,而现代社会科学研究的特点是跨学科研究和交叉研究,文理工相结合的综合研究越来越多。这是现代社会问题的复杂性所致,单纯依靠某一学科难以实现研究目标,而协作研究可以解决只靠单学科难以解决的复杂问题,综合研究也催生了一些新兴学科和边缘学科在大学中的生成。实际运作中,国内外著名的高等学府都建有跨学科研究中心,往往产生了重大的科研成果,形成了集全校之力建设的代表大学整体科研水平的重大项目,在增强大学声誉与名望的同时,也确立了大学在所擅长领域的学术研究核心地位。

(三)大学科研生产力的评价体系

对于大学科研生产力水平的评价体系,不同学者给出了多种评价方式。比较有代表性的有两类。

第一类从评价理念上提出了大学科研生产力的评价体系,具体从学术价值、经济价值、人才培养和投入产出率四个方面展开。首先,评估学术价值的有效性,包括发表文章的数量和质量的有效性评估、创新目标和成果的实现评估、获奖和专利数量及水平的评估。第二,评估成果的直接经济价值,评估成果的商业化程度和包括市场前景在内的经济价值的有效性,以及对成果转化和商业化实施措施的评价。第三,评价人才教育的有效性,包括青年科学家的参与和贡献、学生对项目的参与和奉献,以及青年科

① 刘宝存.国际视野下我国大学创新力存在的问题及对策研究[J].比较教育研究,2011,33(01):21—25.

② 曲波.创新型大学建设问题研究[D].中国海洋大学,2009.

学家通过项目培训取得的成果和硕士、博士课程的数量和质量。第四,评估投入产出的有效性,包括预期目标的实现程度、评估结果的合理性和资金投入,评估收入、负荷的完整性和意外创新绩效指标。[①]

第二类从实际测量方面设立了评价大学科研实力的指标体系,方便进行操作,具体包括人员和经费投入、学术活动和成果水平、基础条件和管理水平这三方面。第一,人员和经费投入,统计指标包括科技活动人员数量,硕士学位以上人员数量,科技总经费,人均科研经费,国家级科技拨款额,企事业单位委托经费,省部级课题经费,国际合作课题经费,课题总经费,课题总数等指标。第二,学术活动和成果水平,统计指标包括人均论文数量,人均著作数量,鉴定成果数,国家级获奖数,省部级奖数,厅局级奖,专利申请数,国际四大检索收录数,国际交流人次,国内交流人次等指标。第三,基础条件和管理水平,统计指标包括设备总额,大型仪器总额,办公用房,图书资料数,课题完成率,博士点数量,硕士点数量,专职管理人员数量,重点学科数量。

这两类评价指标从不同层面分析了大学科研的各种指标,第一类评价体系更侧重原则性指导,对我们来说,评价大学科研生产力是很有建设性意义的。第二类评价体系更侧重操作化,设置出了具体测量项目,但是各大学的实际情况并不相同,因此这一指标体系在运用中可能会存在不适应之处,需要根据现实情况不断完善。国外学者根据本国大学特色,也提出较多关于科研生产力测量的指标,与我国学者的提法并无明显差异,这里不再赘述。

## 三、大学教学生产力的表现与评价

### (一)大学教学生产力的意义

大学产生的初衷是为了培养探究高深知识、引领未来发展的人才,教学是大学毋庸置疑的基本职能,教学关乎大学的建立本源,其意义非同小可。诸多学者也表达出了对于大学教学的重视和忧虑。国外学者针对大学教学提出了五个基本观点,进一步说明了大学必须重视教学。这五点分别是:第一,在大学的一切事务中,中心任务就是教学,衡量大学工作效果的标准是学生在知识、技能和观念上取得的进步。第二,学校应为教师教

---

学和学生学习创造尽可能良好的环境。第三,学校必须重视整体上的教学质量,而不是基于经济利益或其他目的满足少数学生无关知识方面的需要。第四,学校应该重视教学的软实力,即大学教师和其他人员的态度和行为,而不单是物质性的条件,如图书馆规模、教学楼建设等。第五,学校要对学生的学习效果和未来发展担负主要责任。[1]对于大学教学的以上五点认识一方面强调了教学的重要性,另一方面给出了学校教学功能实现的途径,如学校的整体协作、发挥教师等成员的积极作用、履行好应承担的责任,这对于理解大学教学生产力是很有启发的。

总的来看,大学的根本任务是培养高层次专业人才,而大学教学生产力的实现主要由教学来完成,教学生产力是实现大学学术进步的关键,同时,教学生产力的发展也是大学整体实力的体现。大学的教学生产力表现为课程设置、教学管理和学生管理。实际上,完整意义上的教学生产力构成了一个复杂的教学系统,这一系统主要由大学教学管理机构、院系、教研室、学生班级、研究生管理机构、学生思想教育机构等一系列部门共同组成。当然,在教学系统中,各类相关人员,如教师、学生、教务管理人员等,也关乎教学生产力的发挥。目前,各大学十分重视人才培养的质量与教师的教育教学,这正是基于实现大学教学职能作出的选择。实际上,教学生产力的发挥受多方面因素的影响,除以上提及因素之外,教师与学生关系的正确定位,教务工作的规范化,基础教育与专业教育的合理配置,培养目标与教育手段的不断完善,学校内部的协调行动,这些都会影响教学生产力的实现。教学生产力的含义是非常丰富的,提升大学教学生产力与大学的方方面面密切相关,因此,必须重视大学教学生产力的全面深化改革。

(二) 大学教学生产力的表现

大学教学生产力主要表现为通过教育过程培养具有创新精神和实践能力的人才。大学学术生产力最本质、最核心的表现是人才培养的能力,即促进学生发展的能力。大学学术生产力包含了产出与投入关系的数量化含义,也涵盖了培养人才的质量要求。因此,大学教学生产力的完整意义包括所培养人才的数量与质量两个方面。大学的人才培养情况不仅通过其数量,还要通过其质量来体现教育投入与产出的效益。大学教学生产力的质量要求,反映了社会对大学提供的专业人才质量的具体需要。人才

---

① Purkey, S. C., & Smith, M. S. (1985). School reform: The district policy implications of the effective schools literature. *The Elementary School Journal*, 85(3), 353-389.

培养的质量非常重要,如同企业对产品质量的严格监管一样,产品的质量不好就是次品或废品,即使数量充足也无济于事,甚至是一种浪费。

一方面,大学应当培养适量的专业人才,为社会供给合格的专业人才,大学应该为社会提供必要的人力资源队伍,满足社会建设对于人才数量的需求。在我国高校建设中新专业的建立与原有专业的扩招,大学毕业生数量逐年递增,并紧跟社会需求调整供给。另一方面,大学应当保证所培养专业人才的质量,为社会培养出合格的专业人才,推动社会各领域发展,优秀的专业人才既包括思想道德与文化素质、心理素质和身体素质等基本素质要求,还包括专业知识和技能等专业素质要求。目前,我国教育部和各地针对所属高校开展的教学质量评估,主要目的就是考察人才培养质量。

大学人才培养的数量和质量仅从大学内部难以进行完整判断,通常还要考虑大学所培养的专业人才层次、不同类别专业人才需求的适应程度和满足程度。改革开放之初,大学毕业生呈现紧缺状况,随着大学招生的放开和新专业不断涌现,大学毕业生逐渐呈现市场饱和,但是这并不意味着大学生的"过剩",实际上,大学毕业生一直处于相对过剩状态,这就存在学校差异、专业差异和地域差异三个方面的主要问题。著名大学的毕业生、紧缺专业大学生仍然是炙手可热的争抢对象,另一方面,一些欠发达地区也很难吸引大学生的驻留。之所以社会普遍认为大学生就业难,原因可以从供给侧理论进行阐述,即大学生供给无法满足用人单位的需求,即供给与需求的脱节造成了大学生就业难。有学生抱怨学校学到的知识和本领应用性不强,在工作生活中的价值体现不明显,究其原因,一方面有学生自身的原因,另一方面从大学教学的基本观点来看,则说明大学的教学生产力没有很好发挥出来。

为了避免上述大学在培养人才方面的问题,解决人才培养规格和内容的偏差,大学教学生产力应该立足于量和质的实现。一方面,根据实际情况不断调整专业与课程设置,满足社会对各级各类专业人才的需要。另一方面,大学教学生产力应致力于发展学生的知识、能力、素质,使大学生进入这所大学与毕业离开时,能够获得知识、能力、素质的质变。这就是大学在人才培养方面教学生产力的发挥。

（三）大学教学生产力的评价体系

关于大学教学生产力的评价并没有统一的标准,国内外学者依据个人理解构建的不同的评价指标,这些都值得参照。其中,代蕊华(1999)利用"人才产出"指标来考量大学的办学效果比较有代表性,他具体从大学人才产出的数量、质量及对社会的适应程度等方面进行衡量。他将"人才产出"

指标分解为以下几个方面：在校生数，这是反映学校规模和办学能力的指标；毕业生成才率，包括毕业生合格率、学位获得率、优秀毕业生数、升入高一级学位的学生比率，这是反映学校办学效果的指标；通过每万元培养学生数，计算生均成本，这是体现办学效率的指标；毕业生首次就业率，这是反映人才培养质量和对社会适应性的指标；学生淘汰率，即学校人才培养名额的浪费情况，包括学生因病休学、退学、留级肄业、开除或因意外事故导致伤亡等不能按时完学业的学生情况；学校满意度，包括大学生、教职工和社会公众等学校内部与外部的成员对学校工作的整体评价。①

王鲁捷（2001）从四方面提出了大学培养人才的评估内容。第一，各级在校生的素质评估，从学生的德、智、体、能四个方面进行评价，具体包括学生的创新思维、科学素养、求知欲、学习能力、实践能力、道德修养，及各级各类优秀学生的作品等。第二，评价各级学生的学习成效，包括通过专业知识考试情况、取得各种技能证书情况。国家单项考试标准的达标程度，在校生报告质量的比较，国内外发表的研究成果质量的评价，以及在各种国际和地方比赛中的排名。第三，各级毕业生素质评估，包括政治素质、献身精神、专业技能、工作表现、社会评价以及毕业生稳定程度等。第四，各级毕业生岗位贡献水平评估，包括大学毕业生在重要国防企事业单位就业率、被国家重要部门选拔率、国内外知名企业的就业情况、毕业生第二年平均工资水平（不包括当地价格差异和补贴因素）、晋升管理、领导岗位等。②

此外，凯夫和卡梅伦等人提出大学教学评价标准，也值得参考，他们从入学质量、学位获得结果、生均成本、师生比、回报率、浪费率和未完成率、毕业生单位评价、五年后就业发展状况几个方面对大学教学进行评价。③

前辈学者的评价指标对于我们衡量大学教学生产力有重要借鉴意义，但是借鉴时必须明确矛盾的普遍性和特殊性原则，结合实际借鉴应用。每所高校都具有其自身特色，对各高校的评价不能一概而论或照搬使用。前些年我国开始的教学质量评估，利用同一套标准对不同层次大学进行评估，出现了适用性问题。对于大学教学效果的衡量是必要的，但是必须明确所评估大学的初始状态，采取弹性化的指标，进行连续性评价，这就需要相关学者开展更深入的研究。

---

①③　代蕊华.西方高校的绩效指标及其评价[J].外国教育资料,1999,(06):56—59.

②　王鲁捷.高校工作绩效评估体系研究[J].南京理工大学学报（社会科学版）,2001,(02):72—76.

# 第四节　大学学术生产力的测量

## 一、大学科研生产力的测量

（一）科研质量的意义

如何精确测量大学科研质量，这是一个非常复杂却又十分重要的问题，世界大学排名和我国大学排行中，科研生产力水平一直是重点考量的因素。关于科研质量的测量，学术界颇有争议，虽然西方大学的科研衡量制度较为久远，也形成了一套比较成熟的科研水平衡量体系，但具体的测量方式仍存在争议之处。

总的来看，对于科研的考量中，涉及了一切形式的高深知识创新成果，如论文、著作、研究报告、发明专利、软件等等。从测量方式上看，包含了数量和质量两类评判方式，即以上创新成果的多寡以及影响力。创新成果的数量统计较为便利，但是科研成果质量被认为是决定科研生产力水平的关键标志，得到了各高校科研工作者的重视，由于衡量成果质量十分复杂，因此一直以来存在争议。国外测量科研质量经常采用的指标通常包括科研人员身份，高级别出版物入选及被引情况，组织外科研资助额。[1]上述三个测量指标中，科研人员获得一定荣誉称号，在各个科研机构、协会担任职务，代表其在科研领域取得了一定成就；高级别出版物入选数量最能代表科研生产力的产出能力和产出质量情况，由于高级别刊物遴选作品的时候，会经历一整套复杂而严格的流程，成果能够出版，客观上反映出较高科研水平；出版物被引情况对于科研成果质量也具有相当的说服力，而且不受出版物形式限制，引用可以是期刊论文、著作，还可以是发言稿、发表于网络的文字等等，被引用表现出同行的认可，且在相应学科领域具备了一定影响力。[2]

（二）科研生产力的测量指标

现有科研成果质量测评中，存在国际化的倾向，如高校大学排行中使

---

①　Johnes, G. (1988). Reasearch performance indications in the university sector. *Higher Education Quarterly*, 42(1), 54-71.

②　Toutkoushian, R., Porter, S., Danielson, C., & Hollis, P. (2003). Using publication counts to measure an institution's research productivity. *Research in Higher Education*, 44, 121-148.

用发表于国际较知名期刊上的论文数指标(该指标可在 ISI 和 SCOPUS 这两大世界知名学术出版数据库上查阅)来对科研产出率进行测量。然而,因 ISI 和 SCOPUS 的引证指数偏好英语语言,因此许多国家的非英文期刊未被收录,导致国际引证指数存在低估非英语国家科研工作者发表论文质量的测评。①这种情况使得许多英语语言国家科研质量排名在全球中占据了主导地位,因此备受争议。下面将对科研生产力测量的几种主要指标进行详细解读。

1. 出版物

国际学术界应用较为普遍的是使用文献计量学的方法,即通过出版物数量或被引频次数量来测量科研产出率。大学出版物数量是指由署名该学校的科研工作者发表的出版物总数,计算出版物数量与测量科研投入(如获得的科研经费)是两个不同的概念,科研经费等投入主要反映出潜在的科研能力,而正式出版物属于现实科研水平的一种直接测量。由于绝大多数出版物(论文、著作等)都必须经过一定流程的同行评审后才能正式出版,正式出版即表明该出版物得到了本领域专家不同程度的认可,因此可以认定为对本领域的发展作出了一定贡献或在高深知识的创新方面有一定价值,可以成为对高等教育机构进行科研质量测量的指标。

出版物的正式刊出可以反映其具有一定科研水准,这一事实得到了多数人的认可,科研成果的正式出版面临着一个有限的空间。每本期刊都具有一定版面上限,所能刊载的论文数量也是有限的,这就需要通过激烈的竞争实现有限刊发。同样,每家出版社具有自身的承载能力,书号具有有限性,能够出版的专著一般具有较高学术价值。基于以上认知,出版物与科研生产力确实有较为密切的关联。尽管这一指标对于科研质量的测量较为理想,但在相当长一段时间内,该指标并未被广泛用于对科研生产力的测评,原因是出版物的数量信息难以获取,质量更是无法判断,并没有一个数据中心可以核算出特定组织的某位科研工作者的出版物数量。然而,互联网时代下,随着相关数据库的建立,获取某一组织名下的出版物信息十分便利,出版物在衡量科研生产力的信息障碍得到破除。这一评价在衡量大学科研实力方面的应用越来越广泛。

2. 被引频次

在大学排名测量中,科研水平计量经常采用的是量化测度法与科研影

---

① 尹木子."预聘—长聘"制度会提升中国大学科研生产力吗? ——基于多期双重差分法的政策评估[J].高教探索,2020,(06):18—27.

响力评价法,即通过科研影响力的量化测量方式形成评价结果。这里"测度"既可以包括文献计量学指标,如出版物被引频次,也可以包括其他一些量化数据指标,如外部科研总收入或高级学位获得者数量等。其中,被引频次是文献计量学主要利用的科研绩效指标,即通过对一定级别出版物中某位科研工作者名下出版物的被引用次数。这一评价方式弥补了出版物在对科研成果质量测量时出现的"虚假刊出"现象,被引频次成为比出版物数量更具接受度的科研测量指标。诸多大学排名系统,尤其是世界性大学排名系统都将被成果引用频次作为测度科研生产力的重要指标。

被引频次测量科研水平的相关研究可以追溯到 40 多年前,研究者均对被引原因及被引逻辑关系进行了详细阐释。选用被引频次作为科研机构科研水平的测量指标时,必须决定以何种方式整合并形成被引频次情况。对于科研机构来讲,最简单直接的方式就是计量某一年度内出版物隶属该机构所有个人的被引频次情况。这样的数据不仅能被科研机构应用对内部不同科研工作者的科研水平进行考量,也可以进行科研机构间的比较。

被引频次之所以经常作为测量指标,是大家普遍认为与未得到引用的出版物相比,得到更多引用的出版物相对来讲更有价值和科研水平。被引频次应被视为影响力指数,但影响力目前经常被用于科研质量的测度中。尽管过去二十年间,对科研质量进行评价的主要方法是同行评议,但目前的趋势是将量化测度与同行评议结合起来,间接提升了量化测度的地位,降低了同行评价的影响。[1]

被引频次不仅可以评价科研工作者个人的科研水平,还可以对科研机构的整体科研实力进行测量。被引频次的优势就在于它既反映了科研成果的数量也体现了质量(相较科研经费和出版物数量)。一般情况下,科研机构的总被引次数与该机构的出版物数量呈正相关关系,大量被引对应着大量科研成果。被引表示该研究成果得到了同行的关注和认可,能体现该出版物的重要性与质量水平。

### 3. 科研资助

科研资助是对科研工作者构想的科研项目进行事先支持,为其提供更便利的研究条件,使其更好地完成研究目标。得到科研资助,表现科研工

---

[1] Hubbard, P. (2008). HE consultation and our future: Research excellence framework: consultation event 10, 11 and 17 January 2008. Bristol: Higher Education Funding Council of England.

作的构想得到了同行专家的认可,即科研工作者的能力得到了承认。因此,外部科研资助通常被认为是对质量或科研质量进行测量的一个指标。与出版物的出版过程一样,外部科研资助也要接受严格的审核过程,无论是国家级科研项目还是省级、市级科研项目,都有制度化的申报、审批流程,能顺利获得资助,说明研究价值、科研水平、预期成果等得到了认可。外部科研资助体现了科研质量的"数量"特征,所获资助越多,其科研产出的数量相对而言就会越多。

使用科研资助对科研生产力水平进行测量,具有一定局限性。首先,不同学科获取科研资助的能力存在极大差异,理工科的科研资助经费远远高于社会科学的科研经费。某些学科需要购置价格昂贵的研究仪器,但某些学科的科研过程只需要对资料的阅读和思考即可实现。因此,不同学科间的科研水平难以用科研资助情况进行比较。其次,获得科研资助并不意味着一定形成现实的科研成果和真实的科研生产力,各类科研项目都存在延期甚至清退的结果。这种情况下,获得的科研资助就无法衡量科研水平的高低。最后,科研资助的获得需要经历严酷的竞争,这就会使得某些具有一定科研价值和有一定科研水平的项目丧失了全部意义。但实际上,研究者即使没有资助,依然可以创新高深知识,形成真实的科研生产力。这种情况下的科研水平,科研资助就无法进行测量了。

4. 同行评议

同行评议是英国和澳大利亚致力于发展的能够将量化测度与质性评价整合起来的科研评价新体系。在通过长时间广泛咨询的基础上,英国高等教育资助委员会于 2009 年 9 月在其签发的咨询文稿中,提出了邀请少量专家,以小组的形式对科研产出、科研影响力和科研环境进行主观评价,科研水平和影响力采用同行评议的形式来进行评价(英国高等教育资助委员会,2009a)。同行评议是基于量化测评中种种难以避免的漏洞,而进行的主观修补,契合了社会科学研究中定量与质性相结合的研究模式。同时,同行评价打破了学科之间的隔阂,不同学科可以依据自己的同行小组作出符合学科特色的科研水平评价。

同行评议作为主观评价,存在一些显而易见的问题。首先,很难形成一套能够满足不同学科学术质量的评价框架,没有统一的模式可以参照,在实施中常常表现为知名专家的纯主观判断。其次,同行评议的主要问题之一是效率。从成立专家小组,到实地了解科研情况,再到审核材料,最后评价打分,需要相当长的时间才可能完成对一个科研机构的评价,工作效率较低。再次,同行评议缺乏定量指引,被评价科研机构缺乏相应的量化标准参照,无从着手准备,只能从"改变"评议专家入手。最后,同行评议难以进行科研机构间科研水平的比较,在大学科研排名中难以采用。

## 二、大学教学生产力的测量

### (一)教学质量与意义

世界大学排行榜中所涵盖的教学指标十分有限,这也反映出教学质量难以测量的特点。但是关于教学质量的解读,什么是好的教学、什么是差的教学,已经形成了非常清晰的论断,相关专家对于高质量教学的标准基本达成一致。不过仍有学者认为教学质量不可能被充分认识清楚,因为教学与学习一样,是一个永无止境的过程。国外学者豪克(Hau,1996)曾提出确保高等教育教学质量的方法,即永远无止境地消除可能存在的教学质量缺陷。[1]

解读教学质量,可以先从"质量"一词入手,如比格斯(Bigs,2001)所言,"质量"是一个包含了多层内容的概念,可被理解为结果、属性或过程,教学质量必然包含多层含义。[2]塔姆(Tam,2001)指出,有关"质量"这一概念的争议源于与"利益相关者"各自的特征,各"利益相关者"基于各自不同的视角对教育质量提出了多重解读。[3]这一观点也得到了哈维(Harvey)及其同事的认可,他们认为"利益相关者"包括学生、教师、教师外其他职员、政府、基金资助机构、评价者,甚至还包括社区等等。[4]哈维和格林(Harvey and Grean,1993)指出了理解教学质量的四个层面含义。[5]第一,传统上教学质量是一个与"优秀"紧密相关的概念,现代社会教学仍在高校中占据主导地位。第二,现代社会教学质量逐渐与"性价比"(即投入与产出)联系起来。第三,教学质量也被界定为是能够有效实现的目的,即高质量的教学提供者需促使学生更有效地获取知识。第四,教学质量将促进学生将习得

---

[1]　Hau, H. (1996). Teaching quality improvement by quality improvement in teaching. *Quality Engineering*, 9(1), 77-94.

[2]　Biggs, J. (2001). The reflective institution: Assuring and enhancing the quality of teaching and learning. *Higher Education*, 41(3), 221-238.

[3]　Tam, M. (2001). Measuring quality and performance in higher education. *Quality in Education*, 7(1), 4-54.

[4]　Harvey, L., Burrows, A., & Green, D. (1992). Criteria of quality in higher education report of the QHE project. Birmingham: The University of Central England.

[5]　Harvey, L., & Green, D. (1993). Defining quality. *Assessment and Evaluation in Higher Education*, 18, 8-35.

的知识用于解决现实生活中的实际问题。

尽管教学质量难以界定,高质量的教学目标难以达成,但研究者大多认可下述几条为高质量教学必不可少的内容:第一,教师通常是好的学习者,如教师的自我学习充电、参加培训和专业发展活动、倾听学生的创新意识、与同事分享经验、对课堂过程时常进行反思。第二,好的教学是动态的,教学内容和形式并不是一成不变的,需要不断完善。通过市场反思不断推进教学质量。第三,好的教学会呈现出教学激情以及与学生分享知识的冲动,真心热爱教学活动。第四,好的教学能够充分理解对象或背景的重要性,主动根据情境调适其教学,根据特定学生、特定主题与特定学习环境调整教学策略。[1]第五,好的教学会鼓励学生自我理解和学习,也特别关注学生的批判性思维技能、解决问题的技能。第六,好的教学具有转化与延伸知识而非仅传递知识的能力,对于晦涩的概念与学科关键点,会将其转变为易于理解的内容。第七,好的教学设定了清晰的目标,并拥有有效而适当的评估方法为学生提供高质量的反馈。第八,好的教学会尊重学生,理解学生的个人成长和专业发展。

大学教学并不仅仅是发生在课堂内外的学习活动,而是引导高深知识学习并与学生形成高水平互动的学习相关,包括计划、与情境的整合、纲领性知识以及如何成为一名学习者,最为重要的是形成对教学特定的思考方式。大学教学生产力不是个人的追求,而是整个学校规划的一部分,大学教学生产力能够孕育出与学生高质量学习紧密相连的教学方式。[2]

大学教学生产力十分关注学生的发展,表现为采用能够帮助学生取得高质量学习结果的教学方法。在教学中,大学教师致力于将自己的角色定位于帮助学生成长、帮助学生改变知识概念和世界观。大学生产力力求实现高深知识延续发展的广阔图景,包括对教学主题的广泛涉阅、深入探究它们彼此间的联系以及它们与学生先前背景知识的联系,以及学生(课堂教学中某主题)的背景知识,并将教学计划与教学方法和理念保持一致。

(二)大学教学生产力的测量指标

一般看,测量教学质量大多采用学生评估的方式,但有关如何测量教学质量仍没有统一答案。有研究者认为测量教学质量应从学生学习结

---

① Ramsden, P., Margetson, D., Martin, E., & Clarke, S. (1995). Recognizing and rewarding good teaching in Australian higher education. Canberra: Committee for the Advancement of University Teaching, Australian Government Publishing Service.

② Prosser, M., & Trigwell, K. (1999). Understanding learning and teaching: The Course Experience Questionnaire. *Studies in Higher Education*, 16, 129 – 150.

果、学习态度,大学教育所导致的行为变化等几个方面入手。①②③但是对于学生接受教学后在学习结果能力方面发生的变化难以测量,这使得科研工作者和高等教育机构只能用课程调查来替代对教学质量的测量。尽管费尔德曼(Feldman,1987)和马什(Marsh,2002)认为,课程评估结果与学生教育结果密切相关,因此可以将课程评价作为教学质量的替代指标,但是否应当以此指标来替代对教学质量的测量,仍具有争议。④⑤尽管教育研究者对如何评价教学质量仍有争议,但大多认同在测量教学质量中选择合适的指标十分重要,选择有效的指标而不仅仅是实用的指标至关重要。

布鲁克斯提出了测量教学质量的四个方面内容:第一,培养计划的设计,关于培养学生的具体设置,包括人才培养目标、知识体系、课程分类及配置等方面。第二,培养计划的完成情况,对学生按所制定培养计划完成学业情况的测量。第三,学生满意度,对学生签约情况以及职业准备情况来加以测量。第四,学生的学习结果,包括学生的职业路径、工作满意度和一般技能(如批判性思维、分析推理能力以及写作沟通能力)。具体操作方面布鲁克斯(Brooks,2005)对下述三项教学测量指标十分推崇。⑥

1. 使用学生问卷

采用学生评教的方式非常合乎逻辑,这也是我国高校普遍采用的教学评价方式。因为教学质量从本质上来讲是以学生为中心的,其基本目的是提升学生的学习质量。但是有研究者认为学生评教总会存在一些偏差,学生基于个人好恶和情感,随意进行评价,因此对学生所提供的教学质量反馈信息存在一定质疑。

2. 同行课堂评价

同行课堂评价是由经验丰富且熟悉本学科的教师结成评价小组,采取

① Brew, A. & Boud, D. (1995). Teaching and research: establishing the vital link with learning. *Higher Education*, 24 (1), 261 – 273.

② Elton, L. (2008). Collegiality and complexity: Humbolt's relevance to British universities today. *Higher Education Quarterly*, 62 (3), 224 – 236.

③ Simons, M. & Elen, J. (2007). The "research-teaching nexus" and "education through research": an exploration of ambivalences. *Studies in Higher Education*, 32 (5), 617 – 631.

④ Feldman, K. A. 1987. Research productivity and scholarly accomplishment of college teachers as related to their instructional effectiveness: A review and exploration. *Research in Higher Education*, 26(3), 227 – 298.

⑤ Marsh, H.W., & Hattie, J. (2002). The relation between research productivity and teaching effectiveness: Complementary, antagonistic, or independent constructs? *The Journal of Higher Education*, 73(3), 603 – 641.

⑥ Brooks, R.L. (2005). Measuring university quality. *The Review of Higher Education*, 29(1), 1 – 21.

主观评价的办法对教学质量进行考量。这种评价方式较好把握了整个教学过程，对于教学中存在的问题一清二楚，便于提出有针对性的解决方案。但是，评价者一般是老教师，同行评价中相对来讲会保守一些，这一评价方式可能会阻碍教学革新。同时，同行评议效率性差，只能对少数被评价对象进行观察。

3. 使用教学档案

使用教学档案来考量教学质量做到了有据可依，但每一学科领域都有其独特的实践特征，即使存在既定的档案，实际情况不一定与档案材料相一致。按照固定程式，缺乏变通的模板式教学，虽然能够有效完成既定目标，但是却忽视了学生的体验。

但是以上三种测量方法通常是针对一所学校进行测量，不适用于大样本中多个学校的比较测量。

4. 教学奖

博耶(Boyer，1990)提出，大学教学应被赋予更高层级的地位，方法之一就是将"教学奖"作为大学的重要荣誉。[1]特里格维尔等(Trigwell et al.，2000)详细阐述了设置教学奖的意义，并认为这是一项十分重要的创造。[2] "教学奖"的学术实践与科研奖具有对等的价值，两者有共通之处，教学中能够呈现出清晰的目标、充分的准备、适当的方法、显著的成效、呈现有效性与反思批判，[3]这并不亚于科研对于高深知识的创新。

目前，我国高校领域设置了不同级别的教学奖，用来表扬教育领域做出突出贡献的老师。教学奖的设立，在一定程度上激发了教师的教学热情，甚至有的高校设置了专门的教学型职称晋升途径。但是以教学奖来评价教学质量，还存在偏差。教学奖的评价主体一般是有丰富经验的专家，参评教师在竞争教学奖的时候，会怀揣取悦前辈的心态，这就与日常教学相比有了较大偏差。得到教学奖意味着得到了同行前辈的认可，但是不一定得到"后辈"的认可。教学方法的运用方面，针对同行评价者和学生，两者会存在根本差异。因此，以教学奖来测量教学质量，说服力并不充分。教学奖这一测量方式，更适用于大样本中多个学校的比较测量。

---

① Boyer, E. (1990). Scholarship reconsidered: Priorities of the professoriate. Princeton: Carnegie Foundation for the Scholarship of Teaching.

② Trigwell, K., Martin, E., Benjamin, J., & Preosser, M (2000). Scholarship of teaching: A model. *Higher Education Research and Development*, 19, 155 - 168.

③ Glassick, C. E., Huber, M. T., & Maeroff, G. I. (1997). Scholarship assessed: Evaluation of the professoriate. San Francisco: Jossey-Bass.

# 第五章 "预聘—长聘"制度对大学科研生产力的影响

　　科研是我国高等教育发展的关键,科研实力领先意味着巨大的竞争优势。中国大学的考核与竞争机制对内部成员的科研创新能力提出了较高要求,科研行为成为大学之间和大学内部教师之间常见的竞争行为。通过前一章关于科研生产力测量的阐释,鉴于中国国内数据的限制性,本章以国际论文期刊表现和中文论文期刊表现为因变量,国际论文期刊表现选取科研规模(论文发表数量)、科研质量(论文的影响因子)、顶尖成果(被高引论文)和顶尖人才(被高引学者);中文论文期刊表现选取 CSSCI 期刊、中文核心期刊和中国科学引文数据库(CSCD)期刊的科研规模(论文发表数量)。本章第一节是关于"预聘—长聘"制度对中国大学国际论文表现的影响研究。第二节是关于"预聘—长聘"制度对中国大学国际和国内期刊论文发表数量的影响研究。第三节是本章小结,整体描述了"预聘—长聘"制度对大学科研生产力的影响。

## 第一节 "预聘—长聘"制度对中国大学国际期刊论文表现的影响分析

### 一、引　言

　　大学的发展最主要是学术的发展。一所大学能否被社会认可,能否获得较高的社会声誉,取决于大学的学术水平、所拥有的知名学者、所取得的学术成果,以及对社会发展实际产生的影响。学术发展是大学发展的核心内容和根本标志,每一所大学要生存和发展,都必须履行其学术职责和义务,通过其在学术上的生产力获得社会的认可与支持。大学作为高等教育机构,其基本特征是对知识的深层次操作,应以学术为核心。①

高校人事制度的设计要促使高校学术发展与提升,各大学制定了不同的政策(如基于绩效的评估、薪酬激励、严格的晋升和任期决定等)来提高学术研究的生产力。②20 世纪 80 年代以来,我国高校教师聘任制度改革不断深化,致力于打破"铁饭碗"或"终身制",加快建设世界一流大学和高水平大学以及一流的师资队伍。2003 年,北京大学等少数高校提出了"非升即走"的人事改革方案,在全国引起了较大争议。③直到 2014 年底,长聘制以深化教育综合改革的名义再度进入人们的视线,教育部发布《深化教育领域综合改革实施方案(2014—2018 年)》,在前期综合改革试点高校全面实施"预聘—长聘"制度,并作为高校人事制度改革的重要内容。同时,国家教育体制改革领导小组办公室正式批准了清华大学和北京大学的《综合改革方案》,其中,为建设一支具有国际竞争力的高水平师资队伍,两校均提出实施"预聘—长聘"制度。④此后,中国大学纷纷模仿,截至 2018 年底,全国有 112 所大学(笔者根据各个大学官方网站整理,可能会有偏差)实施了源于国外大学的"预聘(Tenure-Track)—长聘(Tenured)"制度,这项制度正在中国大学中不断扩散。中国大学人事制度改革中的"预聘—长聘"制度,其出台也是坚持学术为先,调整大学人事制度在人才选拔中的学术功能,合理配置教学和学术研究人才资源。"预聘—长聘"制度以提高学术水平为核心,优化学校内部个人结构,提高教师整体学术水平。

因此,自 2003 年北京大学"非升即走"制度出台以来,中国高校人事制度改革的"预聘—长聘"制度就备受关注,但学者们关于"预聘—长聘"制度的研究还停留在理论政策层面的探讨,将当前高校人事制度作为一个既定的制度环境,从理论、制度、政策层面,对由西方终身教职制度演变而来的"预聘—长聘"制度进行本土化探讨,⑤⑥⑦⑧但是尚无详细的实证研究,缺

---

① [美]伯顿·克拉克.高等教育系统学术组织的跨国研究[M].王承绪等译,杭州大学出版社,1994,99.

② 肖兴安.历史制度主义视角下的中国高校人事制度变迁研究[M].中国社会科学出版社,2017,138.

③ 张东海."非升即走"的逻辑及其引入我国高校的可能性[J].比较教育研究,2013,35(11):55—60.

④⑥ 李志峰.高校长聘教职制度:实践困境与改进策略[J].清华大学教育研究,2017,38(04):27—33.

⑤ 娄宇.我国高校"非升即走"制度的合法性反思[J].高等教育研究,2015,36(06):21—32.

⑦ 刘之远,沈红.研究型大学长聘教职制度:争议、改革与借鉴[J].教育发展研究,2017,37(23):56—63.

⑧ 朱军文,马春梅,李燕超.从打破"铁饭碗"到重建"终身制"——研究型大学教师聘用改革的悖论与反思[J].高等教育研究,2017,38(05):21—25.

乏关于中国大学实施"预聘—长聘"制度对其学术进步影响效应的科学检验。本研究首次运用丰富的定量数据检验"预聘—长聘"制度对大学学术的影响效果,希望研究结果可以为已经实施和即将实施"预聘—长聘"制度的大学提供经验借鉴,并在"预聘—长聘"制度研究领域做出理论贡献。

## 二、文献回顾与述评

### (一)文献回顾

中国高校目前实施的"预聘—长聘"制度脱胎于美国的终身教职制度,通过确立严格标准及合理程序确保新入职教师质量。新入职教师能否进入长聘期,一般是以学术产出为考核标准。因此,诸多学者的研究关注点是该项制度对进入"预聘期"教师学术产出的影响,但是现有实证研究并没有形成一致结论,主要存在以下两种截然相反的观点。

第一种较为普遍的观点认为"预聘—长聘"制度对大学学术产出有正向影响作用。多数高校在实施"预聘—长聘"制度时强调后位淘汰,如新入职教师在有限时间内必须完成职称晋升,否则将被学校解聘,在客观上必然激发新入职教师的学术产出。并且"预聘—长聘"制度在美国已有成熟的经验,学者们通过调查美国大学终身教职教师连读多年的科研成果,得出一致性结论,终身教职制度助推了大学学术生产力。上述研究中,通常将大学教师的职业生涯以取得终身教职为界限分为两段时期,其学术产出呈现出了明显的阶段性差异,如霍莉(Holly,1977)对 97 名来自不同类型机构社会学家发表的研究成果进行定量评估,①布里奇沃特等学者(Bridgwater et al.,1982)对 176 名心理学家科研成果进行量化分析,②库普(Coupé,2006)考察 1 000 位经济学研究者 30 年间的学术产出变化,③尹(Yoon,2016)分析了法学院教授 10 年间发表论文数量和引用率,他们均发现教师在拿到终身教职之前科研成果颇丰,当取得终身教职后科研成果

① Holley, J. W. (1977). Tenure and research productivity. *Research in Higher Education*, (6), 181 - 192.

② Bridgwater, C. A., Walsh, J. A., Walkenbach, J. (1982). Pre-tenure and post-tenure productivity trends of academic psychologists. *American Psychologist*, 37, 236 - 238.

③ Coupé, T, Smeets, V, Warzynski, F. (2006). Incentives, sorting and productivity along the career: Evidence from a sample of top economists. *Journal of law*, *Economic*, & *Organization*, 22(1), 137 - 167.

则明显减少。①这些学者使用不同学科教师学术产出的实证数据,证明了"预聘—长聘"制度对大学教师的学术产出有显著影响。

面对全球化的大学人事制度改革潮流,"预聘—长聘"制度对学术产出的提升作用不仅在美国高校得到证实,如芬兰、瑞典、挪威、罗马尼亚等欧洲国家学者也得出同样结论。②③④⑤在韩国、印度尼西亚、伊朗等亚洲国家的大学中,"预聘—长聘"制度对于学术产出的正向作用亦得到了证实。⑥⑦⑧中国本土学者关于"预聘—长聘"制度对于高校科研产出的影响,如任羽中等(2020)对中国 71 所研究型高校研究发现,实施"预聘—长聘"制度的高校,其国际期刊论文发表量和论文影响力指数都得到了显著提高。⑨尹木子(2020)对中国 148 所高校研究发现,"非升即走"制度显著地提升了中国大学国际国内期刊论文发表数量。⑩

第二种观点是"预聘—长聘"制度对学术产出并无影响或有负向影响。如由由等(2017)根据世界一流大学学术排名数据和 46 所美国研究型高校 10 年的面板数据,分析了高校科研产出的影响因素,研究表明"预聘—长聘"制度并未对教师的科研产出构成显著影响。杨希等(2019)对 45 个国家重点实验室研究发现,实施"预聘—长聘"制度对青年教师的论文数量及

① Yoon. A.H. (2016). Academic tenure [J]. *Journal of Empirical Legal Studies*,13(3):428 - 453.

② Malin,H.,Anders,J.,Lars,G. (2018). Translating Tenure Track into Swedish:Tensions When Implementing an Academic Career System. *Studies in Higher Education*,43(7),1215 - 1226.

③ Pietilä,M.,Pinheiro,R. (2021). Reaching for different ends through tenure track—institutional logics in university career systems. *Higher Education*,81:1197 - 1213.

④ Smeby,J.C.,Try,S. (2005). Departmental contexts and faculty research activity in Norway. *Research in Higher Education*,46(6),593 - 619.

⑤ Vlăsceanu,L.,Hâncean,M.G. (2015). Policy Incentives and Research Productivity in the Romanian Higher Education. An Institutional Approach. *The European Higher Education Area*,185 - 203.

⑥ Kim,K.,Kim,J.K. (2017). Inequality in the scientific community:the effects of cumulative advantage among social scientists and humanities scholars in Korea. *Higher Education*,73,61 - 77.

⑦ Waworuntu,B.,& Holsinger,D. D. (1989). The research productivity of Indonesian professors of higher education. *Higher Education*,18,167 - 187.

⑧ Jaleh Behravan,Y.H. (2011). Study of factor influencing research productivity of agriculture faculty members in Iran. *Higher Education*,62,635 - 647.

⑨ 任羽中,俞蒉,赵颖."预聘—长聘制"对高校科研产出的影响机制与成效分析[J].国家教育行政学院学报,2020,(04):41—52.

⑩ 尹木子."预聘—长聘"制度会提升中国大学科研生产力吗?——基于多期双重差分法的政策评估[J].高教探索,2020,(06):18—27.

质量影响不显著,未能起到有效激励作用。①尹木子(2019)对一所地方高校进行长达 5 年的追踪调查,发现高校在实施"预聘—长聘"制度时具有很大弹性,许多科研产出不佳的教师最终留任,使得高校整体科研产出并未有显著提升。②尹木子(2020)对中国 148 所高校研究发现,"预聘—长聘"制度明显地降低了高校 CSCD 期刊论文发表数量。③任羽中等(2020)对中国 71 所研究型高校研究发现,实施"预聘—长聘"制度的高校国内期刊论文数量不增反减。④

（二）现有研究评述

现有研究存在以下几个问题。第一,绝大多数研究聚焦于大学教师,以教师个人的学术产出进行对比得出结论,没有将"预聘—长聘"制度政策效果聚焦于组织层面,即大学本身的学术生产力。虽然该项制度剑指新入职的教师,但由于评职和教师发展问题关乎大学所有教师,"预聘—长聘"制度的实施影响范围绝不仅限于新入职教师,也会对其他教师产生连带影响,笔者因此考虑进行"预聘—长聘"制度与高校整体学术成果水平和科研生产力的关系探讨。第二,现有研究的对象是 2016 年之前实施"预聘—长聘"制度的学校,而这些大学多数是"985 工程""211 工程""双一流"等中国高水平大学。这些学校教师的学术热情和科研事业心较强,即使没有这项制度,也会长期致力于学术工作。2016 年之后,国内诸多大学开始实施"预聘—长聘"制度,很多非"双一流"高校也开始实施这项制度,这是一个全新且亟待讨论的问题。第三,此前研究并未具体区分"预聘—长聘"制度,早先实施这项制度的高校多数都是采用与国外相一致的"非升即走"制度,但是这项制度在中国部分大学实施过程中进行了"本土化"的改良,即新入职教师在首个聘期内(也可以称为"预聘期内")完成一定量的科研任务,即可获得该校的长聘资格和相应的科研奖励。笔者将这类"预聘—长聘"制度称为"首聘期科研考核"制度。无论是完成晋升还是完成科研任务,都是对现有学术资源的抢占,因此"预聘—长聘"制度的引入迅速改变了中国的科研环境。"首聘期科研考核"制度,不需要晋升高一级别职称,只要新入职教师完成规定的科研任务即可留任。这项制度可以说是新入

---

① 杨希,李欢.聘任制改革下高校科研团队青年教师学术产出研究——对长聘与续聘考核政策效果的分析[J].科技进步与对策,2019,36(23):129—137.

② 尹木子.高校新教师离职问题分析[J].高教探索,2019,(05):113—119.

③ 尹木子."预聘—长聘"制度会提升中国大学科研生产力吗? ——基于多期双重差分法的政策评估[J].高教探索,2020,(06):18—27.

④ 任羽中,俞蕖,赵颖."预聘—长聘制"对高校科研产出的影响机制与成效分析[J].国家教育行政学院学报,2020,(04):41—52.

职教师与自己的竞争,而"非升即走"制度要与学校内部同一职称级别的教师竞争,竞争难度和激励程度会高于"首聘期科研考核"制度。[1]因此,有必要对两种"预聘—长聘"制度区别探讨。

与现有文献相比,本章创新之处在于:第一,本章是专门考察了"预聘—长聘"制度对中国大学学术进步的影响。将实施"预聘—长聘"制度的高校设为处理组,未实施"预聘—长聘"制度的高校设为对照组,运用多期双重差分法,检验"预聘—长聘"制度对大学学术进步的政策效果。第二,本章开创性地将"预聘—长聘"制度分为"非升即走"制度和"首聘期科研考核"制度,并对比分析两类"预聘—长聘"制度的政策效果与差异性。第三,本章还区分不同等级高校,探求"预聘—长聘"制度对学术进步的异质性影响。

## 三、理论回顾与研究假设

### (一)学术职业分层理论

自大学诞生以来,学术职业分层相伴而生,并随着大学的发展而不断变化。学术职业分层与大学分工、知识的不断增长和分化以及处理高深知识的方式密切相关。合理的学术生涯分层可以有效地促进学术进步和大学发展,形成必要的学术体系动力机制。[2]

学术职业分层反映的是大学教师的社会结构,这种社会结构是以学术为基础的社会等级结构,是基于收入、声望和权力的一套制度化的报酬等级体系,反映出学术等级结构的不平等状况。在学术职业分层过程中,学衔、职称及岗位是学术职业分层的符号。学衔、职称及岗位的等级秩序反映出高等教育系统中教师的不同权力、收入和声望的社会关系。[3][4]

学术职业阶层体系是金字塔阶层结构。在职位晋升的过程中,大学教师要依靠自己的学术能力和贡献,寻找更高的学术地位。由于职位供应有限,竞争在所难免。在大学内部的学术劳动市场上,组织拥有学术职位任命权、选择权和定价权等垄断权力。教师必须依靠"实力"竞争,无论是首

---

① 尹木子.高校新教师离职问题分析[J].高教探索,2019,(05):113—119.
② 李志峰.必要的不平等——高校学术职业分层[M].知识产权出版社,2015,12.
③ 同上书,第28页。
④ Musselin, C. (2013). Redefinition of the relationships between academics and their university. *Higher Education*, 65(1), 25-37.

次进入学术生涯体系,还是在学术生涯体系中层层前行,新的职位都只能通过激烈的竞争获得。①

在高校学术系统中形成了一种地位获得的激励机制和竞争机制,推动高校教师为追求更高的社会地位、获得更高的声望而竞争。中国高校正在实施的"预聘—长聘"制度,本质上是高校学术职业分层结构和体制问题。"预聘—长聘"制度对教师的初选,实际上也是一种学术职业分层,即将大学教师分为进入长聘期的和未进入长聘期的教师。新教师入职之初是非长聘轨道教师,职称通常是讲师或助理教授,在讲师之上,又分为"长聘"和"非长聘"的副教授、教授,且不同轨道、不同层级教师的工资收入、社会地位、声望存在较大差异。职称分层的依据是高校教师的学术能力、学术水平和学术贡献。因此,进入大学的新教师们都力争进入长聘轨道,大学教师们在攀爬学术职业分层阶梯过程中,努力实现高校目标和个人价值的双赢,从而有力地推动高校的发展和学术的繁荣。所以在此基础上,本章提出研究假设:

假设1:"预聘—长聘"制度会提升中国大学学术进步。

（二）晋升欲望与薪酬制度

职称既是一种特殊的分层符号,也是一种特殊的学术资源。学术职业分层制度就是对高校这些特殊的资源进行配置的制度安排。中国学术职业阶梯一般呈现出金字塔结构,低级职位占多数,处于金字塔结构的下部,高级职位处于上部。②教师从低级职位向高级职位晋升的过程,是学术职业分层的过程,是高深知识价值不断被学术界同行认可的过程,其评价标准就是高深知识的增量和价值。这种金字塔型的分层结构也形成了学术职业的高度竞争性,获得高一级学术职位,需要凭借高深知识的业绩并在与同行竞争中获得晋升。

晋升对大学教师的科研产出提升作用在很多文献中都得到证实,根据贝克的期望理论,晋升的激励效果取决于个人对晋升的需求。有晋升欲望的大学教师才会努力出产学术成果,而如果没有晋升欲望的教师是不会做出学术成果的。③④换句话说,具有晋升欲望的大学教师,无论是在"非升即

---

① 李志峰.必要的不平等——高校学术职业分层[M].知识产权出版社,2015,85.

② 同上书,第18页。

③ Tuckman, H. P., J. H. Gapinski, and R. P. Hagemann. (1977). Faculty Skills and the Salary Structure in Academe: A Market Perspective. *American Economic Review*, 67, 692−702.

④ Tien, F. F. (2000). To what degree does the desire for promotion motivate faculty to perform research? Testing the Expectancy Theory. *Research in Higher Education*, 41 (6), 723−752.

走"制度还是在"首聘期科研考核"制度下都会努力工作,出产学术成果。

薪酬待遇是优化人力资源的有效杠杆,[1]它作为一种物质激励,是对员工最重要、最有价值的激励,对教师的预期行为起到很大的推动作用。[2]高校将教师的学术产出与工资分配挂钩是一种普遍的做法,因此报酬被认为是影响高校学术进步的主要因素。与教学和社会服务相比,科研是决定教师加薪的主要因素。工资水平与教师的研究成果发表有重要关系。[3]

教师为了获得高薪酬,才会努力出产科研成果,即薪酬欲望或薪酬激励感知可以促进科研。[4][5][6]国内研究也同样证明薪酬与学术进步的正相关,如张和平、沈红(2017)利用全国大学教师调查数据,证实了薪酬水平对高校教师的科研产出有显著的正向提升作用。[7]赵德平(2015)以四川省一所高校教师为样本,证实薪酬激励通过激励效果(薪酬现状感知)对学术产出起到提升作用。[8]但一些研究证明,与成果相关的报酬并不能提高大学教师的研究产出,并给出两个原因,一是大学教师的科研行为并不受薪酬收入的影响;二是奖金的小幅度增加也不能吸引大学教师花更多的时间投入于科研产出。[9]

大学教师能否晋升、获得终身教职以及获得多少薪酬待遇都是由其学术产出决定的。[10]"非升即走"制度是一项涵盖晋升、获得长聘资格和提高

① 阿特巴赫.比较高等教育:知识、大学与发展[M].人民教育出版社教育室译,2001,113.
② Arnolds, C. A., Boshoff, C. (2002). Compensation, Esteem Valence and Job Performance: An Empirical Assessment of Alderfer's ERG Theory. *International Journal of Human Resource Management*, 13(4), 697－719.
③ 李锋亮,王云斌,何光喜.什么因素影响了大学教师的学术发表[J].教育发展研究,2016, 36(11):14—20.
④ Fairweather, J. S. (1993). Faculty reward structures: toward institutional and professional Homogenization, *Research in Higher Education*, 34(5), 603－623.
⑤ Hoyt, D. P. (1974). Interrelationships among Instructional Effectiveness, Publication Record, and Monetary Reward. *Research in Higher Education*, 2, 81－89.
⑥ Tuckman, H. P., J. H. Gapinski, and R. P. Hagemann. (1977). Faculty Skills and the Salary Structure in Academe: A Market Perspective. *American Economic Review*, 67, 692－702.
⑦ 张和平,沈红.薪酬水平对高校教师科研生产率的激励——基于"全国大学教师调查"的实证研究[J].现代教育管理,2019,(07):84—91.
⑧ 赵德平.高校教师薪酬激励感知与工作绩效的实证分析——以激励效果为调节变量[J].四川师范大学学报(自然科学版),2015,38(06):938—942.
⑨ Kasten, K.L. (1984). Tenure and Merit Pay as Rewards for Research, Teaching, and Service at a Research University. *The Journal of Higher Education*, 55(4), 500－514.
⑩ Siegfried, J. J., White, K. J. (1973). Teaching and Publishing as Determinants of Academic Salaries. *Journal of Economic Education*, (4), 90－98.

薪酬待遇的制度。"非升即走"制度制约下的新聘任教师(一般是助理教授或讲师)在试用期限内(通常是3—6年),如果他们不符合副教授晋升及其他更高级别的标准(包括科研成果、论文发表数量、同行评审结果等),他们将被淘汰或调任教师岗以外的职位,符合标准的新聘任教师才可以接受长期教职。

"非升即走"制度反映出强化期望理论下教师对晋升的渴求,只有那些对晋升具有强烈愿望的人才会选择。而职称本来具备稀缺性的特点,这使得实现晋升目标并不容易。在"非升即走"制度下的教师会更加努力地出产科研成果,为所在大学学术进步贡献力量。

"首聘期科研考核"制度与"非升即走"制度相比,最大的差异就在于不需要取得高一级职称也能留任,即这项制度没有晋升刺激影响作用。因此缺少了晋升的压力,对那些原本没有晋升欲望的大学教师是没有任何影响作用的。但是"首聘期科研考核"制度也可以称为"首聘期科研奖励"制度,一般规定在首聘期内完成规定科研任务,将获得相应金额的物质奖励,这是一种外部奖励制度。此前研究表明,薪酬待遇对大学教师科研产出的影响结论不一致,"首聘期科研考核"制度仅依靠薪酬激励机制去激励教师学术产出,势必效果会逊色于"非升即走"制度。因此,本研究在此基础之上,提出研究假设:

假设2:与"首聘期科研考核"制度相比,"非升即走"制度对大学学术进步的提升作用更强。

# 四、研究设计

(一)大学学术进步的测量

本研究探讨的核心议题是"预聘—长聘"制度对提高中国大学学术发展的作用,"预聘—长聘"制度作为一种外在制度选择,能够推动大学学术在哪些方面的发展是本研究关注的重点。

一直以来,出版物被公认为是学术界最有效、最公平、最直接的学术衡量标准,[1]期刊文章发表和著作出版是学术界最常见的衡量标准。[2]从首次

---

[1] Hattie, J.A., Print, M. & Krakowski, K. (1994). The productivity of Australian academics in education, *Australian Journal of Education*, 38, 201-218.

[2] Olson, J.E. (1994). Institutional and technical constraints on faculty gross productivity in American doctoral universities. *Research in Higher Education*, 35(5), 549-567.

传播新发现的科学知识和知识产权登记的社会机制来看,期刊的文章成为象征性资本,象征学术声誉,对学术界的认可越来越重要,[①]这也是当今中国乃至世界都普遍重视期刊文章发表以及相关影响因子统计的理论基础。学术生产力的国际发表和高被引率是国际化背景下大学学术生产力的变革性特征,决定了学术生产力要以国际标准衡量学术成果的水平,并获得国际学术界同行的认可。随着高等教育国际化进程的推进,国内外许多高校越来越重视在国际刊物上发表文章,国际期刊论文发表屡创新高。[②]另外,国际期刊论文发表更可能获得国际学术界的赞誉,更有利于中国学者在国际学术界掌握话语权。[③]

论文发表的高被引率和发表期刊的影响因子等指标激发教师学术生产的国际竞争力和影响力,实现中国学者的学术自信和学术自强。[④]因此,本研究选取中国大学国际期刊论文发表表现作为大学学术进步的测量工具。

(二)数据来源

本研究使用的数据来自"最好大学网"的中国大学排名板块。囿于数据限制,本研究只使用了 2015—2019 年的数据,提取出 2016—2018 年开始实施"预聘—长聘"制度的高校,并剔除缺失两年数据的大学,最终共选取中国 148 所大学 2015—2019 年的面板数据。

(三)变量设置

1. 被解释变量

大学学术进步,笔者使用四个指标对其进行测量,分别为科研规模(论文发表数量)、科研质量(论文影响力)、顶尖成果(高被引论文)和顶尖人才(高被引学者)。科研规模越大、科研质量越高、顶尖成果和顶尖人才越多代表着学术进步程度越大。

(1)科研规模(论文数量):即 Scopus 数据库收录的论文数,论文是科研活动成果的重要形式,发表论文数量体现了大学科研活动的规模。

(2)科研质量(论文质量):即学科标准化后的科研论文的影响力。科研评价中测量论文的影响力或者质量的基本指标是论文被引用次数。

---

① 李澄锋,陈洪捷,沈文钦.博士生国际期刊论文产出的群体差异——基于中国博士毕业生调查数据的分析[J].学位与研究生教育,2019,(09):59—65.

② 康乐,陈晓宇.我国高校论文发表的变化趋势:全要素生产率的视角.北京大学教育评论,2018,16(01),115—137.

③ 许心,蒋凯.高校教师视角下的人文社会科学国际发表及其激励制度.高等教育研究,2018,39(01),43—55.

④ 尹玉玲.中国大学教师学术职业发展机制研究[M].知识产权出版社,2020,201.

（3）顶尖成果（高被引论文）：即被引用次数位于各个学科前 1％的论文，这类论文体现了大学各个学科出产有重要影响力的成果情况。

（4）顶尖人才（高被引学者）：即各个学科被引用次数最高的中国学者数。高被引学者总人数在 1 900 人左右，各学科的人数分布根据各学科论文中出现的中国作者数量确定。

2. 核心解释变量："预聘—长聘"制度

"预聘—长聘"制度是本研究的关注点，每所大学在发布招聘信息时会注明对于新招聘教师的聘任要求，笔者从 148 所大学官网的招聘信息中了解是否实施"预聘—长聘"制度，并从已实施该项制度大学的招聘信息中获取初始实施年份。中国高校实施的"预聘—长聘"制度可以分为两种形式，一种是"非升即走"制度，另一种是"首聘期科研考核"制度。

（1）"非升即走"制度，各大学官方网站注明"聘期内不能晋升即解聘"视为实施"非升即走"制度。

（2）"首聘期科研考核"制度，各大学官方网站上仅写明"首聘期目标任务"视为实施"首聘期科研考核"制度。

3. 控制变量：大学特征

大学的排名。目前各大学都非常重视自己的排名，而科研水平是影响排名的重要因素，所以一般排名靠前的大学更加重视科研，[①]因此笔者将前一年大学排名代入模型中。

在校师生人数。在校教师人数越多，更有可能增加学术论文的产量，从而影响大学科研得分。同理，由于多数高校研究生毕业需要完成论文发表任务，所以研究生数量越多，越可能增加高校的论文发表总量和科研影响力。教师人数与研究生人数有相关性，通常研究生与教师数量比约为 2.5∶1，[②]所以不能同时代入模型，以避免出现多重共线问题，本研究将教师人数乘以 2.5 与研究生人数相加。

大学科研经费。研究经费是高校发挥其知识创新与传播作用的重要物质基础。科研经费是大学学术的基础，科研经费匮乏，则难以保证科研顺利进行。所以笔者将大学前一年的科研经费代入模型中。

① Daraio, C., Bonaccorsi, A., Simar, L. (2015). Rankings and university performance: A conditional multidimensional approach, *European Journal of Operational Research*, 244 (3), 918 – 930.

② 由由，闫维芳，周慧珺. 高校教师队伍结构与科研产出——基于世界一流大学学术排名百强中美国大学数据的分析[J]. 清华大学教育研究，2017，38(03)：4—14.

（四）模型与估计方法

为了识别"预聘—长聘"制度对大学学术进步的作用，可以通过比较大学在实施"预聘—长聘"制度前后两个时期内的大学学术进步差异，以此来检验该项制度对大学学术进步的作用。但这种单差法得出的结论可能是不准确的，对于不同大学而言，在实行"预聘—长聘"制度前大学之间就存在差异，单差法并没有考虑这种差异。此外，某些外在因素也可能对大学学术进步造成影响。但从本研究的样本来看，2016—2018 年间，有 50 所大学实行了"预聘—长聘"制度，这为我们提供了一个良好的准自然实验，但是各大学实施该项制度的时间略有不同，因此本研究采用多期双重差分方法。具体解释如下，在样本中，已经实施了"预聘—长聘"制度的大学构成了处理组，其余没有实施"预聘—长聘"制度的大学为对照组。同时，在数据结构中，大学开始实行"预聘—长聘"制度的年份存在差异，根据大学实行"预聘—长聘"制度的不同情况，设置核心自变量 upout 和 researchassess，通过构造以下双向固定效应计量模型来检验"预聘—长聘"制度对大学学术进步的净效应：

$$\text{Academic progress}_{it} = \beta_0 + \beta_1 \text{upout}_{it} + \sum \beta_j * \text{Control} + \gamma_t + \mu_i + \varepsilon_{it} \tag{1}$$

$$\text{Academic progress}_{it} = \beta_0 + \alpha_1 \text{researchassess}_{it} + \sum \beta_j * \text{Control} + \gamma_t + \mu_i + \varepsilon_{it} \tag{2}$$

模型中，被解释变量为大学学术进步，我们用 Academic progress 表示；下标 $i$ 和 $t$ 分别表示第 $i$ 个大学和第 $t$ 年，$\gamma_t$ 代表时间固定效应，$\mu_i$ 代表大学个体固定效应。$Control$ 为其他控制变量。$\beta_1$ 和 $\alpha_1$ 的估计值是我们关心的重点，两者分别度量了"非升即走"制度和"首聘期科研考核"制度对于大学学术进步的净影响。如果"预聘—长聘"制度真正推动了大学学术进步，那么 $\beta_1$ 和 $\alpha_1$ 的系数应该显著为正。

# 五、计量结果与实证分析

（一）"非升即走"制度对大学学术的影响结果

由表 5-1 可知，"非升即走"制度对科研规模即论文总量、顶级成果和顶尖人才的提高起到了显著的推动作用，其中对科研规模即论文数量的推动尤为显著，但"非升即走"制度对大学的科研质量作用不显著，这一变量没有通过统计检验。一方面，学术论文的影响因子是需要他人引用来计

表 5-1 "预聘—长聘"制度对大学学术进步的影响效果

| | "非升即走"制度 | | | | "首聘期科研考核"制度 | | | |
| --- | --- | --- | --- | --- | --- | --- | --- | --- |
| | 科研规模 | 科研质量 | 顶尖成果 | 顶尖人才 | 科研规模 | 科研质量 | 顶尖成果 | 顶尖人才 |
| "预聘—长聘"制度 | 296.5** | 0.0187 | 22.07*** | 0.626** | −233.5** | 0.0299 | −4.981 | −0.700 |
| | (252.1) | (0.022) | (10.55) | (0.470) | (274.450) | (0.023) | (11.417) | (0.539) |
| 学校排名 | −17.2*** | −0.0149*** | −0.505*** | −0.0023*** | −17.6*** | −0.00148*** | −0.541*** | −0.004*** |
| | (2.52) | (0.000) | (0.159) | (0.073) | (2.540) | (0.000) | (0.161) | (0.007) |
| 在校 | 1.237*** | −0.00465 | 0.013 | 0.0032 | 1.35*** | −0.000516 | 0.0121 | 0.0046 |
| 师生数 | (1.016) | (0.000) | (0.009) | (0.005) | (1.037) | (0.000) | (0.009) | (0.000) |
| 科研 | 156.4*** | −0.00226 | 4.750*** | 0.057*** | 155.2*** | −0.001223 | 4.809*** | 0.059*** |
| 经费 | (15.513) | (0.001) | (0.675) | (0.029) | (15.4) | (0.001) | (0.685) | (0.029) |
| 其他变量 | 控制 | 控制 | 控制 | 控制 | 控制 | 控制 | 控制 | 控制 |
| N | 653 | 531 | 533 | 484 | 533 | 647 | 651 | 609 |
| $R^2$ | 0.810 | 0.689 | 0.747 | 0.195 | 0.800 | 0.691 | 0.739 | 0.195 |

注：（1）括号中的数字为标准误。（2）* $p<0.05$，** $p<0.01$，*** $p<0.001$。（3）常数项、个体效应和时间效应统称为其他变量，不列入表中（下同）。

算,高质量的学术论文需要花费较长时间才能完成,存在研究时间上的延滞,发表后被引用亦需要一段时间才能显现出来。另一方面,"非升即走"制度发挥作用也存在一定时滞,当更多大学施行这一制度时,大学教师们会热衷于撰写论文,投稿难度也会相应增加,因此产生出高影响因子的论文也会变得困难。研究结果部分证明了假设1,"预聘—长聘"制度提升了大学学术进步。

加入控制变量后,"非升即走"制度对大学学术进步仍然具有显著作用。从各大学学术进步度量指标的测量结果来看,排名对大学学术进步有显著影响,排名越靠前的大学,无论是科研规模、科研质量还是顶尖成果、顶尖人才均明显高于排名靠后的学校;在校师生人数仅对科研规模有影响作用,对学术进步其他三项指标不产生影响。科研经费对科研规模、顶尖成果和顶尖人才有正向作用,对科研质量没有影响。

(二)"首聘期科研考核"制度对大学学术的影响结果

如表5-1所示,"首聘期科研考核"制度对科研规模、顶尖成果、顶尖人才影响都是负向的,但可惜顶尖成果、人才都没有通过统计检验,只有科研规模一项通过了统计检验,在1‰水平上显著,这表明"首聘期科研考核"制度会降低大学科研规模。"首聘期科研考核"制度对科研质量的影响是正向的,但是没有通过统计检验。这样的数据结果与假设2有一定的出入,在中国大学普遍极为重视学术发展的背景下,实施"首聘期科研考核"制度对大学学术进步不但没有提升,反而使其降低,这说明"首聘期科研考核"制度对大学教师的激励明显不足。由于"首聘期科研考核"制度明确了量化的科研任务,完成了一定量的科研任务即顺利渡过预聘期,进入了长聘期,如果对职称晋升没有刻意追求,新教师将不再受到外界束缚。"首聘期科研考核"与"非升即走"两项制度的主要差异在于是否需要完成职称晋升,前者不需要达成职称晋升,后者则需要在首聘期内实现职称晋升。一般情况下,假设没有"首聘期科研考核"制度,大学教师评定职称也需要完成一定科研任务。如果首聘期科研考核的任务低于晋升职称需要的科研要求,那么该项制度对于想评定职称的新教师来讲就是失效的。即没有这项制度,有职称晋升欲望的教师也会努力开展科学研究工作。此时"首聘期科研考核"这项制度仅对于那些不想参与职称晋升或者没有能力参与职称晋升的教师有意义,而这部分新教师本身科研能力相对欠佳,必然会影响这些大学学术进步。

"首聘期科研考核"制度中的控制变量的影响作用与"非升即走"制度中控制变量的影响作用一致,在此不赘述。

（三）"预聘—长聘"制度的动态效应检验

如果大学持续实施"预聘—长聘"制度，选拔留任的教师一定是优秀者，最终会促进大学学术水平的提升。为了验证这一推测，检验"预聘—长聘"制度的动态效应，本研究将模型（3）和（4）变形如下：

$$\text{Academic progress}_{it} = \beta_0 + \sum \beta_k \text{upout}_{it}^k + \sum \beta_j * \text{Control} + \gamma_t + \mu_i + \varepsilon_{it} \tag{3}$$

$$\text{Academic progress}_{it} = \beta_0 + \sum \alpha_k \text{researchassess}_{it}^k + \sum \beta_j * \text{Control} + \gamma_t + \mu_i + \varepsilon_{it} \tag{4}$$

其中，变量 $\text{upout}_{it}^k$ 和 $\text{researchassess}_{it}^k$ 是大学实施"预聘—长聘"后第 $k$ 年的年度虚拟变量（其中，$k=1, 2, 3, \cdots\cdots$）。$\beta_k$ 和 $\alpha_k$ 衡量了在大学实行"预聘—长聘"第 $k$ 年后，该项制度对大学学术进步的作用。区分了"非升即走"制度和"首聘期科研考核"制度后，采用双向固定效应模型对三种大学学术的衡量指标分别进行了回归，结果如表 5-2 所示。

表 5-2　"预聘—长聘"制度对大学学术的影响：动态效应检验

| | "非升即走"制度 | | | "首聘期科研考核"制度 | | |
|---|---|---|---|---|---|---|
| | 科研规模 | 顶尖成果 | 顶尖人才 | 科研规模 | 顶尖成果 | 顶尖人才 |
| 实施当年 | 419.0*** | 17.041** | 0.808** | −255.0*** | −4.257 | −0.336 |
| | (258.9) | (7.958) | (0.307) | (235.7) | (7.465) | (0.304) |
| 实施第二年 | 754.9*** | 31.769*** | 1.091*** | −335.7** | −4.368 | −0.236 |
| | (259.9) | (8.008) | (0.298) | (233.9) | (7.403) | (0.274) |
| 实施第三年 | 991.3*** | 50.162*** | 1.469*** | −475.1** | −11.353 | −0.248 |
| | (260.6) | (8.031) | (0.299) | (233.2) | (7.385) | (0.273) |
| 实施第四年 | 1 554.2*** | 77.078*** | 2.495*** | −646.6** | −18.395** | −0.568** |
| | (265.3) | (8.190) | (0.304) | (240.5) | (7.651) | (0.282) |
| 其他变量 | 控制 | 控制 | 控制 | 控制 | 控制 | 控制 |
| $N$ | 649 | 649 | 604 | 649 | 649 | 604 |
| $R^2$ | 0.562 | 0.502 | 0.144 | 0.535 | 0.451 | 0.034 |

注：囿于篇幅，控制变量、个体效应、时间效应、常数项等统称为其他变量不列入文中（下同）。

表 5-2 的结果显示，"非升即走"制度对科研规模、顶尖成果和顶尖人才有明显的提升作用。从"非升即走"制度的动态效应来看，"非升即走"制度对大学学术进步提升随着大学实行该项制度的时间变化日趋显著，越早实行该项制度的大学学术水平提升越高。"首聘期科研考核"制度对大学学术进步作用是负向的，实施了"首聘期科研考核"制度的大学科研规模会随着实施时

间变化而日趋减少。"首聘期科研考核"对大学顶尖成果和顶尖人才的影响作用,虽然实施当年、第二年、第三年没有通过统计检验,但是实施后的第四年通过了统计检验且在1%水平上显著,并且"首聘期科研考核"制度对顶尖成果和顶尖人才的负向影响随着时间变化越来越大。"首聘期科研考核"制度实施的时间越长,产生论文数量、顶尖成果、顶尖人才越少。"首聘期科研考核"制度的实施不但没有促进大学学术进步反而使其退步,这是一个值得关注的问题,也为那些还未实施"预聘—长聘"制度的大学提供了重要借鉴。

(四)稳健性检验

本研究采用了多期双重差分法来评估"预聘—长聘"制度对大学学术进步的影响,双重差分方法有效的一个前提条件是,如果不存在"预聘—长聘"制度的外部冲击,处理组和对照组的大学学术进步四个测量指标趋势是平行的。为此,我们需要首先进行一系列检验。

1. 趋同性和随机性检验

根据以往文献中的标准做法,画出了处理组与对照组之间的对比图,来说明制度变革前后的变化。图5-1至图5-4集中描绘了实施"预聘—长聘"与未实施"预聘—长聘"大学在科研规模、科研质量、顶尖人才方面的差异。从各个图示可以看出:第一,就各个指标来看,实行"预聘—长聘"的大学与未实行"预聘—长聘"的大学在之前基本平行;第二,大学学术在实施"预聘—长聘"制度后增幅明显变大,实行"预聘—长聘"制度的大学与未实行"预聘—长聘"制度的大学在各类指标方面都表现出显著差异。由此可见,"预聘—长聘"制度是起作用的。第三,未实行"预聘—长聘"制度的大学的发展趋势也是平稳上升的,"预聘—长聘"制度对大学并未产生显著的负面影响。这可以帮助我们进一步理解"预聘—长聘"制度的作用途径,根据这一结论,"预聘—长聘"制度改革推动大学学术进步。

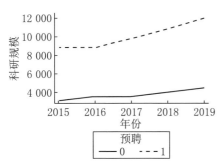

图 5-1 中国 148 所大学 2015—
2019 科研规模趋势图

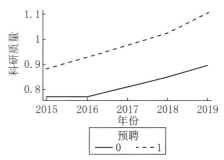

图 5-2 中国 148 所大学 2015—
2019 科研质量趋势图

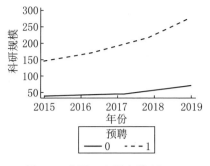

图 5-3　中国 148 所大学 2015—
2019 顶尖成果趋势图

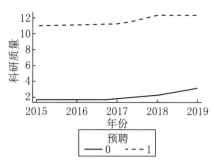

图 5-4　中国 148 所大学 2015—
2019 顶尖人才趋势图

### 2. 反事实法检验

为了验证平行趋势假设条件是否成立,我们采用反事实法来检验上述假设,即通过改变政策执行时间进行反事实检验。除了"预聘—长聘"制度改革之外,其他政策或随机性因素也可能导致大学学术发生变化,而这种变化与大学是否实施"预聘—长聘"制度可能没有关联,最终导致前文结论不成立。为了排除这类因素的影响,我们假设各个大学实施"预聘—长聘"制度的年份统一提前一年或两年,如果此时"预聘—长聘"制度变量显著为正,则说明大学学术进步很可能来自其他政策变革或者随机性因素,而不是实施"预聘—长聘"制度的结果。如果此时"预聘—长聘"制度变量并不显著为正,则说明大学学术进步是来自"预聘—长聘"制度的推行。各项检验表明,假设的"预聘—长聘"制度推行时间并不显著为正,这表明大学学术进步不是由其他因素导致的,而是"预聘—长聘"制度推行的结果。

表 5-3　"预聘长聘"制度对大学学术进步的影响:反事实检验

| | "非升即走"制度 | | | "首聘期科研考核"制度 | | |
| --- | --- | --- | --- | --- | --- | --- |
| | 科研规模 | 顶尖成果 | 顶尖人才 | 科研规模 | 顶尖成果 | 顶尖人才 |
| 提前一年 | 289.7 (229.113) | 27.634 (7.043) | 0.875 (0.367) | | | |
| 提前两年 | | | | 246.3 (182.236) | 19.657 (5.569) | 0.657 (0.126) |
| 其他变量 | 控制 | 控制 | 控制 | 控制 | 控制 | 控制 |
| $N$ | 585 | 585 | 536 | 585 | 585 | 536 |
| $R^2$ | 0.772 | 0.712 | 0.157 | 0.471 | 0.367 | 0.304 |

### (五)基于大学等级的异质性检验

前文实证结果显示,"非升即走"制度提升了大学的科研规模、顶尖成果和顶尖人才等学术成就。在此背景下,不同类型大学受到"非升即走"制度的作用力度可能存在差异。因而,如果本研究关于大学学术成就提升这一实证结果是由"非升即走"制度导致,那么,也应该观察到这一效应在不同维度会表现出异质性。基于此,为了进一步探究"非升即走"制度影响大学学术的运作机理,本研究分别从大学等级视角切入,运用分组回归方法考察"非升即走"制度冲击影响大学学术的横截面差异。

表 5-4  "非升即走"制度的异质性分析

| | "双一流"高校 | | | 非"双一流"高校 | | |
|---|---|---|---|---|---|---|
| | 科研规模 | 顶尖成果 | 顶尖人才 | 科研规模 | 顶尖成果 | 顶尖人才 |
| "非升即走" | 572.3*** | 43.675*** | 1.019** | −50.1 | 23.42*** | 0.994*** |
| 制度 | (341.7) | (10.033) | (0.293) | (193.8) | (7.704) | (0.187) |
| 实施 | 317.3* | 19.273 | 0.844 | 232.1 | 13.583 | 0.606* |
| 当年 | (387.9) | (13.253) | (0.540) | (348.5) | (11.180) | (0.314) |
| 实施 | 631.1** | 37.220*** | 1.180** | 351.9 | 26.983** | 1.114*** |
| 第二年 | (389.1) | (13.291) | (0.517) | (348.3) | (11.175) | (0.312) |
| 实施 | 690.9*** | 55.123*** | 1.598*** | 300.2 | 33.751*** | 1.385*** |
| 第三年 | (387.9) | (13.253) | (0.516) | (348.6) | (11.176) | (0.312) |
| 实施 | 1 001.1*** | 79.721*** | 2.566*** | 158.0 | 57.416*** | 2.325*** |
| 第四年 | (393.6) | (13.452) | (0.523) | (250.3) | (11.185) | (0.312) |
| 其他变量 | 控制 | 控制 | 控制 | 控制 | 控制 | 控制 |
| $N$ | 258 | 258 | 247 | 408 | 408 | 374 |
| $R^2$ | 0.668 | 0.516 | 0.085 | 0.536 | 0.444 | 0.218 |

表 5-4 报告了"非升即走"制度对不同等级大学的学术影响,这种影响作用较为复杂。一方面,对科研规模影响结果来看,"非升即走"制度对"双一流"高校的影响作用显著并且通过了统计检验且在 0.1% 水平上显著为正。这说明"非升即走"制度对"双一流"高校的影响作用更为显著。但是"非升即走"制度对非"双一流"的高校却有着负向作用,但是没有通过统计检验。在此基础上,进一步引入实施当年、实施第二年、实施第三年和实施第四年变量考察"非升即走"制度对大学科研规模的动态效应。"非升即走"制度依然对"双一流"高校的科研规模有正向影响作用,且影响系数越来越大,这说明"非升即走"制度对"双一流"大学科研规模的作用逐渐加深。相反,"非升即走"制度对非"双一流"高校的影响作用的动态效应没有通过统计检验,也就是说,"非升即走"制度对非"双一流"高校的科研规模没有影响。另一方面,对顶尖成果和顶尖人才影响结果来看,"非升即走"

制度对"双一流"高校和非"双一流"高校的影响都是正向的,影响系数都是逐年增加,且均通过统计检验,但"双一流"高校的影响系数高于非"双一流"高校。

在异质性验证中,我们区分"双一流"大学后,通过数据证明"非升即走"制度显著地提升了"双一流"大学科研规模,但是对非"双一流"大学的科研规模却没有影响作用;"非升即走"制度对"双一流"大学顶级成果和顶级人才的增加均高于非"双一流"大学。也可以说,"非升即走"制度对"双一流"大学学术进步的推动作用高于非"双一流"大学。

# 六、结论与讨论

"预聘—长聘"制度是高校人事制度改革的重要组成部分,是实现建设世界一流大学或高水平大学、建设一流师资队伍目标的重要手段。本研究紧扣中国大学实行"预聘—长聘"制度的差异性特征,区分两类"预聘—长聘"制度,以中国 148 所大学为样本,通过双重差分法对"预聘—长聘"制度对中国大学学术进步的作用进行了系统评估,主要有以下结论:

(一)"预聘—长聘"制度总体上推动了大学学术进步

"预聘—长聘"制度提高了大学国际论文表现,推动中国大学快速发展。相对于样本区间内的大学平均值,"预聘—长聘"制度使得国际论文规模、顶尖成果、顶尖人才分别提高了 64.87%、97.32% 和 165.38%。动态估计显示,"预聘—长聘"制度的积极作用会随着执行时间延长日益凸显,这一结论在一系列稳健性检验后依然成立。随着这一制度效果的显现,并且在先实施高校的带动下,可以预见未来中国将会有越来越多的高校实行这一制度,"预聘—长聘"制度未来在中国高校中有着广阔的发展空间。从这个角度来看,进一步推动"预聘—长聘"制度的普及,是推动中国大学国际论文发表表现不断进步的有效手段。这也说明,以学术发展为目标的"预聘—长聘"制度这一中国高校人事制度改革是成功的。

(二)两类"预聘—长聘"制度对大学学术影响的差异性表现

研究结果表明,"非升即走"制度对大学科研数量、顶尖成果、顶尖人才,分别提高了 69.63%、102.51% 和 175.35%,且这种提升作用会随着时间增加而增强。但是"首聘期科研考核"制度对高校科研数量有负向影响,并且这种影响作用随时间的影响呈明显的下降趋势。这两类"预聘—长聘"制度,可以说"非升即走"制度对中国大学学术进步影响效果明显,"首聘期科研考核"制度对中国大学学术进步的影响是失效的。笔者从三个方面进行解释。

第一,从"首聘期科研考核"制度本身性质看,由于"首聘期科研考核"制度不涉及职称竞争,新入职教师只需完成学校设定的科研任务,对于那些评职热情不高的教师来说,只要完成留任的科研任务即可。如果留任的科研任务要求低于评职要求,那么"首聘期科研考核"制度的激励效果肯定还不如学校原有的评职制度。同时,这项制度不涉及与同校其他教师的竞争,因此无法有效提升其他教师的科研积极性,对其科研产出影响甚微,这就是"首聘期科研考核"制度难以有效提升学校整体科研产出的原因。①

第二,从实施这项制度的学校来看,大多数实施"首聘期科研考核"制度的高校都不是"双一流""985""211"等排名靠前高校。"双一流建设"和"985 工程""211 工程"项目的实施促进了高校之间的学术产出分化。名校依仗自身学术资源优势,科研成果会持续增多,这一"名校效应"会刺激名校师生的学术产出,一方面名校师生的社会资本相对较多,名校有自己的知名期刊、专业内佼佼者、学术沙龙活动等,这些都有助于学术产出。另一方面,期刊编辑更愿意接受名校师生的论文。

第三,来自外部学术劳动力市场环境的竞争。高校实施了"首聘期科研考核"制度后,设置了入校门槛,与那些还没有实施"首聘期科研考核"的高校相比,在学术劳动力市场上丧失了竞争力,短期内难以吸引优秀人才的加入。在学校声誉、名望、地点、待遇等要素相差不大的情况下,优秀人才可以选择去没有实施"首聘期科研考核"制度的学校,而实施"首聘期科研考核"制度的学校在招聘新教师时具有明显劣势。

(三)科研产出数量与科研质量的不平衡

研究结果表明,"预聘—长聘"制度对科研质量没有影响,即是否实施"预聘—长聘"制度对科研论文影响力(Field Weighted Citation Impact,简称 FWCI)没有任何影响。这可能源于学术评价取向不合理,大部分高校在职称晋升和考核时过分注重学术论文数量,忽视学术论文质量和影响力。在"预聘—长聘"制度中的大学教师们为了完成晋升或考核任务,不断增加科研产出数量,忽视了科研质量。这主要有两个方面原因,一方面与目前中国实施科研量化评价体系相关,量化评价可操作性强,精确、标准、

---

① 尹木子."预聘—长聘"制度会提升中国大学科研生产力吗?——基于多期双重差分法的政策评估[J].高教探索,2020,(06):18—27.

客观,评价结果简单明了,有利于进行学术评价的高校的学术成果在数量和规模上都取得了进步。但简单量化、滥用量化、唯数字是从的学术评价将会导致教师、科研人员盲目追求数量,忽视质量,造成学术虚假繁荣。同时这种评价机制违背了学科发展和学术研究特殊的规律,即探索性、创新性、长期性和研究成果价值显现的滞后性,极易忽视原创性成果的价值,对提高科研质量产生消极影响。另一方面,"预聘—长聘"制度的刚性评价周期可能影响高质量科研成果产出。新入职教师急于在有限周期内完成考核任务,在选题上往往避难择易,导致基础创新、原始创新、重大创新选题不足;在研究结果上可能导致"短视""碎片化"等问题,学者或过度追逐学术热点而忽略中长期重大学术问题,或拆分甚至重复发表学术成果而无法形成重大系统性成就,或以刊评文、重视学术发表、迎合期刊而忽视研究成果本身的创新价值。

2020 年 10 月中共中央、国务院印发《深化新时代教育评价改革总体方案》,表明国家对于科研质量提出了明确要求,建立科研质量预警和监督机制,促进科研产出质量与数量的平衡,为了平衡研究结果的量与质,实现项目效果的最大化,高校应科学设计和建立研究预警和质量监督机制,并且应该深化学术评价制度,完善代表作制度、同行评议制度等措施。

（四）学术场域下的"名校挤压"效应

异质性检验表明,"非升即走"制度对"双一流"大学学术进步的推动作用高于非"双一流"大学。这其实是学术场域"名校挤压"效应。学术场域是一个由学者或学术机构的不同位置及其占有的学术资源或学术权力构成的关系网络。在学术场域中,不同学者或学术机构所享存的学术声誉与学术权力由于量或质的差异变化而生成的分层结构,只有通过争夺有限的学术资源,才能不断地维持或改变着学术场域的结构。[①]在学术场域下,等级越高的大学,或者说排名靠前的大学(可以称为名校)掌握的学术资源、学术权力和学术声望都多于其他大学,名校会对其他大学发展构成挤占效应,笔者将其称为"名校挤压"效应。

在"双一流"建设目标下,各大学都陷入了抢人才大战。"预聘—长聘"制度的实施可以保证高校在选拔人才时的准确性和有效性。"预聘—长聘"制度规定具有激励作用和双选作用,有助于激励已聘任的年轻教师努

---

① [美]伯顿·克拉克.高等教育系统学术组织的跨国研究[M].王承绪等译,杭州大学出版社,1994,34.

力从事学术研究,以优秀的研究成果获得同行承认,同时,也给予大学和教师双方一个"观察期"和"试验期",测试年轻教师是否有兴趣并且适合长期从事教学和学术研究,以确保教师对大学教职的选择是一个正确的选择。美国的教授终身聘任制不同于中国大学的"铁饭碗"制度,美国的高校在实施这项制度时,招聘教师时是一人一聘,即招聘一位新教师,只对这一位新教师进行考核。在中国大学中推行"预聘—长聘"制度就赋予了顶尖高校优势地位。目前博士毕业生数量逐年递增,博士毕业生就业时扎堆少数名牌大学,不愿意考虑较低等级高校,一方面导致名校的学术职位竞争日趋残酷,另一方面使得名牌大学在用人方面拥有绝对的主导权,名校可以不断提升新入职教师的留任标准,最大程度获取新入职教师(包括可以留任的教师和众多不能留任的教师)的科研产出。与少数名校的人才火热场景相反,较低等级高校则面临着优秀人才难觅,提升科研产出举步维艰的境地。

大学学术进步是推进高等教育内涵式发展和质量提升的重要途径。本研究发现"非升即走"制度虽然对于提升大学学术进步具有显著效果,但是在其运行过程中也出现了各种各样的问题。职称在高校中属于稀缺资源,在"双一流"目标建设下,各高校在职称评定环节一般偏向优势学科、特色学科、高峰学科,使得弱势学科中学术能力较强的教师在职称评定上遭受不公平待遇,优秀人才离职事件屡见不鲜,给高校发展带来了严重阻碍。目前中国尚未实施"预聘—长聘"制度的大学,应根据自身特色在人事制度改革中选择"非升即走"或"首聘期科研考核"制度。

# 第二节 "预聘—长聘"制度对国际与国内论文发表数量的影响分析

本节为了进一步验证"预聘—长聘"制度对大学科研生产力的影响,选取全国 148 所大学 2015—2019 年国际国内期刊论文发表数量的面板数据,使用多期双重差分法,构建"准自然实验"研究,以实施"预聘—长聘"制度的大学为处理组,以未实施"预聘—长聘"制度的大学为对照组,检验评估两类"预聘—长聘"制度对大学国际国内期刊论文发表数量的影响效应。

# 一、计量模型的构建

（一）模型设定

本研究采取的计量方法是在公共政策评估中经常使用的双重差分法（Differences-in-Differences），这一方法将实施"预聘—长聘"制度视为一种"准自然试验"，根据政策实施前后进行第一次差分得到两组变化量，经过第一次差分可以消除个体不随时间变化的异质性，再对两组变化量进行第二次差分，以消除随时间变化的增量，最终得到政策实施的净效应。这种方法能有效衡量"预聘—长聘"制度对大学国际国内期刊论文发表的净效应以及在时间上的变化趋势。

基于少数中国大学早期实施该项制度的实践，2015 年之后实施"预聘—长聘"制度的大学出现了爆发性增长，因此笔者以 2016 年设置为实施"预聘—长聘"制度的第一年，2017 年为第二年，2018 年为第三年。笔者将样本分为实验组（2016—2018 年实施"预聘—长聘"制度的大学）和控制组（2016—2018 年未实施"预聘—长聘"制度的大学）。为了进一步比较高校在实施"预聘—长聘"制度过程中的差异，将其分为"非升即走"制度和"首聘期科研考核"制度两种情况。本研究使用的大学排名数据来自"最好大学网"。笔者以 2018 年排名为准，榜单中实施"预聘—长聘"制度且排名最末的是第 259 名的湖北师范大学，所以本研究选取排名前 259 所大学，并剔除 2016 年之前实施"预聘—长聘"制度和缺失两年及以上排名数据的大学，最终共选取出 148 所大学。

在模型设计上，构建双向固定效应模型，利用双重差分法测算"预聘—长聘"制度对大学国际国内期刊发表的影响净效应。具体模型如下：

$$Y_{it} = \beta_0 + \beta_1 \text{Tenure}_{it} + \sum \beta_2 * \text{Control} + \beta_3 \text{year}_0 + \beta_4 \text{year}_1$$
$$+ \beta_5 \text{year}_2 + \beta_6 \text{year}_3 + \gamma_t + \mu_i + \varepsilon_{it} \qquad (1)$$

其中，$Y_{it}$ 为被解释变量，表示大学国际国内期刊论文发表数量；$\text{Tenure}_{it}$ 为虚拟变量，在实施"预聘—长聘"制度之前为 0，实施之后为 1。Control 为控制变量，主要选取大学排名、在校师生数等指标，$\gamma_t$ 代表时间固定效应，$\mu_i$ 代表大学个体固定效应。$\beta_1$ 指双重差分下，"预聘—长聘"制度对大学国际国内期刊论文发表的净效应，值为正且越大表示正向效应越大，即"预聘—长聘"制度提升了中国大学科研生产力，反之相反。$\text{year}_0$"预聘—长聘"制度未实施之前，$\text{year}_1$、$\text{year}_2$、$\text{year}_3$、$\text{year}_4$ 表示实施"预聘—长聘"制度的第一年、第二年、第三年和第四年,主要用于"预聘—长聘"制度的动态净效应检测。

(二)变量设置

1. 被解释变量

在当前的科研评价与测度中,期刊论文仍然是衡量创新活动特别是基础研究活动的主要指标。①现有科研成果质量测评存在国际化的倾向,如大学排行中十分重视发表于国际期刊上的论文数指标(该指标可在 ISI 和 SCOPUS 这两大世界知名学术出版数据库上查阅到)。国内研究者也关注到高校科研国际化现象。②③④⑤但是,因 ISI 和 SCOPUS 的引证指数偏好英语语言,因此许多国家的非英文期刊未被收录,导致国际引证指数存在低估非英语国家科研工作者发表论文质量的测评。⑥⑦所以,本研究中加入高质量国内期刊论文发表的指标,以大学国际国内期刊论文发表数量来测量大学科研生产力,其中国际期刊论文的数据来自"最好大学网"网站上 Scopus 数据库收录的中国大学 2015—2019 年论文发表数量;国内期刊论文的数据来自中国知网,包括大学 2015—2019 年发表中文社会科学引文索引(CSSCI)期刊、中文核心期刊和中国科学引文数据库(CSCD)期刊论文数量。

2. 解释变量

本研究将大学实施的"预聘—长聘"制度分为"非升即走"和"首聘期科研考核"两类。"预聘—长聘"制度最显著的特征是对新入职教师存在一定科研要求,大学网站上如出现"聘期内不能晋升即解聘"字眼,本研究都视为"非升即走";而仅写明首聘期目标任务,则可以视为"首聘期科研考核"。

---

① 盛艳燕.教师胜任力研究的取向与态势——基于核心期刊的文献计量分析[J].高教探索,2017(01):105—112.

② 康乐,陈晓宇.我国高校论文发表的变化趋势:全要素生产率的视角[J].北京大学教育评论,2018,16(01):115—137.

③ 徐娟.我国高校的科研竞争力——基于 InCites 数据库的比较分析[J].复旦教育论坛,2016,14(02):37—43.

④ 鲍威,陈杰,万蜓婷.我国"985 工程"的运行机制与投入成效分析:基于国际比较与实证研究的视角[J].复旦教育论坛,2016,14(03):11—18.

⑤ 盛丽娜,顾欢,付中静,郑成铭,刘雪立.我国 985 高校社会科学研究国际化现状分析——基于 SSCI 数据库:2003—2012 年[J].科技管理研究,2015,35(23):96—101.

⑥ 刘威.高校院系科研绩效综合评价与优化研究[D].华北电力大学,2015.

⑦ Shin J. & Harman, G. (2009). New challenges for higher education: Global and Asia Pacific perspectives. *Asia Pacific Education Review*,(10),1-13.

### 3.控制变量

除了重点考察的"预聘—长聘"制度之外,大学排名、在校师生数和科研经费也会对大学国际国内期刊论文发表数量产生影响,具体变量设置见表5-5。

**表5-5　计量模型中的变量说明**

| 变量类型 | 变量名称 | 变量含义 |
|---|---|---|
| 被解释变量 | INpaper | 国际期刊论文发表数量 |
| | CSSCIpaper | 中文社会科学引文索引(CSSCI)论文发表数量 |
| | COREpaper | 中文核心期刊论文发表数量 |
| | CSCDpaper | "中国科学引文数据库(CSCD)来源期刊"论文发表数量 |
| 解释变量 | up-out | "非升即走"制度(实施=1,未实施=0) |
| | research-assess | "首聘期科研考核"制度(实施=1,未实施=0) |
| 控制变量 | rank | 大学排名,选取前一年大学排名作为控制变量 |
| | tsnum | 在校教师人数乘以2.5与研究生人数相加 |
| | funds | 大学前一年投入的科研经费 |

注:大学排名、在校师生数和科研经费数据来自历年《高等学校科技统计资料汇编》。

## 二、实证结果与分析

### (一)"非升即走"制度影响效果分析

对于2016年以后实施"非升即走"制度的大学。表5-6的结果显示,"非升即走"制度对大学国际期刊论文发表数量具有明显的提升作用。从动态效应来看,"非升即走"制度对大学国际论文表现的提升随着大学实行该项制度的时长日趋显著,越早实行该项制度的大学国际论文数量提升越快。但是对学术影响力较大的国内期刊论文发表数量却有着负向影响作用,但遗憾的是CSSCI期刊和中文核心期刊的论文发表数量都没有通过统计检验。因此,实施"非升即走"制度仅使大学CSCD期刊的论文发表数量有所减少。从动态效应来看,对CSCD期刊论文发表负向效应随着时间的增加,效应更加明显。

就控制变量方面来讲,首先,排名对大学国际国内期刊论文发表数量有显著影响,排名越靠前的大学,国际国内期刊论文发表数量明显高于排名靠后的学校。其次,在校师生人数越多的大学,发表国际国内期刊论文

表 5-6 "非升即走"制度对大学国际国内期刊论文发表的影响效果及动态效应

| | IN paper | IN paper | CSSCI paper | CSSCI paper | CORE paper | CORE paper | CSCD paper | CSCD paper |
|---|---|---|---|---|---|---|---|---|
| up-out | 296.5** (252.1) | | −3.104 (15.31) | | −27.26 (22.7) | | −25.34** (15.22) | |
| 实施第一年 | | 419.0*** (258.9) | | −14.7 (10.88) | | −26.5 (30.4) | | −12.29*** (20.39) |
| 实施第二年 | | 754.9*** (259.9) | | −11.0 (10.88) | | −43.2 (30.4) | | −19.64*** (20.39) |
| 实施第三年 | | 991.3*** (260.6) | | −15.9 (10.88) | | −48.31 (30.4) | | −34.47*** (20.39) |
| 实施第四年 | | 1 554.2*** (265.3) | | −13.1 (10.88) | | −84.19 (30.4) | | −65.70*** (20.41) |
| rank | −17.2*** (2.52) | −17.1*** (1.59) | −0.65*** (0.202) | −0.71*** (0.201) | −2.57*** (0.47) | −2.57*** (0.468) | −1.50*** (0.35) | −1.57*** (0.36) |
| tsnum | 1.237*** (1.016) | 1.017*** (1.009) | 0.158*** (0.031) | 0.150*** (0.031) | 0.595*** (0.054) | 0.595*** (0.54) | 0.286*** (0.045) | 0.277*** (0.043) |
| funds | 156.4*** (15.5) | 153.7*** (14.9) | −0.762 (0.972) | −0.739 (0.973) | 0.345 (2.55) | 0.345 (2.55) | −1.858 (1.85) | −1.586 (1.88) |
| cons | 2 739.7*** (460.3) | 5 144.7*** (276.3) | 73.6*** (64.7) | 87.8*** (63.6) | 295.9*** (119.5) | 1 000.5*** (49.2) | 256.1*** (97.2) | 276.5*** (94.4) |
| 个体效应 | 控制 | 控制 | 控制 | 控制 | 控制 | 控制 | 控制 | 控制 |
| 时间效应 | 控制 | 控制 | 控制 | 控制 | 控制 | 控制 | 控制 | 控制 |
| $N$ | 653 | 649 | 694 | 709 | 694 | 709 | 694 | 694 |
| $R^2$ | 0.810 | 0.569 | 0.531 | 0.800 | 0.169 | 0.184 | 0.295 | 0.292 |

注:(1) 括号中的数字为标准误。 (2) * $p<0.05$, ** $p<0.01$, *** $p<0.001$。

的数量也越多,一方面,现在高校教师一般都有科研任务考核要求,尤其新入职教师肩负聘任压力,势必会努力发表文章,所以大学总体发表文章的数量会呈现提升趋势,教师人数众多的大学表现更加明显;另一方面,高校对在校研究生的毕业要求中一般有论文发表的硬性规定,每位研究生在校期间必须完成期刊发表任务,而一些相对优秀或者力求在职场中有竞争力的研究生,会通过发表大量文章来增加自己的求职就业实力,也致力于发表国际国内期刊论文。①最后,科研经费对中国大学国际期刊论文发表有显著的正向影响,科研经费越充足的大学,发表国际期刊论文数量越多。但是科研经费对国内期刊却没有显著影响,也就是说,科研经费数额与三种主要国内期刊的论文发表数量没有直接关系。这与目前许多国际期刊高额的版面费相关,没有充足的科研经费是无法成功发表国际期刊的。②而国内核心期刊,尤其是影响因子高、业界公认的优秀期刊,在文章录用方面一般采取三审匿名审稿制,以文章质量为重,并不收取审稿费和版面费。

(二)"首聘期科研考核"制度影响效果分析

"首聘期科研考核"制度对大学国际期刊论文发表数量的作用是负向的,实施了"首聘期科研考核"制度的大学,国际期刊论文发表数量不增反减,并且"首聘期科研考核"制度对国际期刊论文发表数量负向影响随着时间变化越来越明显。"首聘期科研考核"制度的实施不仅没有促进大学国际论文表现进步反而使其退步,这是一个值得关注的问题,也为那些还未实施"预聘—长聘"制度的大学提供了重要借鉴。"首聘期科研考核"制度对中国大学三种主要国内期刊发表情况的影响相对复杂,从数据计算结果来看,对大学CSSCI期刊和北大核心期刊的发表数量没有通过统计检验。结合前文,无论是"非升即走"制度还是"首聘期科研考核"制度对CSSCI期刊和北大核心期刊论文发表都没有显著的影响效应,即实施了"预聘—长聘"制度的大学,对这两种国内期刊发表数量没有影响。"首聘期科研考核"制度对CSCD期刊论文发表数量起到了正向促进作用,这一结果可能是由于CSCD期刊的认可度低于CSSCI期刊、北大核心期刊和国际期刊,这就给需要完成首聘期考核任务的教师留出了学术产出空间,因此实施"首聘期科研考核"制度的大学在CSCD期刊论文发表方面有一定增长。表5-7中控制变量的影响作用与表5-6中控制变量的影响作用一致,在此不赘述。

① 叶继红.高校研究生论文发表状况、存在问题与应对策略——兼论研究生论文发表规定[J].研究生教育研究,2015(03):44—49.
② 由由,吴红斌,闵维方.高校经费水平、结构与科研产出——基于美国20所世界一流大学数据的分析[J].高等教育研究,2016,37(04):31—40.

表5-7 "首聘期科研考核"制度对大学国际国内期刊论文发表的影响效果及动态效应

| | IN paper | IN paper | CSSCI paper | CSSCI paper | CORE paper | CORE paper | CSCD paper | CSCD paper |
|---|---|---|---|---|---|---|---|---|
| research-assess | −233.5** (265.7) | | −12.2 (15.7) | | −16.9 (43.1) | | 26.8* (31.1) | |
| 实施第一年 | | −255.0*** (235.7) | | −9.272 (9.02) | | 19.57 (25.4) | | 13.42* (17.13) |
| 实施第二年 | | −335.7** (233.9) | | −3.913 (9.02) | | 12.09 (25.4) | | 24.42* (17.13) |
| 实施第三年 | | −475.1** (233.2) | | −6.94 (9.02) | | 37.5 (25.4) | | 40.14* (17.14) |
| 实施第四年 | | −646.6*** (240.5) | | −6.49 (9.03) | | 25.2 (25.4) | | 39.88* (17.16) |
| rank | −17.6*** (2.52) | −18.9*** (2.52) | −0.63*** (0.197) | −0.72*** (0.19) | −2.53 (2.52) | −2.69*** (0.46) | −1.47*** (0.35) | −1.53* (0.35) |
| tsnum | 1.35*** (1.037) | 1.05*** (1.007) | 0.159*** (0.032) | 0.15*** (0.031) | 0.59*** (0.05) | 0.57*** (0.05) | 0.29*** (0.04) | 0.27*** (0.044) |
| funds | 155.2*** (15.4) | 149.2*** (14.7) | −0.76 (0.94) | −0.92 (0.93) | 0.307 (2.53) | 0.55 (2.54) | −1.83 (1.84) | −1.52 (1.84) |
| cons | 2 752.9*** (462.7) | 5 292.6*** (281.4) | 69.3*** (66.1) | 90.9*** (64.0) | 289.4*** (119.1) | 336.5*** (117.3) | 253.7*** (97.1) | 273.1*** (94.3) |
| 个体效应 | 控制 | 控制 | 控制 | 控制 | 控制 | 控制 | 控制 | 控制 |
| 时间效应 | 控制 | 控制 | 控制 | 控制 | 控制 | 控制 | 控制 | 控制 |
| N | 533 | 649 | 694 | 694 | 694 | 649 | 694 | 694 |
| $R^2$ | 0.80 | 0.542 | 0.102 | 0.126 | 0.258 | 0.255 | 0.303 | 0.317 |

注:(1) 括号中的数字为标准误。(2) * $p<0.05$, ** $p<0.01$, *** $p<0.001$。

结合前文来看,无论是实施"非升即走"制度还是"首聘期科研考核"制度对大学国内 CSSCI 期刊和中文核心期刊发表数量都没有影响。笔者认为,"预聘—长聘"制度下,教师留任条件与论文发表数量与等级密切相关,教师的论文发表需求迅速增加,而国内期刊数量却没有显著增长,导致在论文期刊资源有限情况下的激烈争夺。在现有科研评价体制下,国内期刊一般在等级上低于国际期刊,[①]使得许多教师将论文转投国际期刊。

综合表 5-6 和表 5-7 的结果来看,"首聘期科研考核"制度的激励效果明显低于"非升即走"制度。"首聘期科研考核"制度是中国大学实施"预聘—长聘"制度的本土化模式,也是一种创新。但是这个制度在实施过程中激励效果不佳,这给已经实施的或即将实施"首聘期科研考核"制度的大学一个警示。"首聘期科研考核"与"非升即走"两项制度的主要差异在于是否需要完成职称晋升,前者不需要完成职称晋升,后者则需要在首聘期内完成职称晋升。如果"首聘期科研考核"制度的科研要求低于大学自己设置的评职要求,那么对于那些希望评职的新入职教师来说是没有任何影响的,即使没有"首聘期科研考核"制度,这部分教师也会将全部精力投入于科研产出。

# 三、稳健性检验

本研究采用了多期双重差分法来评估"预聘—长聘"制度对大学国际国内论文发表数量的影响,双重差分方法有效的一个前提条件是,如果不存在"预聘—长聘"制度的外部冲击,处理组和对照组的大学国际国内期刊论文发表数量的趋势是平行的。为此,我们需要首先进行一系列检验。

(一)趋同性和随机性检验

根据以往文献中的标准做法,画出了处理组与对照组之间的对比图,来说明制度变革前后的变化。图 5-5 描绘了实施"预聘—长聘"与未实施"预聘—长聘"大学在国际期刊论文发表数量的差异。图 5-6 描绘了实施"预聘—长聘"与未实施"预聘—长聘"大学在 CSCD 期刊论文发表数量的差异。从两个图示可以看出:第一,就各个指标来看,实施"预聘—长聘"的大学与未实行"预聘—长聘"的大学在制度实施之前的论文发表情况基本

---

① 闫建璋,李林容.高校教师学术论文发表的学校限制性[J].黑龙江高教研究,2015(03):5—7.

平行;第二,针对国际期刊论文发表数量,大学在实施"预聘—长聘"制度后增幅明显变大,CSCD 期刊论文发表数量明显减少,实行"预聘—长聘"制度的大学与未实行"预聘—长聘"制度的大学在各类指标方面都表现出显著差异。未实行"预聘—长聘"制度的大学的国际期刊论文发表数量也是平稳上升的,CSCD 期刊论文发表数量也是呈下降趋势。由此可见,"预聘—长聘"制度对大学的国际期刊和 CSCD 期刊论文发表数量是起作用的。

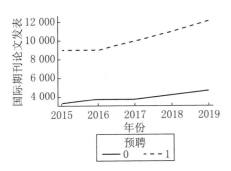
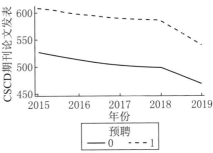

图 5-5 中国 148 所大学国际期刊
论文发表数量趋势图

图 5-6 中国 148 所大学 CSCD 期刊
论文发表数量趋势图

(二)反事实法检验

为了验证平行趋势假设条件是否成立,我们采用反事实法来检验上述假设。具体来讲,就是通过构造假想的处理组和对照组,重新估计回归方程来判断前文结果的稳健性,如果在假想的情况下,处理组与"预聘—长聘"制度的交互变量的估计系数是不显著的,则表明在所有大学没有实施"预聘—长聘"制度时,处理组和对照组大学国际国内期刊论文发表数量的变动并不存在系统性差异,也间接验证了实施"预聘—长聘"制度对大学国际国内期刊论文发表数量的稳健性。因此,我们通过构建反事实的方法来进行稳健性检验。

教育部直属大学是我国高等教育领域的学术重镇,引领着我国大学科学研究的方向。①鉴于教育部直属大学更重视科研产出,更有可能实施"预聘—长聘"制度。因此,我们通过是否为教育部直属学校来构建反事实检验。我们以大学是否为教育部直属学校为标准,构造了假想的处理组和对照组,如果大学是教育部直属学校,则为处理组=1,反之则为对照组=0,

---

① 郭建如.高等教育管理研究与学科发展四十年:回顾与展望[J].高校教育管理,2019(01):1—10.

分别对"非升即走"制度和"首聘期科研考核"制度进行检验,如果交互项并不显著,则从一个侧面支撑了本研究的逻辑。

表5-8罗列了假想"教育部直属"学校均实施了"预聘—长聘"制度的检验结果。可以发现,结果均显示交互变量对影响因子的估计系数不显著。这表明除去大学实施"预聘—长聘"制度的差异,处理组的大学和对照组的大学国际国内期刊论文发表数量的变动趋势并不存在系统性的差异,这证明我们之前的估计是比较稳健的。

表5-8 "预聘—长聘"制度对大学国际国内期刊论文发表的影响:反事实检验

| | "非升即走"制度 | | "首聘期科研考核"制度 | |
| --- | --- | --- | --- | --- |
| | IN paper | CSCD paper | IN paper | CSCD paper |
| 处理组 | 739.1** | 24.79 | 378.6 | 9.57 |
| | (340.1) | (29.4) | (342.1) | (29.04) |
| "tenure" | 1 258.3*** | −14.01*** | −497.9** | 14.48** |
| | (277.3) | (21.40) | (161.5) | (12.19) |
| 处理组 * "tenure" | −620.2 | −19.83 | 1 131.6 | 79.61 |
| | (363.5) | (28.36) | (408.7) | (32.15) |
| 控制变量 | 控制 | 控制 | 控制 | 控制 |
| 个体效应 | 控制 | 控制 | 控制 | 控制 |
| 时间效应 | 控制 | 控制 | 控制 | 控制 |
| cons | 3 035.7*** | 557.94*** | 3 113.6*** | 561.65*** |
| | (285.9) | (34.42) | (308.3) | (35.57) |
| $N$ | 651 | 694 | 651 | 694 |
| $R^2$ | 0.532 | 0.132 | 0.535 | 0.143 |

注:(1) 括号中的数字为标准误。(2) * $p < 0.05$, ** $p < 0.01$, *** $p < 0.001$。(3) 囿于篇幅,控制变量不列入文中。

## 四、"预聘—长聘"制度对大学学术的影响:异质性检验

前文实证研究结果显示,"预聘—长聘"制度对大学国际国内期刊发表数量有显著影响。在此背景下,不同类型大学受到"预聘—长聘"制度的作用力度可能存在差异。因而,如果本研究关于大学科研产出提升这一实证结果是由"预聘—长聘"制度导致,那么,也应该观察到这一效应在不同维度表现出异质性。基于此,为了进一步探究"预聘—长聘"制度影响大学科

研产出的运作机理,本研究分别从大学等级和大学类别视角切入,运用分组回归方法考察"预聘—长聘"制度影响大学科研生产力的横截面差异。

（一）基于大学等级的检验

表5-9报告了"非升即走"制度对不同等级大学的科研产出影响,这种影响作用较为复杂。对国际期刊论文发表数量的结果来看,"非升即走"制度对"双一流"高校的影响作用系数大于非"双一流"高校。这说明"非升即走"制度对"双一流"高校的国际期刊论文发表数量增加作用更为显著。从动态效应来看,"非升即走"制度实施时间越长,对"双一流"大学国际期刊论文发表数量的增加作用也会逐渐加强。对CSCD期刊发表数量的结果来看,"双一流"高校和非"双一流"高校在实施"非升即走"制度后都在减少,CSCD期刊论文发表数量却没有"双一流"学校减少的多。

表5-9报告了"首聘期科研考核"制度对不同等级大学国际国内期刊的影响。针对国际期刊论文发表,"首聘期科研考核"制度对"双一流"高校的负向影响作用系数大于非"双一流"高校。这说明"首聘期科研考核"制度对"双一流"高校的国际期刊论文数量减少得更多。从动态效应来看,"首聘期科研考核"制度实施时间越长,对"双一流"大学国际期刊论文发表数量的减少作用也在不断加剧。针对CSCD期刊论文发表,实施了"首聘期科研考核"后,"双一流"高校和非"双一流"高校发表CSCD期刊的论文数量都在增多,影响系数相差无几。

在异质性验证中,我们区分"双一流高校"后,通过数据证明"非升即走"制度对国际期刊论文发表数量具有提升作用,并且双一流高校国际期刊论文发表数量的提升要高于非"双一流"高校。所以,我们可以断定国际期刊论文发表数量是受到大学等级的影响,等级越高的学校,或者说排名靠前的学校越会对其他学校构成挤占效应,本研究将其称为"名校挤压"效应。在中国大学中推行"预聘—长聘"制度就赋予了顶尖高校优势地位。目前博士毕业生数量逐年递增,①博士毕业生就业时扎堆少数名牌大学,不愿意考虑较低等级高校,一方面导致名校的学术职位竞争日趋残酷,另一方面使得名牌大学在用人方面拥有绝对的主导权,名校可以不断提升新入职教师的留任标准,最大程度获取新入职教师(包括可以留任的教师和众多不能留任的教师)的科研产出。与少数名校的人才火热场景相反,较低等级高校则面临着优秀人才难觅,提升科研产出举步维艰的境地。

① 徐志平.中国高校学术劳动力市场的供求结构研究[D].华中科技大学,2019.

**表 5-9　"预聘—长聘"制度影响效应及动态效应异质性分析**

| | "非升即走"制度 | | | | "首聘期科研考核"制度 | | | |
| --- | --- | --- | --- | --- | --- | --- | --- | --- |
| | "双一流"高校 | | 非"双一流"高校 | | "双一流"高校 | | 非"双一流"高校 | |
| | INpaper | CSCDpaper | INpaper | CSCDpaper | INpaper | CSCDpaper | INpaper | CSCDpaper |
| tenure | 1 053.5*** | −23.72** | 945.1*** | −25.52** | −1 194.1*** | 24.74** | −331.4 | 23.2** |
| | (341.7) | (15.3) | (193.8) | (15.17) | (341.7) | (15.3) | (193.8) | (11.51) |
| tenure | 972.2** | −13.45 | 260.6*** | −12.28 | −824.9*** | 13.71* | −369.1*** | 13.00* |
| | (261.5) | (20.0) | (244.5) | (20.3) | (360.1) | (17.2) | (226.2) | (16.8) |
| 实施第一年 | 2 030.0*** | −18.64 | 673.9*** | −19.8 | −1 253.0*** | 24.34 | −508.3*** | 24.5* |
| | (262.2) | (20.0) | (244.4) | (20.3) | (357.8) | (17.2) | (224.7) | (16.8) |
| 实施第二年 | 2 960.5*** | −39.8** | 952.2*** | −34.5** | −1 563.7*** | 41.33** | −592.7*** | 39.5* |
| | (261.2) | (20.0) | (244.3) | (20.3) | (357.5) | (17.2) | (224.7) | (16.8) |
| 实施第三年 | 4 239.7*** | −72.8*** | 1 281.2*** | −66.0*** | −2 012.9*** | 41.7*** | −589.8*** | 40.2*** |
| | (263.6) | (20.0) | (250.3) | (20.3) | (358.3) | (17.2) | (225.4) | (16.8) |
| 实施第四年 | | | | | | | | |
| 控制变量 | 控制 | 控制 | 控制 | 控制 | 控制 | 控制 | 控制 | 控制 |
| cons | 5 700.1*** | 565.6*** | 3 163.4*** | 559.1*** | 5 477.5*** | 565.8*** | 3 114.4*** | 559.4*** |
| | (503.7) | (34.1) | (267.2) | (34.2) | (583.9) | (35.1) | (277.3) | (35.1) |
| 个体效应 | 控制 | 控制 | 控制 | 控制 | 控制 | 控制 | 控制 | 控制 |
| 时间效应 | 控制 | 控制 | 控制 | 控制 | 控制 | 控制 | 控制 | 控制 |
| $N$ | 894 | 714 | 713 | 649 | 894 | 714 | 713 | 714 |
| $R^2$ | 0.645 | 0.159 | 0.536 | 0.542 | 0.509 | 0.146 | 0.520 | 0.140 |

注：（1）括号中的数字为标准误。（2）* $p<0.05$，** $p<0.01$，*** $p<0.001$。（3）囿于篇幅，控制变量不列入文中。

（二）基于大学类别的异质性检验

**表 5-10 "非升即走"制度影响效应异质性分析(综合类/理工类/师范类大学)①**

| | 综合类 | | 理工类 | | 师范类 | |
|---|---|---|---|---|---|---|
| | INpaper | CSCDpaper | INpaper | CSCDpaper | INpaper | CSCDpaper |
| up-out | 1 013.5*** | −25.34* | 1 258.3*** | −23.7** | 446.7* | −25.3* |
| | (365.5) | (15.2) | (293.5) | (15.3) | (256.3) | (15.2) |
| tenure 实施第一年 | 1 079.9*** | −8.9 | 419.4*** | −9.93* | 412.6** | −12.3 |
| | (299.1) | (21.91) | (246.9) | (21.5) | (242.6) | (20.4) |
| tenure 实施第二年 | 2 166.9*** | −18.52 | 932.4*** | −17.6 | 724.6** | −19.6 |
| | (298.9) | (22.0) | (250.5) | (21.6) | (244.1) | (20.4) |
| tenure 实施第三年 | 3 145.3*** | −34.1 | 1 586.8*** | −39.6** | 965.2** | −34.5* |
| | (298.7) | (22.1) | (250.6) | (21.7) | (244.7) | (20.4) |
| tenure 实施第四年 | 4 420.9*** | −67.1** | 2 674.7*** | −74.4** | 1 509.5*** | −65.7** |
| | (301.1) | (22.4) | (254.5) | (22.1) | (248.7) | (20.4) |
| 控制变量 | 控制 | 控制 | 控制 | 控制 | 控制 | 控制 |
| cons | 4 960.3*** | 592.3*** | 6 164.8*** | 596.8*** | 2 677.5*** | 561.8*** |
| | (511.4) | (34.6) | (382.2) | (34.5) | (490.8) | (34.3) |
| 个体效应 | 控制 | 控制 | 控制 | 控制 | 控制 | 控制 |
| 时间效应 | 控制 | 控制 | 控制 | 控制 | 控制 | 控制 |
| $N$ | 776 | 694 | 742 | 654 | 694 | 709 |
| $R^2$ | 0.613 | 0.295 | 0.823 | 0.283 | 0.768 | 0.295 |

注:(1) 括号中的数字为标准误。(2) * $p<0.05$，** $p<0.01$，*** $p<0.001$。(3) 囿于篇幅,控制变量不列入文中。

表 5-10 报告了"非升即走"制度对不同类别大学的国际期刊论文和 CSCD 期刊论文发表数量的影响。"非升即走"制度对不同类别大学都有显著影响,并且影响作用随着时间推移越来越大,但是对不同类别大学之间的影响作用有所差异。从国际期刊论文发表数量结果看,"非升即走"制度对综合类大学影响最大、理工类次之、师范类最小;从 CSCD 期刊论文发表数量结果看,"非升即走"制度对三类大学影响效应相差不多。

表 5-11 报告了"首聘期科研考核"制度对不同类别大学的国际期刊论文和 CSCD 期刊论文发表数量的影响。"首聘期科研考核"制度对不同类别大学都有负向影响,并且负向影响作用随着时间推移越来越大,但是对不同类别大学之间的影响作用有所差异。从国际期刊论文发表情况看,

---

① 农林类、医药类、财经类等其他类别大学数量较少,无法满足模型对数据观测值的要求,故仅选取综合类大学、理工类大学和师范类大学三个类别大学作比较。

**表 5-11 "首聘期科研考核"制度影响效应异质性分析(综合类/理工类/师范类大学)**

| | 综合类 | | 理工类 | | 师范类 | |
|---|---|---|---|---|---|---|
| | INpaper | CSCDpaper | INpaper | CSCDpaper | INpaper | CSCDpaper |
| research-assess | −597.4 | 23.8** | −402.4*** | 27.8 | −437.4* | 26.8** |
| | (412.9) | (11.5) | (293.5) | (15.3) | (256.3) | (11.5) |
| tenure 实施第一年 | −461.7* | 24.3* | −529.3*** | 24.6* | −294.7** | 24.3* |
| | (388.8) | (19.7) | (290.1) | (19.8) | (216.2) | (19.7) |
| tenure 实施第二年 | −729.1** | 40.0** | −750.8** | 40.2** | −395.5** | 40.1** |
| | (386.7) | (19.5) | (287.9) | (19.6) | (214.8) | (19.5) |
| tenure 实施第三年 | −1 115.7*** | 54.5** | −921.4*** | 55.8** | −545.9** | 54.5** |
| | (385.1) | (19.5) | (287.8) | (19.6) | (214.2) | (19.4) |
| tenure 实施第四年 | −1 702.3*** | 59.3** | −1 155.7*** | 61.4** | −689.1*** | 59.3** |
| | (394.9) | (20.1) | (288.5) | (20.1) | (220.4) | (20.0) |
| 控制变量 | 控制 | 控制 | 控制 | 控制 | 控制 | 控制 |
| cons | 4 894.3*** | 253.7*** | 1 802.4*** | 254.1*** | 2 677.5*** | 253.7*** |
| | (607.8) | (97.1) | (601.5) | (97.1) | (493.4) | (97.3) |
| 个体效应 | 控制 | 控制 | 控制 | 控制 | 控制 | 控制 |
| 时间效应 | 控制 | 控制 | 控制 | 控制 | 控制 | 控制 |
| $N$ | 761 | 694 | 744 | 699 | 684 | 694 |
| $R^2$ | 0.87 | 0.303 | 0.51 | 0.321 | 0.768 | 0.303 |

注:(1) 括号中的数字为标准误。(2) $*\ p<0.05$, $**\ p<0.01$, $***\ p<0.001$。(3) 囿于篇幅,控制变量不列入文中。

"首聘期科研考核"制度对综合类大学影响最大、理工类次之、师范类最小;从 CSCD 期刊论文发表数量结果看,"首聘期科研考核"制度对三类大学影响效应相差不多。

# 五、结论与讨论

"预聘—长聘"制度在我国高校领域日益普及,本研究紧扣中国大学实行"预聘—长聘"制度的差异性特征,以 2016 年以后实施"预聘—长聘"制度的中国 148 所大学为样本,通过双重差分法对"预聘—长聘"制度的作用进行了系统评估,形成了以下主要结论:

1. "预聘—长聘"制度对大学科研生产力有所提升

相对于样本区间内的大学国际期刊论文发表数量平均值,"预聘—长聘"制度使得大学国际期刊论文发表数量提高了 26.55%,尤其实施了"非升即走"制度的大学更是提高了 103.02%。⑤动态估计显示,"预聘—长聘"制度的积极作用会随着执行时间延长日益凸显,这一结论在一系列稳健性检验后依然成立。由此可见,"非升即走"制度是推动中国大学学术不断进步的有效手段,实施了"非升即走"制度的大学在国际期刊发文量上的大幅增加有力支撑了这一结论。大学进步主要表现为学术进步,一所大学能否被社会认可,能否获得较高的社会声誉,根本上取决于大学所拥有的知名学者、所取得的学术成果,以及学术产出对社会发展产生的影响。①中国大学的整体实力与日俱增,中国诸多大学在 QS 世界大学排名中跃升显著,反映了中国高等教育的国际影响力不断增强,国际认可度不断提高,这些成就的取得离不开"预聘—长聘"制度的推动作用。

2. 国际化与本土化失衡现象严重

虽然实施"非升即走"制度使大学在国际期刊论文发表数量上大幅提升,但是对中文社会科学引文索引(CSSCI)期刊和北大中文核心期刊论文发表数量没有显著影响。从这一结果可以看出,中国大学的关注点更多集中于国际期刊论文的发表,对国内期刊的重视程度不够。目前中国大学在政策、绩效、晋升、奖励等方面都向国际期刊论文倾斜,②这导致中国学者高水平科研成果多数优先发表在国外期刊。③"预聘—长聘"制度,使得更多教师进入到竞争长聘岗位中,而国内大学对国际期刊论文的重视远高于国内期刊,教师的物质奖励和学术名誉获得中,国际期刊一般比国内期刊更具认可度。如有些大学将影响因子高于 0.5 以上的 SSCI 期刊与国内学科顶级期刊置于同等水平,实际上后者的发表难度远高于前者。教师们如果过于重视国际期刊论文发表而忽视国内期刊发表,则会陷入"学术自我殖民化"的困境。④刘娥(2018)认为以美国为主的发达国家的科技期刊具有更高的影响力与吸引力,这是导致科研成果外流的主要原因。⑤如果把国际期刊发表作为学术评价的主导性标尺,势必损害学术研究的本土化。中国的现代化之路,一直是在各个领域实现与西方发达国家的接轨,若干

---

① [美]伯顿·克拉克.高等教育系统学术组织的跨国研究[M].王承绪等译,杭州大学出版社,1994,112.

② 许心,蒋凯.高校教师视角下的人文社会科学国际发表及其激励制度[J].高等教育研究,2018,39(01):43—55.

③ 沈菲飞.政策导向对高校稿件外流的影响——基于 15 所高校的制度文本分析[J].中国科技期刊研究,2018,29(12):1192—1200.

④ 党生翠.美国标准能成为中国人文社科成果的最高评价标准吗?——以 SSCI 为例[J].社会科学论坛,2005(04):62—72.

⑤ 刘彩娥.把论文写在祖国大地上——国内科研论文外流现象分析[J].北京工业大学学报(社会科学版),2018,18(02):64—72.

年的奋力赶超,我国在诸多领域建立起了为世界认可的中国标准。实际上,中国近些年的科研生产力已取得了巨大发展,国内期刊的发文质量和标准一再提升,西方学术制定的评价体系理应变革。我国在评价学术生产力水平时,不宜延续明显带有"西方中心"思维的准则。

3．"首聘期科研考核"制度效果不佳

"预聘—长聘"制度是高校人事制度改革的一部分,是为提升学校科研实力采取的一项举措。中国大学在实施"预聘—长聘"制度时,并非完全沿袭国外的"非升即走"制度模式,而是进行了本土化创新,即规定了新入职的教师在预聘期内完成一定量的科研任务就可以留任,笔者称为"首聘期科研考核"制度。数据分析结果表明实施"首聘期科研考核"的大学,国际期刊论文发文数量出现锐减,这一定程度上说明"首聘期科研考核"制度的激励效果不佳。由于"首聘期科研考核"制度不涉及职称竞争,新入职教师只需完成学校设定的科研任务,对于那些评职热情不高的教师来说,只完成留任的科研任务即可。如果留任的科研任务要求低于评职要求,那么"首聘期科研考核"制度的激励效果肯定还不如学校原有的评职制度。同时,这项制度不涉及与同校其他教师的竞争,因此它无法有效提升其他教师的科研积极性,对其科研产出影响甚微,这就是"首聘期科研考核"制度难以有效提升学校整体科研产出的原因。

在建设世界一流大学和高水平大学的目标指引下,诸多大学已经选择或即将选择实施"预聘—长聘"制度,这些大学应该思考两个问题,一是该项制度是否具有普适性,二是制度的具体实施模式。就前者而言,虽然已经实施该项制度的部分高校取得了一定成效,但是这部分高校大多为"双一流"高校,这项制度是否可以推广到中国所有高校,还需要进一步考察。就后者而言,"非升即走"和"首聘期科研考核"两种制度模式的选择是一个需要慎重考虑的问题,即大学应该思考如何将这项制度的效果达到最优。大学在实施"预聘—长聘"制度时必须找到符合自身特色且行之有效的具体策略,这样才能有效推动科研生产力的不断进步。

# 第三节　本章小结

本章第一节首次采用全国148所大学2015—2019年的面板数据,利用科研规模、科研质量、顶尖成果和顶尖人才等四个指标,就"预聘—长聘"

制度对大学学术进步的影响进行系统评价。在区分两种"预聘—长聘"制度基础上,采用多期双重差分方法进行研究,结果显示,"非升即走"制度使得大学的科研规模、顶尖成果、顶尖人才显著提升,但是对科研质量没有影响。同时,"非升即走"制度对大学学术的提升作用具有动态效应,随着实施年份的增长,大学学术进步更加明显。"首聘期科研考核"制度对大学的科研规模有负向作用,对大学科研质量、顶尖成果和顶尖人才没有影响。

本章第二节基于全国 148 所大学 2015—2019 年国际国内期刊论文发表数量的面板数据,使用多期双重差分法,构建"准自然实验"研究,以实施"预聘—长聘"制度的大学为处理组,以未实施"预聘—长聘"制度的大学为对照组,检验评估两类"预聘—长聘"制度对大学国际国内期刊论文发表数量的影响效应。研究发现,2016—2018 年实施"预聘—长聘"制度的大学中,"非升即走"制度的实施大幅提升了大学的国际期刊论文发表数量,却导致中国科学引文数据库来源期刊论文发表量逐渐递减;"首聘期科研考核"制度的实施则降低了大学的国际期刊论文发表数量,仅使中国科学引文数据库来源期刊发表数量略有提升;"预聘—长聘"制度对大学中文社会科学引文索引(CSSCI)来源期刊和中文核心期刊发文数量没有产生显著影响。总体来看,"预聘—长聘"制度的实施在一定程度上提升了中国大学科研生产力,但"首聘期科研考核"制度的激励效果不佳。此外,中国大学在实施"预聘—长聘"制度过程中要注意科研产出的国际化与本土化的平衡。

# 第六章 "预聘—长聘"制度对教学
## 生产力的影响

本章主要探讨"预聘—长聘"制度对教学生产力的影响。本章主要分两节,第一节从教师个人层面探讨"预聘—长聘"制度对中国大学教师的教学生产力的影响。笔者选择一所地方高水平大学 D 全体 1 097 名具有博士学位的教师,区分"预聘期内"与非"预聘期内"的教师,对其 2017—2019 年三年教学业绩分与教学优秀评定情况进行了全面比较,考察了"预聘—长聘"制度与大学教师教学生产力的关系。第二节从组织层面上探讨"预聘—长聘"对大学教学质量的影响,使用中国校友会排行榜中大学教学质量数据,区分已经实施和尚未实施"预聘—长聘"制度,利用双重差分方法证实"预聘—长聘"制度对大学教学质量的影响。

## 第一节 "预聘—长聘"制度会降低大学
### 教师的教学生产力吗?

## 一、引 言

不断确保教学质量作为大学治理和质量管理的一部分,已经成为世界范围内高等教育的一个重要课题。[1]但目前各国大学"重科研轻教学"的现象十分严重,高校过于看重科研,倾向于以科研成果作为考量教师聘任和

---

① Brennan, J. & Shah, T. (2000). Managing Quality in Higher Education: An International Perspective on Institutional Assessment and Change. Buckingham: The Society for Research into Higher Education and Open University Press. p.159.

晋升的关键性指标。①②"科研为王"观念普遍存在于各类大学的管理者和教师思想中,而且这一教师评价制度直接影响到学校管理者及教师的行为。在大学教育中,科研和教学的矛盾冲突屡见不鲜,主要表现为相当一部分大学教师将主要时间和精力投入科研(因职称、课题经费等更具有"含金量"和"附加值"),对待教学则抱有应付或完成任务的消极态度。重科研轻教学的负面影响,一方面导致大学生对教师乃至大学本身产生了"失望危机"。另一方面,一些教学质量备受学生认可和称赞的大学教师,因未完成协议科研任务遭学校解聘或被调离教学岗位,造成教学效果每况愈下。"重科研、轻教学"几乎成为大学尤其是大学评价机制屡遭诟病的核心和焦点。③

不同时期,我国高等教育的工作重心虽有所不同,但教学质量问题一直是社会各界关注的焦点,提升教学水平是我国高等教育事业发展的永恒主题。尤其是我国近些年出台的"预聘—长聘"制度,使得我国大学面临"重科研轻教学"的质疑与批评。这些质疑与批评具体包括两方面,一是绝大多数大学追求科研绩效,将主要资源投放在科学研究建设上,在学术评价制度中对科研成果的物质奖励远大于对教学成果的认定;二是研究型大学的教师将主要的时间精力投入到科研上,忽视对教学的投入,④每周教学时间比非研究型大学教师少 4 小时。⑤当前,我国高校学术评价体系过于重视科研,导致教学疏离,形成"学术棘轮"。所谓学术棘轮,对于教师来说,意味着他们把越来越少的时间和精力用于教学和培养学生,把更多的时间和精力用于研究和专业服务。从纵向历史的角度来看,这一趋势日益明显。⑥很多研究者通过测量教师投入的科研、教学时间,提出了"柯罗诺斯之困",按照常规来看,确实是投入越多,产出越多。

① Clark, B. (1987). The academic life: Small worlds, different worlds. Princeton, NJ: Carnegie Foundation for the Advancement of Teaching.

② Dey, E.L., Milem, J.F., & Berger, J.B. (1997). Changing Patterns of Publication Productivity: Accumulative Advantage or Institutional Isomorphism? *Sociology of Education*. 70(4):308-323.

③ 王春雷,黄宇华.委托代理理论下的"重科研轻教学"现象研究[J].教育与教学研究,2017,31(10):15—18.

④ 郭卉,姚源.研究型大学教师教学和科研工作关系十年变迁——基于 CAP 和 APIKS 调查[J].中国高教研究,2020,(02):77—84.

⑤ 杜嫱.研究型大学教师的教学现状与困境分析[J].教师教育研究,2020,32(03):81—89.

⑥ 陈晨.大学教师"教学与科研"活动的行动逻辑——差异化的选择策略[J].现代大学教育,2020,(01):26—34.

国外关于"预聘—长聘"制度对教学质量的影响一直没有得出统一的答案,一种观点认为预聘期会对教师的教学质量有负面影响。预聘期内的教师为学生提供了较差的课程体验,[①②]因为他们不太可能使用熟练的教学技巧,也不太可能花更多的时间准备课程。[③④⑤]这项研究使用了远端测量(如调查或机构数据),这可能会忽略不同课程水平的差异。而且国外终身教职教师比例不断下降,非终身教职教师比例逐年上升,使人们更加担心高等教育中终身教职教师的减少会对学生的课程体验产生负面影响。[⑥⑦⑧]另一种观点则认为预聘期对于教师的教学质量不会有负面影响。反而那些已经取得长聘资格的教师为学生提供了较差的课程体验。以课程成绩为测量教学质量标准,发现取得终身教职资格教师教授的课程成绩较低。[⑨]耶格尔和伊根(Jaeger and Eagan,2011)发现,当大学为所有教师提供支持和培训时,非终身职位教师和学生选课保留率之间存在正相关关系。[⑩]然而,对于学生成绩等指标,尚不清楚成绩较低是由于教学质量较差还是终身教职教师的评分标准较高。这些发现表明,得到良好支持的非终身制教师也可能对学生产生积极影响。许多学者解读了教师类别对学生课程体验的影响,但并没有形成共识;这种不一致可能是由于关于教学质量的测量方式不同。[⑪]

中国高校聘任制改革中,市场的介入、效率取向的薪酬激励制度和考核评价制度,使得大学教师们的教学投入不足,教学能力有限,教学治理受

---

① ⑦　Kezar, A., & Sam, C. (2011). Understanding tenure track faculty: New assumptions and theories for conceptualizing behavior. *American Behavioral Scientist*, 55, 1419-1442.

②　Umbach, P. D. (2007). How effective are they? Exploring the impact of contingent faculty on undergraduate education. *Review of Higher Education*, 30, 91-123.

③　Benjamin, E. (2002). How over-reliance on contingent appointments diminishes faculty involvement in student learning. *Peer Review*, 5(1): 4-10.

④ ⑩　Jaeger, A.J., & Eagan, M.K. (2011). Examining retention and contingent faculty use in a state system of public higher education. *Educational Policy*, 25(3): 507-537.

⑤　O'Meara, K., Terosky, A. L., & Neumann, A. (2008). Faculty careers and work lives: A professional growth perspective. *ASHE Higher Education Report*, 34(3): 1-221.

⑥　Fruscione, J. (2014, July 25). When colleges rely on adjuncts, it's the students who lose. PBS News Hour. Retrieved from http://www.pbs.org/newshour/making-sense/when-a-college-contracts-adjunctivitis-its-the-students-who-lose/.

⑧　Umbach, P. D. (2007). How effective are they? Exploring the impact of contingent faculty on undergraduate education. *Review of Higher Education*, 30, 91-112.

⑨ ⑪　Figlio, D. N., Schapiro, M. O., & Soter, K. B. (2015). Are tenure track professors better teachers? *Review of Economics and Statistics*, 97, 715-724.

到严重的影响。①②部分大学教师对教学意义的理解也从传播知识转变为敷衍了事完成任务。③中国高校自2015年以来全面实施"预聘—长聘"制度,在实施过程中,借鉴了国外在实施终身教职过程中的经验教训,部分高校对新入职的教师进行考察时,没有教学任务规定,首聘期内教师可以专心开展科学研究,拿到长聘岗位后再致力于教学,这无疑保障了教学质量。许多高校对教学奖励也是逐年提高,对教学的重视程度不再是口头说说,2018年教育部破"五唯"政策的出台,2020年中共中央、国务院印发的《深化新时代教育评价改革总体方案》,更是从制度层面上保障本科教学质量。近年来,中国不断发布一系列政策文件,旨在提高本科教育和教学质量,进一步说明了对大学教学的重视。2007年教育部颁布《关于实施高等学校本科教学质量与教学改革工程的意见》,2017年党的十九大报告明确提出"实现高等教育内涵式发展"目标,2019年《中国教育现代化2035》报告进一步将"未来高等教育竞争力明显提升"纳入未来十五年的关键发展目标。这意味着规模扩张阶段暂时告一段落,中国高等教育发展经历从外延拓展向内涵发展的范式转换,教学质量提升成为新时代高等教育发展的主旨。

但是至于"预聘—长聘"制度对教学生产力的影响,还需要进一步数据证明,笔者选择一所地方高校D全体1 181名教师,区分"预聘期内"与非"预聘期内"的教师,对其2017—2019年三年教学业绩分与教学优秀评定情况的全面比较,考察了"预聘—长聘"制度与大学教学生产力的关系。

## 二、文献综述与研究假设

### (一)学术锦标赛与科研生产力

高校聘任制改革的实施是源于新公共管理思想,新管理主义强调对组织成员的工作过程或是工作产出的直接控制,关注效率及效能,以最少投入得到最大的预期利润,契约合同、绩效工资、结果问责制、强调产出目标、限期合约、金钱诱惑以及自由空间的管理形态都是其主要的技术手段。大

---

① 刘献君,张俊超,吴洪富.大学教师对于教学与科研关系的认识和处理调查研究[J].高等工程教育研究,2010,(02):35—42.
② 徐继红,董玉琦.大学教师教学能力现状调查与分析[J].现代教育管理,2010,(05):76—79.
③ 林小英,宋鑫.促进大学教师的"卓越教学":从行为主义走向反思性认可[J].北京大学教育评论,2014,12(02):47—72.

学组织中整合新管理方法最具代表性的是,学术人员的录用和晋升制度过分强调标准化甚至量化的特点,工具的表现形式与合理性背离恶化,扭曲了学术竞争。[1]我国高校人事制度从传统的稳定的人事身份管理转变为高校聘用后的独立管理,从引入"非升即走"的教师流动机制,到推进"预聘—长聘"制度,追求学术成绩的有效性,已成为制度发展的重要推动力。由于资源分配权和员工编制的集中特点,我国大学对学术竞赛有着独特而强有力的激励机制。基于外部的激励机制深深地嵌入到教师职业纵向扩展的整个过程中。[2][3]因此,聘任制下的青年教师大多会努力开展科研,科研业绩会有所提升。

预聘期是高校考察和选拔优秀青年教师的重要时期,也是激励青年教师展示才华、证明自己的重要机会,也是"职业准入"问题。"预聘—长聘"制度的建立是为了建设一支高素质的教师队伍,增加我国大学的整体实力。这是一项通过试用期考核,通过评估期选拔合格的优秀讲师,提供长期的就业机会、丰富的教研资源、充分的经济安全和更大的学术自由。新教师能否进入长期就业体系,一般取决于研究成果的产出多少。大学教师能否晋升、获得终身教职以及获得多少薪酬待遇都是由其科研产出决定的。

聘期下的教师已经获得长聘资格,在聘期内科研产出激励逻辑是薪酬待遇激励、学术锦标赛制度激励和晋升欲望的激励。而在"预聘期"内的教师还没有获得长聘资格,这部分教师不仅要追求长聘资格,还要受到薪酬待遇、学术奖励的影响。虽然晋升、长聘和薪酬待遇都属于强激励方式,但晋升欲望与薪酬待遇相比,前者对学术产出的激励作用更大,因为晋升欲望是人们的内在动机,而薪酬待遇包括学术奖励是外在奖励,决定教师科研产出的是内在动机而不是外在动机。[4]所以在强激励的"预聘期"制度下的教师晋升欲望与需求要大于非"预聘期内"的教师,科研成果也会多于非"预聘期"。因此,笔者提出研究假设:

假设1:"预聘期"青年教师的科研生产力会高于非"预聘期"青年教师。

---

① Pollitt, C., & Dan, S. (2013). The Impact of the New Public Management in Europe: A Meta-Analysis. Brussels: European Commissions, COCOPS.

② 阎光才.学术等级系统与锦标赛制[J].北京大学教育评论,2012,10(03):8—23.

③ 陈先哲.学术锦标赛制:中国学术增长的动力机制与激励逻辑[J].高等教育研究,2017,38(09):30—36.

④ Tien, F. F. (2000). To what degree does the desire for promotion motivate faculty to perform research? Testing the Expectancy Theory. *Research in Higher Education*, 41(6), 723 - 752.

（二）多任务多委托锦标赛模型与教学生产力

多任务多委托锦标赛理论认为当代理人面临多个任务，代理人就有可能将全部精力都投入到业绩较容易被观察的任务上，而减少或完全放弃其他任务。这会导致激励扭曲的问题。扭转这种激励扭曲的办法是对于较容易观察业绩的任务也采用弱化的激励，代理人报酬与绩效之间的联系（更容易监控）被削弱，代理人可以在多个任务中更均匀地分配工作。[①]由于相对于教学，科研成果是相对容易考核的，因此如果给予科研成果以很高的奖励，就会使大学教师只重科研，而完全轻视教学。因此，对科研成果奖励的刻意淡化事实上是促使教师在科研和教学之间合理分配精力的一种策略。

但是高校教师聘任制中奖励模型侧重科研与学术产出，虽然大学都强调要重视本科教学，但大多数还没有对他们的任期和奖励制度做出真正的改变。[②]教学仍然是一种"地方性"现象，教师的名声很少会超出校园范围；优秀的教学很少带来学术界的认可，[③]更不能带来报酬上的奖励，只有那些教学非常优秀的教师能带来名声与经济回报。[④]

高校聘任制的实施会造成大学教学质量的显著下降，已经成为大多数学者的共识。但是"预聘—长聘"制度会更多地降低新入职教师教学生产力，因为中国高校实施"预聘—长聘"制度有两种模式，一种是与国外相一致的"非升即走"制度，即高校新入职教师不仅要完成一定量化的科研成果，还要与其他教师竞争有限的高一级别职称，在规定聘期内升到高一级别职称才可以留校。另一种是"首聘期科研考核"制度，这项制度在中国部分大学实施过程中进行了"本土化"的改良，即新入职教师在首个聘期内完成聘用合同中规定的研究成果，即可获得该校的长聘资格和相应科研奖励，但是两种"预聘—长聘"制度的长聘资格获取均与教学无关。[⑤]新入职教师或者说在预聘期内的教师，是以牺牲教学质量为代价，追求职业和个

① Holmstrom, B. & Milgrom, P. (1991). Multitask Principal-Agent Analyses: Incentive Contracts, Asset Ownership, and Job Design. *Journal of Law, Economics, and Organization*, 7, 24-52.

② Massy, W., Wilger, A., & Colbeck, C. (1994). Department cultures and teaching quality: Overcoming "hallowed" collegiality. *Change*, 26, 11-20.

③ Blackburn, R. T., & Lawrence, J. H. (1995). Faculty at Work: Motivation, Expectation, Satisfaction. Baltimore: Johns Hopkins University Press.

④ Fairweather, J.S. (1993). Faculty reward structures: toward institutional and professional Homogenization. *Research in Higher Education*, 34(5), 603-623.

⑤ 尹木子."预聘—长聘"制度会提升中国大学科研生产力吗？——基于多期双重差分法的政策评估[J].高教探索,2020,(06):18—27.

人科研产出和获得长聘留任资格,"学术棘轮"现象明显增多。①随着教师更加重视自由支配的时间,本科教学不再那么重要,即那些没有用于教学课程、批改论文或会见学生的时间,可以用于研究和学术、咨询和其他专业活动。尽管一直强调重视教学,但新教师更多的教学时间投入不会通过额外的工资或其他奖励来补偿,而缺乏科研和学术产出的新教师无法获得长聘教职。因此,本研究在此基础之上,提出研究假设:

假设2:"预聘期"青年教师的教学生产力会低于非"预聘期"青年教师。

# 三、研究设计

（一）数据

本章使用的数据来自一所地方高校 D(以下简称 D 高校)第三轮岗位聘任期全校所有教师的教学与科研业绩。D 高校自 2011 年 1 月 1 日正式实施聘任制改革,第一轮聘期是 2011 年 1 月 1 日至 2013 年 12 月 31 日,第二轮聘期是 2014 年 1 月 1 日至 2016 年 12 月 31 日,第三轮聘期是 2017年 1 月 1 日至 2019 年 12 月 31 日。D 高校专业技术级别二级至十二级专任教师总共有 1 390 人,但部分老师业绩没有公开,剔除职称为讲师以下教师,共有 1 097 名学历为博士的教师进入最终样本。

（二）变量

1. 因变量——高校教师学术生产力

（1）科研生产力

科研生产力指的是大学教师在科研活动中创造知识、从事科学研究(特别是基础研究),实现大学科研功能的能力。科研生产力是大学发挥知识创新作用的重要力量,在国家创新体系中有着举足轻重的地位。关于科研生产力的测量,现有研究集中于论文发表、著作出版、论文引用率、资助项目和获奖等,大部分研究是将这些变量作为分变量。本书提及的科研生产力使用 D 高校的科研业绩分数,已经涵盖了科研项目、论文、著作、获奖等内容,不同资助项目和不同期刊论文和著作有不同的分数标准。②

---

① 王占军,林燕芳.一流学科教师教学科研关系审视与教学学术机制建设[J].浙江师范大学学报(社会科学版),2019,44(03):107—112.

② 比如发表一篇《中国社会科学》的科研分数是 2 000 分,获得一个国家级科研项目是 2 000分。科研业绩分数即有三年总业绩分数,也包括 2017、2018、2019 年各年的科研业绩分数。

（2）教学生产力

以往关于教学生产力的测量偏重教学过程的测量，缺少教学成果的研究，更没有将两者统一测量。教学过程的测量通常使用学生评教，[①]但学生评教会受到一系列主客观因素影响，诸如学生本身的成熟度、性别、情绪、班级规模、授课时长和教师资格等，[②]并不是最理想的方式。教学不仅包括教师上课，学生评价、指导研究生数量，还有课程建设、教学比赛、教学成果奖、教学研究项目等多个教学内容。因此，本书将教学过程和教学成果共同纳入教学的测量考量。

1）教学业绩分

D高校的教学业绩分是教师专任从事本科专业教学方面相关的所有工作量，涵盖课堂教学课时工作量、教学建设与获奖工作量、科技创新与竞赛指导工作量以及其他教学相关工作量。[③]同时，笔者将数据区分为研究生教学业绩分数和本科生教学业绩分数。

2）教学业绩等级考核

笔者还考察2017、2018、2019年三年教学业绩是否为优秀等级作为教学生产力。D高校教学业绩每年度考核一次，教学业绩考核结果根据业绩排名，按一定比例分为优秀、良好、合格、基本合格和不合格五个等级，原则上优秀比例不得超过30%。每个专业学生评教分数最高的教师直接认定教学等级为优秀。

2. 自变量——不同聘任制

D高校正式实施"预聘—长聘"制度是在2016年，更确切地说是实施"首聘期科研考核"制度，新教师在三年的首聘期内，[④]除了完成日常基本教学任务之外，还需要在科研项目、论文著作等方面达到相应要求，逾期没有达成合同约定的新教师将不再被续聘，即只需与自己竞争。所以笔者选择2016年和2017年两年内入职的教师作为第三轮岗位聘任期内，同时在预聘期内为研究对象。这两年新入职的教师视为完成了第三轮首聘期科研考核，剔除期间已经离职的老师，共有121位青年教师。

---

① Stack，S. (2003). Research productivity and student evaluation of teaching in social science classes. *Research in Higher Education*，44，539-556.

② Brew，A.，& Boud，D. (1995). Teaching and research：Establishing the vital link with learning. *Higher Education*，29，261-273.

③ 如获得教育部产学研项目可获得500分教学业绩分；获得中国"互联网"大学生创新创业大赛国家级金奖、"挑战杯"全国大学生课外学术科技作品竞赛国家级特等奖可以获得2000教学业绩分。

④ 最初规定是三年，后来在实施过程中延长一年，2020年以后统一更改首聘期为四年。

3. 控制变量

根据以往研究经验,本研究选择性别、年龄、入职年限、毕业院校和专业为控制变量。

(1) 性别,女性通常被认为比男性科研生产力差,但是教学生产力强于男性。在有关生产率的研究中,人口状况是最常见的调查对象。

(2) 年龄与入职时间,既有研究发现科研生产高峰期约在 30 岁至 40 岁,这与大学教师在这个年龄阶段需要晋升职称有关,年龄对科研有负向影响,对教学是正向影响,[①]不同学科有不同影响,理工科经常将科研视为年轻人的游戏,而人文社科则是偏向于积累。教师的年龄与学术活动及其表现力之间并不存在确定的关联性,影响教师的学术职业发展的直接因素是学术职业生涯展开的轨迹的时间标尺而不是年龄。另外,笔者遴选的是 40 岁以下的青年教师,彼此年龄相差不大,最大的差距应该是入职时间。

(3) 专业学科分类,本书采用比彻(Becher, T.)的分类方法,将不同学科分为纯硬科学、纯软科学、应用硬科学和应用软科学四类。其中纯硬科学对应我国《学位授予和人才培养学科目录》中的理学,纯软科学对应其中的哲学、文学、历史学、艺术学,应用硬科学对应其中的工学、农学、医学,应用软科学对应其中的经济学、法学、管理学、教育学。[②]

学术学科可以分为高共识和低共识两组。[③]高度一致(即聚合)的学科包括自然科学,自然科学对应该研究什么、如何研究以及哪些发现符合学科规范有高度的一致意见。社会科学和人文科学是低共识的(即前瞻性的),因为实践者对什么是知识的看法不太一致。在以人文社会为代表的"软学科"领域,著作和国内期刊论文相对更多;而在以严谨准确的科学方法为特征的"硬学科"领域,在国际学术发表方面占有优势。为研究需要,笔者将专业分为人文社科、理工科和其他类(包括体育、音乐、外语)等。

(4) 毕业院校,本书还关注教师的教育背景,因为个人的教育背景不断影响他们的合作模式和他们的网络联系和社会资本的多样性。笔者将毕业院校分为四个类型,分别为"985 工程"高校(中国科学院和中国社会

---

① Smeby, J. C., & Try, S. (2005). Departmental contexts and faculty research activity in Norway. *Research in Higher Education*, 46, 593 - 619.

② 鲍威,杜嫱.冲突·独立·互补:研究型大学教师教学行为与科研表现间关系的实证研究[J].北京大学教育评论,2017, 15(04):107—125.

③ Biglan, A. (1973). Relationships between subject matter characteristics and the structure and output of university departments[J]. *Journal of Applied Psychology*, 57(3):204 - 213.

科学院两所顶级研究机构视为"985 工程"高校)、"211 工程"高校、境外高校和普通高校。

表 6-1 变量分布

| 变 量 | 观测值 | 平均值 | 标准差 | 最小值 | 最大值 |
|---|---|---|---|---|---|
| 教学业绩总分 | 1 089 | 505.505 | 299.118 | 1 | 1 029 |
| 研究生教学业绩分 | 1 089 | 164.495 | 182.858 | 1 | 554 |
| 本科生教学业绩分 | 1 088 | 339.368 | 259.814 | 0 | 4 699 |
| 2017 年教学评优 | 1 097 | 0.305 | 0.461 | 0 | 1 |
| 2018 年教学评优 | 1 097 | 0.305 | 0.461 | 0 | 1 |
| 2019 年教学评优 | 1 097 | 0.321 | 0.467 | 0 | 1 |
| 科研业绩总分 | 1 092 | 641.202 | 1 060.167 | 0 | 18 083 |
| 2017 年科研业绩分 | 1 092 | 197.711 | 404.13 | 0 | 8 335 |
| 2018 年科研业绩分 | 1 092 | 211.647 | 364.924 | 0 | 4 650 |
| 2019 年科研业绩分 | 1 092 | 229.092 | 402.111 | 0 | 5 307 |
| "预聘—长聘" | 1 096 | 0.121 | 0.327 | 0 | 1 |
| 性 别 | 1 094 | 0.66 | 0.473 | 0 | 1 |
| 年 龄 | 1 094 | 42.817 | 7.543 | 27 | 60 |
| 工作时间 | 1 097 | 14.83 | 9.432 | 2 | 39 |
| 职 称 | 1 097 | 2.037 | 0.753 | 1 | 3 |
| 学 科 | 1 092 | 0.472 | 0.499 | 0 | 1 |
| 毕业学校 | 1 083 | 1.901 | 1.012 | 1 | 4 |

（三）方法

由于聘期内/首聘期内的教学科研分数指标取值为非负整数,教学分数的范围集中在 0—1 000 分,科研分数集中在 0—10 000 分,这明显是双截尾数据,因而本研究不仅利用 OLS 模型估计基准模型,还采用负二项回归模型、Tobit 模型分别估计教学模型和科研模型。另外教学是否为优秀,是二分变量,会采用逻辑斯蒂回归模型方法,由于模型方法比较常见,在此不展开叙述。

# 四、结果分析

（一）变量的描述性分析

1. 科研生产力的比较分析

从科研生产力来看,首先,"预聘期"的青年教师的平均值要远远高于非"预聘期"的青年教师,这说明在"预聘期"的青年教师由于有科研考核的压力会把时间精力更偏重于科研,使得这部分青年教师的科研平均业绩会高于非预聘期的青年教师;其次,"预聘期"内的青年教师的科研最大分数是2 830分,远远低于非"预聘期"的青年教师的4 360分,并且"预聘期"内的青年教师科研分数的标准差也是低于非"预聘期"的青年教师,这说明部分非"预聘期"内优秀青年教师的科研业绩是非常突出的,但是彼此之间的科研业绩分数相差较大,不排除部分青年教师通过了首聘期科研考核后,会放松对自己的科研要求;最后从历年的科研业绩分数来看,"预聘期"内的青年教师的科研业绩分数逐渐递增,虽然入职第一年的平均科研业绩分数落后于非"预聘期"的青年教师,但是从第二年开始,"预聘期"内的青年教师的平均科研业绩分数就开始超过非"预聘期"内的教师,并在第三年的时候,无论是平均科研业绩分数还是科研业绩最高分数都高于非"预聘期"的教师。这说明,首聘期的科研考核制度会极大地调动新入职教师的科研积极性,激励他们开展科研。

表6-2 青年教师科研生产力的描述分析

| 科研生产力 | 预聘期 | | | 非预聘期 | | |
|---|---|---|---|---|---|---|
| | 平均值 | 标准差 | 最大值 | 平均值 | 标准差 | 最大值 |
| 科研业绩总分 | 656.20 | 579.45 | 2 830 | 556.76 | 625.73 | 4 360 |
| 2017年科研业绩分 | 109.96 | 172.25 | 719 | 174.97 | 236.17 | 1 767 |
| 2018年科研业绩分 | 230.91 | 232.90 | 1 196.5 | 181.82 | 218.28 | 1 491 |
| 2019年科研业绩分 | 316.35 | 288.26 | 1 633.32 | 189.07 | 235.56 | 1 428.84 |

2. 教学生产力的比较分析

从教学生产力来看,无论是2017—2019三年教学业绩总分、研究生教学业绩总分,还是本科教学业绩总分两个分项上,"预聘期"内青年教师的教学分数都低于非"预聘期"内的青年教师。这说明,"预聘期"内的青年教师刚刚入职对教学内容、方法、技能并不是很熟悉,教学业绩的落后是必然的。至于是不是受到追求科研业绩的影响,后文会继续讨论。从历年教学等级来看,虽然"预聘期"内教师的教学优秀率逐渐提升,从入职第一年开始仅有4.96%,第二年达到9.92%,第三年上升到23.14%,但是"预聘期"内教师的历年教学优秀率远远低于非"预聘期"教师,尤其是入职第一年(2017年)教学优秀率仅有4.96%,远远低于非"预聘期"教师的27.19%。这也说明,刚毕业的博士,教学取得优秀是十分不容易的,无论是授课、参加讲课比赛、指导学生参加比赛、教学研究都是缺乏相关经验,但是随着时间推移,积累了经验后,教学优秀率和教学业绩分数都会有所提升。

**表 6-3 青年教师教学生产力的描述分析**

| 教学生产力 | 预聘期 | | | 非预聘期 | | |
|---|---|---|---|---|---|---|
| | 平均值 | 标准差 | 最大值 | 平均值 | 标准差 | 最大值 |
| 教学业绩分 | 424.85 | 261.09 | 1 022 | 526.46 | 282.87 | 1 025 |
| 研究生教学 | 151.25 | 174.41 | 548 | 155.48 | 174.08 | 554 |
| 本科生教学 | 248.29 | 159.32 | 1 058 | 337.24 | 221.01 | 1 410.5 |
| 2017 年教学等级 | 优秀 | 6 | 4.96% | 优秀 | 87 | 27.19% |
| | 非优秀 | 115 | 95.04% | 非优秀 | 233 | 72.81% |
| 2018 年教学等级 | 优秀 | 12 | 9.92% | 优秀 | 98 | 30.63% |
| | 非优秀 | 109 | 90.08% | 非优秀 | 222 | 69.38% |
| 2019 年教学等级 | 优秀 | 28 | 23.14% | 优秀 | 113 | 35.31% |
| | 非优秀 | 93 | 76.86% | 非优秀 | 207 | 64.69% |

### 3. 控制变量的比较

首先从年龄上看,"预聘期"内的青年教师平均年龄是 31.95 岁,而非"预聘期"内的青年教师的平均年龄是 37.15 岁,"预聘期"内的青年教师整体要年轻 5 岁左右,虽然年龄差别不大,但是在入职时间上的差距较大,"预聘期"内选取的教师都是入职 2—3 年左右(截至 2019 年),而非"预聘期"的青年教师平均入职时间是 10.65 年,最短的时间是 4 年(2015 年入职),最长的时间达到 22 年(1997 年入职),这说明部分青年教师是本科毕业就入职该校,此后在职进修的博士学位;其次从性别上看,"预聘期"内的教师只有 33.88% 的女性教师,低于非"预聘期"的教师的女教师比重;从毕业院校来看,"985"和"211"学校比重相差不大,"预聘期"教师中毕业于普通高校的比重增加至 15.7%。从学科分类来看,"预聘期"内理工科所占比重稍高于非"预聘期"的教师。

**表 6-4 青年教师控制变量的描述性分析**

| | | 预聘期 | | 非预聘期 | |
|---|---|---|---|---|---|
| | | 平均值 | 标准差 | 平均值 | 标准差 |
| 年龄 | | 31.95 | 3.15 | 37.15 | 3.07 |
| 入职时间 | | 2.45 | 0.5 | 10.65 | 4.91 |
| 性别 | 男 | 80 | 66.12% | 178 | 55.63% |
| | 女 | 41 | 33.88% | 142 | 44.38% |
| 毕业学校 | 985 | 74 | 61.16% | 201 | 62.81% |
| | 211 | 20 | 16.53% | 47 | 14.69% |
| | 国外 | 8 | 6.61% | 54 | 16.88% |
| | 普通 | 19 | 15.70% | 18 | 5.63% |
| 专业学科分类 | 人文社科 | 46 | 38.02% | 153 | 47.81% |
| | 理工 | 75 | 61.98% | 167 | 52.19% |

（二）青年教师学术生产力的比较分析

1."预聘—长聘"制度对科研生产力的影响分析

从表 6-5 可以看出，"预聘—长聘"制度对新入职教师入职第一年（2017 年）科研业绩有负向作用，对第二年（2018 年）与第三年（2019 年）科研业绩有正向提升作用，并通过了统计检验；但是"预聘—长聘"制度对新入职教师的三年科研总分数虽然有提升作用却没有通过统计检验。这说明"预聘—长聘"制度对青年教师的科研生产力的影响作用是逐渐提升的，新入职的青年教师通常第一年会有各种培训课程，不会很快出产科研成果，到第三年，也就是首聘期科研任务考核的最后一年，科研成果会集中产出在这一年时间内。即使没有在"预聘期"内的青年教师，因为有晋升欲望和科研奖励制度的催化，同样也会出产科研成果。并结合前面的描述性分析，当青年教师通过了"首聘期科研考核"制度后，如果有晋升欲望和学术追求还是会依旧出产科研成果，并且因为入职时间相对较长，也进入了职业中期，在经验和能力上都有所提升，科研生产力会随之提升，数据结果部分证明假设 1。

加入控制变量后，"预聘—长聘"制度依旧对 2017 年科研业绩分数和 2019 年科研业绩分数有影响作用。首先，性别对科研业绩总分数和 2017 年科研业绩分数有显著影响，男性的科研业绩分数都比女性高，男性的科研生产力强于女性。其次，入职时间对科研生产力关系有显著影响，入职时间对科研业绩总分数，以及 2017、2018、2019 年科研业绩分数都有显著降低作用，入职时间每增加一个单位，科研业绩总分数和 2017、2018、2019 年科研业绩分数分别降低 38.03、12.30、12.77 和 13.38 分。从入职时间来看，因为数据中仅包括还未晋升教授的青年教师，极少数优秀教师会在 40 周岁前晋升教授，而 40 周岁、入职时间较长的青年教师还未晋升正高职称，很可能是因为科研业绩不达标，所以入职时间会对科研生产力产生负向影响作用。再次，专业学科对教学业绩分数有显著影响，理工科、音乐、美术、外语、体育等专业学科的老师的教学业绩总分数以及 2017 年、2018 年、2019 年科研业绩分数均显著高于人文社科专业老师的科研业绩分数。最后，毕业学校对青年教师科研生产力影响均没有通过统计检验，即青年教师博士毕业学校对科研生产力没有影响作用。囿于版面限制，下文将不再讨论控制变量。

2."预聘—长聘"制度对教学生产力的影响分析

从表 6-6 可以看出，"预聘—长聘"制度对青年教师教学业绩总分数和本科教学业绩分数有显著降低作用，分别降低 101.6 分和 88.99 分。"预聘期"内教师的教学业绩显著低于非"预聘期"的老师。加入控制变量后，"预

表 6-5 青年教师科研生产力的影响分析

| | A1 res_sorce | A2 res2017 | A3 res2018 | A4 res2019 | A5 res_sorce | A6 res2017 | A7 res2018 | A8 res2019 |
|---|---|---|---|---|---|---|---|---|
| tenure | 99.46 | −65.02*** | 49.08** | 127.3*** | 14.60 | −89.82*** | 16.98 | 91.65*** |
| | (65.47) | (23.54) | (23.73) | (26.80) | (78.65) | (29.23) | (29.80) | (33.30) |
| 性别 | | | | | 98.74* | 36.53* | 10.64 | 34.11 |
| | | | | | (53.94) | (20.05) | (20.44) | (22.84) |
| 入职时间 | | | | | −38.03*** | −12.30*** | −12.77*** | −13.38*** |
| | | | | | (6.456) | (2.399) | (2.446) | (2.733) |
| 职称 | | | | | 538.6*** | 179.8*** | 164.3*** | 186.0*** |
| | | | | | (59.60) | (22.15) | (22.58) | (25.23) |
| 学科 | | | | | −243.0*** | −65.22*** | −80.34*** | −117.3*** |
| | | | | | (52.25) | (19.42) | (19.80) | (22.12) |
| 211 | | | | | −45.00 | 2.645 | −24.16 | −8.679 |
| | | | | | (73.75) | (27.41) | (27.94) | (31.22) |
| 国外 | | | | | −110.8 | −30.27 | −36.15 | −30.74 |
| | | | | | (77.69) | (28.87) | (29.43) | (32.89) |
| 普通高校 | | | | | −61.58 | −8.463 | −38.35 | −4.339 |
| | | | | | (95.89) | (35.64) | (36.33) | (40.60) |
| Cons | 556.8*** | 175.0*** | 181.8*** | 189.1*** | 715.3*** | 209.7*** | 259.5*** | 259.2*** |
| | (34.29) | (12.33) | (12.43) | (14.04) | (88.23) | (32.79) | (33.43) | (37.35) |
| $N$ | 441 | 441 | 441 | 441 | 441 | 441 | 441 | 441 |
| $R^2$ | 0.005 | 0.017 | 0.010 | 0.049 | 0.257 | 0.216 | 0.192 | 0.240 |

聘—长聘"制度依旧显著降低大学教师的教学业绩总分和本科生教学业绩总分,数据结果证实了研究假设 2。

从控制变量来看,首先,性别对本科生教学业绩分数有显著影响,男性青年教师的本科生教学业绩分数都比女性高,这也说明,男性的教学生产力高于女性。其次,入职时间对教学生产力影响力有限,仅对本科教学业绩分数有显著提升作用,入职时间每增加一个单位,本科生教学业绩分数就增加 6.17 分。但是很遗憾,入职时间对教学业绩总分和研究生教学业绩分数都没有通过统计检验。再次,职称仅对青年教师的研究生教学业绩分数有显著影响,副教授与讲师相比,研究生教学业绩分数会有较大提升。然后,专业学科对教学业绩分数有显著影响,理工科、音乐、美术、外语、体育等专业学科的教师的教学业绩总分数、研究生教学分数和本科生教学分数均显著高于人文社科专业老师的教学业绩分数。最后,毕业学校对青年

表 6-6　青年教师教学生产力影响分析

| | (1)<br>A1<br>teac_<br>sorece | (2)<br>A2<br>master_<br>course | (3)<br>A3<br>ugrad_<br>course | (4)<br>A4<br>teac_<br>sorece | (5)<br>A5<br>master_<br>course | (6)<br>A6<br>ugrad_<br>course |
|---|---|---|---|---|---|---|
| tenure | −101.6*** | −4.227 | −88.99*** | −67.03* | 28.13 | −38.11** |
| | (29.57) | (18.59) | (21.98) | (40.60) | (25.32) | (28.54) |
| 性别 | | | | 20.57 | −19.85 | 33.04* |
| | | | | (27.85) | (17.37) | (19.58) |
| 入职时间 | | | | 5.398 | 1.351 | 6.170*** |
| | | | | (3.333) | (2.079) | (2.343) |
| 职称 | | | | 12.95 | 57.91*** | 26.27 |
| | | | | (30.77) | (19.19) | (21.63) |
| 学科 | | | | −44.53* | −36.65** | −119.3*** |
| | | | | (26.97) | (16.83) | (18.97) |
| 学校<br>211 | | | | 63.74* | 32.79 | 16.72 |
| | | | | (38.07) | (23.75) | (26.77) |
| 国外 | | | | −11.78 | −13.78 | 65.88** |
| | | | | (40.10) | (25.02) | (28.20) |
| 普高 | | | | 70.98 | 37.01 | 39.18 |
| | | | | (49.50) | (30.88) | (34.80) |
| Cons | 526.5*** | 155.5*** | 337.3*** | 459.3*** | 128.9*** | 278.0*** |
| | (15.49) | (9.737) | (11.52) | (45.55) | (28.41) | (32.02) |
| N | 441 | 441 | 441 | 441 | 441 | 441 |
| $R^2$ | 0.026 | 0.000 | 0.036 | 0.050 | 0.039 | 0.159 |

教师教学生产力影响作用有限,仅 211 高校和 985 高校毕业的青年教师教学业绩总分数有显著提高作用,国外学校毕业的青年教师与 985 高校毕业的青年教师相比会提升本科生教学业绩分数。

3. 稳健性检验[①]

为了验证上述估计结果得出的结论是否可靠,笔者将从以下两个方面进行稳健性检验。

第一,更换样本再检验。笔者将青年教师年龄设定为 45 周岁以下(样本量为 672),进一步分析"预聘—长聘"制度对青年教师学术生产力的影响。重新进行估计后发现,"预聘—长聘"制度对 45 周岁青年教师的影响作用与前文一致。第二,更换计量方法再检验。笔者分别使用负二项回归和 Tobit 模型对现有样本再次检验,所得结果和 OLS 回归模型一致。

4. 异质性分析

为了进一步分析"预聘—长聘"制度对不同类别青年教师的教学生产力、科研生产力的影响,笔者将会选择性别和职称两个类型青年教师进行验证。

(1) 性别异质性分析

从教学生产力的性别差异来看,"预聘—长聘"制度对男性青年教师教学业绩总分和本科生教学业绩总分的负向影响要高于女性青年教师。而科研生产力的性别差异比较复杂,首先,实施"预聘—长聘"制度三年科研业绩总分和 2018 年科研业绩分并没有通过统计检验,即在男女两性间,"预聘—长聘"制度对青年教师业绩总分和 2018 年科研业绩分没有差别。这是一个比较有意思的结果,此前很多研究都会认为女性由于承担家庭责任较重,母职惩罚会影响到女性教师的科研成果产出,[②]但是在数据中并没有发现这个结果,这也说明中国高校中教师男女两性逐渐趋于平等。其次,"预聘—长聘"制度对男女两性的 2017 年科研业绩分数都有负向影响,这可能是由于 2017 年是"预聘期"内教师入职的第一年,很多新入职的教师还没有适应新的工作,在第一年入职期间还会参加教师资格考试、新教师培训等内容,另外科研成果的产出也需要一定时间的沉积,所以这一年内"预聘期"教师的科研成果不如非"预聘期"教师实属正常。最后"预聘—长聘"制度对男性、女性青年教师的 2019 年科研业绩都有正向影响,对女性 2019 年科研业绩分数影响力略大一些。

---

① 囿于版面限制,稳健性检验结果不列入正文中,如有读者感兴趣,可以与笔者联系。

② Levin, J.S., & Shaker, G. 2011, The hybrid and dualistic identity of fulltime non-tenure track faculty. *American Behavioral Scientist*, 55: 1461–1484.

表 6-7　教学生产力的性别异质性分析

| | 男性 | | | 女性 | | |
|---|---|---|---|---|---|---|
| | A1 | A2 | A3 | A4 | A5 | A6 |
| | teac_ sorece | master_ course | ugrad_ course | teac_ sorece | master_ course | ugrad_ course |
| tenure | −113.1*** | −28.32 | −101.1*** | −87.35* | 40.43 | −79.52*** |
| | (38.04) | (22.30) | (31.40) | (47.89) | (32.78) | (28.01) |
| 其他变量 | 控制 | 控制 | 控制 | 控制 | 控制 | 控制 |
| $N$ | 258 | 258 | 258 | 183 | 183 | 183 |
| $R^2$ | 0.033 | 0.006 | 0.039 | 0.018 | 0.008 | 0.043 |

表 6-8　科研生产力的性别异质性分析

| | 男性 | | | | 女性 | | | |
|---|---|---|---|---|---|---|---|---|
| | A1 | A2 | A3 | A4 | A5 | A6 | A7 | A8 |
| | res_ sorce | res2017 | res2018 | res2019 | res_ sorce | res2017 | res2018 | res2019 |
| tenure | 69.91 | −75.86** | 48.58 | 117.3*** | 80.21 | −70.03** | 33.20 | 119.4*** |
| | (89.76) | (32.49) | (32.02) | (36.80) | (88.33) | (31.48) | (34.51) | (36.60) |
| 其他变量 | 控制 | 控制 | 控制 | 控制 | 控制 | 控制 | 控制 | 控制 |
| $N$ | 258 | 258 | 258 | 258 | 183 | 183 | 183 | 183 |
| $R^2$ | 0.002 | 0.021 | 0.009 | 0.038 | 0.005 | 0.027 | 0.005 | 0.056 |

（2）职称的异质性分析

就教学生产力而言，"预聘—长聘"制度对职称为副教授的青年教师教学生产力虽然有负向的影响，但是没有通过统计检验。这与 D 高校教学制度相关，它规定讲师一年教学工作量为 240 课时，副教授一年教学工作量为 180 课时，教授一年教学工作量为 120 课时，并且对副教授职称教师的科研考核奖励与晋升要求都相对较高。"预聘—长聘"制度对职称为讲师的青年教师的三年教学业绩总分和本科生教学业绩分数有负向影响，但是对其研究生教学业绩分数有正向影响，这说明"预聘期"内职称为讲师的青年教师的本科教学和教学业绩总分都落后于非"预聘期"的讲师教师。

"预聘—长聘"制度对不同职称青年教师的科研生产力影响有所不同。"预聘—长聘"制度对职称为副教授的青年教师的三年科研总分、2017 年科研分数、2018 年科研分数、2019 年科研分数都有显著的正向提升作用。"预聘—长聘"制度对职称为讲师的青年教师的三年科研总分、2018 年科研分数、2019 年科研分数都有显著的正向提升作用，但是却对 2017 年科研分数是负向降低作用,这可能与新教师刚入职,还需要一段时间适应新的工作环境相关。

**表 6-9 教学生产力的职称异质性分析**

| | 副教授 | | | 讲师 | | |
|---|---|---|---|---|---|---|
| | A1 | A2 | A3 | A4 | A5 | A6 |
| | teac_sorece | master_course | ugrad_course | teac_sorece | master_course | ugrad_course |
| tenure | −109.3 | −62.02 | −57.36 | −88.37*** | 43.73* | −79.39*** |
| | (79.60) | (45.26) | (63.42) | (32.98) | (22.72) | (21.55) |
| 其他变量 | 控制 | 控制 | 控制 | 控制 | 控制 | 控制 |
| $N$ | 216 | 216 | 216 | 225 | 225 | 225 |
| $R^2$ | 0.009 | 0.009 | 0.004 | 0.031 | 0.016 | 0.057 |

**表 6-10 科研生产力的职称异质性分析**

| | 副教授 | | | | 讲师 | | | |
|---|---|---|---|---|---|---|---|---|
| | A1 | A2 | A3 | A4 | A5 | A6 | A7 | A8 |
| VARIABLES | res_sorce | res2017 | res2018 | res2019 | res_sorce | res2017 | res2018 | res2019 |
| tenure | 650.9*** | 117.5* | 230.0*** | 320.9*** | 251.5*** | −13.19 | 89.48*** | 176.4*** |
| | (181.3) | (69.30) | (62.72) | (68.96) | (55.71) | (17.05) | (24.05) | (28.37) |
| 其他变量 | 控制 | 控制 | 控制 | 控制 | 控制 | 控制 | 控制 | 控制 |
| $N$ | 216 | 216 | 216 | 216 | 225 | 225 | 225 | 225 |
| $R^2$ | 0.057 | 0.013 | 0.059 | 0.092 | 0.084 | 0.003 | 0.058 | 0.148 |

（三）青年教师科研生产力和教学生产力的关系分析

基础回归模型分析

为了验证科研生产力和教学生产力的关系,笔者将青年教师分为在"预聘期"内和非"预聘期"内,分别对其科研生产力和教学生产力的关系进行讨论。

对于"预聘期"内的青年教师,科研业绩分数对其教学业绩总分和研究生教学业绩分数都没有通过统计检验,相反对本科生教学业绩分数有正向的影响作用,具体来看,当科研业绩总分数每增加一分,本科生教学业绩分数就增加 0.063 分。虽然科研业绩分数对本科教学业绩分数提升作用相对微弱,但也证实科研与教学是可以共存的,科研业绩的增长也会带来教学业绩的增长,科研生产力可以提升教学生产力。当然这得益于 D 高校在制定教学奖励制度、首聘期科研考核制度、晋升制度中都有教学考核,这也对其他学校有借鉴作用。

对于非"预聘期"青年教师,科研业绩分数对其教学业绩总分有显著的负向影响作用,具体来说,当科研业绩总分提升一个分数时,教学业绩总分会降低 0.05 分,但是对研究生教学业绩分数和本科教学业绩分数都有正向影响,这也再次证明科研和教学的共生关系。

表 6-11　青年教师的科研业绩对教学业绩的影响分析

| 变量 | 预聘期 | | | 非预聘期 | | |
| --- | --- | --- | --- | --- | --- | --- |
| | A1 | A2 | A3 | A4 | A5 | A6 |
| | teac_<br>sorece | master_<br>course1 | ugrad_<br>course | teac_<br>sorece | master_<br>course1 | ugrad_<br>course |
| 科研业绩 | 0.021 5 | −0.011 6 | 0.063 2** | −0.050 0* | 0.021 6 | 0.042 3** |
| | (0.041 8) | (0.027 6) | (0.024 8) | (0.025 8) | (0.016 1) | (0.019 7) |
| 其他变量 | 控制 | 控制 | 控制 | 控制 | 控制 | 控制 |
| $N$ | 117 | 117 | 117 | 294 | 294 | 294 |
| $R^2$ | 0.002 | 0.002 | 0.054 | 0.013 | 0.006 | 0.016 |

当年的科研业绩分数对当年教学是否为优秀的影响,不同聘任制下青年教师的表现是不一样的。在"预聘期"内的青年教师,2017 年和 2018 年科研业绩分数对当年教学业绩评优具有显著的提升作用,但是 2019 年科研业绩分数却对 2019 年教学业绩评优具有显著的降低作用;在非"预聘期"内的青年教师,2018 年和 2019 年科研业绩分数对当年教学业绩评优具有显著的提升作用,但是 2017 年科研业绩分数却对当年教学业绩评优具有显著的降低作用。

表 6-12　当年科研业绩对教学优秀的影响分析

| 变量 | 预聘期 | | | 非预聘期 | | |
| --- | --- | --- | --- | --- | --- | --- |
| | A1 | A2 | A3 | A4 | A5 | A6 |
| | tbest2017 | tbest2018 | tbest2019 | tbest2017 | tbest2018 | tbest2019 |
| res2017 | 0.005 27*** | | | −0.000 554 | | |
| | (0.001 83) | | | (0.000 602) | | |
| res2018 | | 0.001 94* | | | 0.001 17** | |
| | | (0.001 14) | | | (0.000 566) | |
| res2019 | | | −0.000 336 | | | 0.000 799 |
| | | | (0.000 807) | | | (0.000 500) |
| 其他变量 | 控制 | 控制 | 控制 | 控制 | 控制 | 控制 |
| $N$ | 117 | 117 | 117 | 294 | 294 | 294 |

# 五、结论与讨论

随着高等教育进入内涵发展阶段,我国高校人事制度改革进一步深化,高校不同系列、不同层次教师生存发展环境的差异进一步扩大,考核要求、晋升空间和薪酬更为重要。本章基于一所高校某一个聘期内的全体青年教师的教学、科研业绩数据,对不同聘任制下的青年教师学术生产力进行比较分析,得到以下结论。

(一)"预聘—长聘"制度对科研生产力的影响不及晋升与薪酬

首先,"预聘—长聘"制度对大学教师的三年科研业绩总分没有显著影响作用,"预聘期"和非"预聘期"教师的科研成果都在增加,即使没有在预聘期内的大学教师,因为有晋升欲望和科研奖励制度的催化,同样也会出产科研成果,当青年教师通过了"首聘期"科研考核后,如果有晋升欲望和物质追求依旧会出产科研成果,并且因为入职时间相对较长,也进入了职业中期,经验和能力都有所提升,科研生产力亦会提升。其次,从历年科研业绩分数来看,确实存在另外一种结果:"预聘—长聘"制度对 2017 年科研业绩分数有负向影响,对 2019 年科研业绩分数却有正向提升作用。与前文解释类似,新入职的青年教师通常入职初期会适应一段时间,不会很快产出成果,到第三年,也就是首聘期科研任务考核的最后一年,科研成果会集中产出在这一年时间。由于"首聘期科研考核"制度不涉及职称竞争,新入职教师只需完成学校设定的科研任务,对于那些评职热情不高的教师来说,只完成留任的科研任务即可。如果留任的科研任务要求低于评职要求,那么"首聘期科研考核"制度的激励效果肯定还不如学校原有的评职制度。同时,"首聘期科研考核"制度不涉及与同校其他教师的竞争,因此无法有效提升其他教师的科研积极性,对其他教师科研产出影响甚微,这就是"首聘期科研考核"制度难以有效提升学校整体科研产出的原因。[①]D 高校有科研奖励制度和晋升机制,这两种机制同时作用于那些不在"预聘期"内的教师,所以即使没有"预聘—长聘"制度,那些有晋升欲望和物质欲望的教师也会专心致志出产科研成果,获得学术职业地位的提升。

(二)聘任制下教学科研可以共生且共升

从教学业绩分数上看,"预聘—长聘"制度显著地降低了大学教师首聘

---

[①] 尹木子."预聘—长聘"制度会提升中国大学科研生产力吗? ——基于多期双重差分法的政策评估[J].高教探索,2020,(06):18—27.

期三年的教学业绩总分数和本科生教学业绩分数。从教学评优来看,"预聘—长聘"制度同样地降低了大学教师的教学评优,"预聘期"内的教师教学评优率远远低于非"预聘期"内的教师。"预聘期"内的青年教师刚刚入职,对教学内容、方法、技能都不是很熟悉,教学业绩的落后是必然的。这也说明,对于刚毕业的青年教师,教学拿优秀是十分不容易的,无论是授课、参加讲课比赛、指导学生参加比赛、教学研究都缺乏相关经验,但是随着时间推移,教学优秀率和教学业绩分数都会有所提升。

在"预聘—长聘"制度下,大学教师的科研业绩并没有影响其教学业绩,反而对教学业绩有微弱的提升作用,各年科研业绩分数也对当年教学评优有提升作用。笔者采用的是更为客观的教学业绩与科研业绩数据,结果表明实施"预聘—长聘"制度,科研的提升并不一定降低或伤害教学,反而会对教学业绩有所提升。当然这与 D 高校出台的一些教学奖励制度和首聘期考核制度、职称晋升制度中会考虑到教学因素相关。一直以来,国内外学术界都认为"预聘—长聘"制度会提升科研业绩,降低教学业绩,但是 D 高校的数据结果表明在实施"预聘—长聘"制度后,大学教师的科研与教学是可以共生且共升,这也给其他实施"预聘—长聘"制度的高校提供借鉴。

（三）制定科学合理的聘任考核任务

目前中国高校普遍实施"预聘—长聘"制度,单一科研量化考核,重研轻教现象严重。教师作为教学、科研和社会服务活动的发出者,是行为的主体。从现代大学的本质属性学术性出发要求必须明确教学、科学研究和社会服务之间的关系。在制定首聘期或是"预聘期"考核任务时,大学要综合考虑教学、科研、社会服务、人才培养等各个方面的任务,对科研成果实施量化指标与质性评价相结合的考核体系,完善代表作制度和同行评议制度,破除唯论文、唯基金项目的量化评估体系。

如何处理好教学科研关系是近百年来一直困扰着大学的问题,中国政府近年来出台的政策文件,诸如"破五唯"、职称改革评审、立德树人、重视教学等都是希望将"重科研轻教学"转变为"重教学强科研"。制定好教师评价制度,履行好指挥棒的作用,怎样开展教学、科研、育人及社会服务的转化是最为重要的。高校教师聘任制中任务考核如何设置是非常重要的,这关系到所有教师的积极性与努力方向。科学性、兼顾性的任务可以发挥教师立德树人、教育、科研和社会服务四个方面的共同发展。

教师作为教学、科研和社会服务活动的发出者,是行为的主体。教师应从现代大学的本质属性——学术性出发,明确教学、科学研究和社会服务在大学和自身专业发展中的地位和作用,明确自身的职业素养及其价值所在。根据所在学校的性质和类型、自身专业成长所处的发展阶段和职业能力,恰当地选择自身学术职业活动的重点和关注领域,在投入时间和精力上有所差异,重点突破,在教学或科研或社会服务活动中作出有理论意义和实践价值的成果。此外,教师自身还应在教学、科研和社会服务 3 种活动中始终坚持学术活动的学术性和育人性,注重教师之间的交流与合作,保障大学人才培养的根本目标真正实现。

## 第二节 "预聘—长聘"制度会降低大学的教学质量吗?

上一节,笔者从大学教师个人层面探讨了"预聘—长聘"制度对教师教学生产力的影响,数据结果显示"预聘—长聘"制度对个人教学生产力有显著影响,具体表现为:"预聘期"内的教师的教学业绩分数远低于非"预聘期"内教师。以往研究没有明确区分教师个人层面和组织整体层面两个层面上教学科研关系。学术职业理论强调大学教师要兼顾教学、科研和社会服务三个方面职能,大学也要坚持教学、科研和社会服务三个方面职能。本节从学术职业理论出发,在组织层面去探讨"预聘—长聘"对大学教学生产力的影响。大学是一个组织,组织有组织目标,学术性是大学这一组织的目标,学术性不光包括科研,也包括教学,组织不可能放任于教学质量下降而不管,会想办法提升教学质量,如不让新入职教师承担教学任务,或者较少承担教学任务,这些都是大学组织层面上为提升教学质量而做的努力,所以本书认为,从大学组织整体角度去考察教学质量,在实施"预聘—长聘"制度后,不一定会降低教学质量。

### 一、学术职业理论下大学教学科研功能平衡

此前的研究都是从大学教师个人层面来探讨,教学和科研存在天然的竞争,"预聘—长聘"制度会降低大学教师的教学生产力。但是高校作为一个组织,教学科研都是大学主要的功能,下面从学术职业理论来分析"预聘—长聘"制度下教学与科研的关系。

（一）学术职业分化理论

1. 学术职业分化

学术职业分层是学术系统中最重要的社会行动,是社会分层在高校学术系统中的反映,本质上是依高校教师对于知识的控制和垄断的能力大小来进行划分的。学术职业分层结构的形成过程是依据各个学科领域、院校的不同特点来对高校教师所拥有的高深知识的质和量进行层级划分的过程。学术职业分层反映的是高等教育系统中的特定群体——大学教师的社会结构,这种社会结构是以学术为基础的社会等级结构,是基于收入、声望和权力的一套制度化的报酬等级体系,反映出这个学术等级结构的不平等状况。[①]

学术职业分层系统具有识别和筛选的功能。通过制定一系列的学术指标来识别和审视不同级别的教师,高校再根据教师的学术能力将其安排到相关职位体系中。根据知名度和水平,高校定位不同,学术生涯分析的学术评价体系也不同。评价教师学术能力和贡献度的标准也不同。由于不同机构的评级制度不同,同一职位的教师没有同等的学术声誉,在学术共同体中的地位也存在差异。[②]

在现代大学学术系统中,学术职业分层则是以职称、岗位、收入和社会声望等事实不平等的形式出现的。高校资源的稀缺性决定了学术职业分层必须通过一定的学术规则和制度对高校的各类资源进行不平等的配置。由于高校资源的稀缺性与高校教师对资源的需求之间形成的无法解决的矛盾,不管人们用何种方法进行资源的配置,结果都会导致高校教师在资源配置上的差异。

2. 大学教师学术职业分化

教师个体发展的目标是地位获得。学术职业分层为教师明确了职业道路,能充分调动教师的潜能。学术职业分层为以学术为业者的职业生涯设计了发展阶梯,对于调动教师的积极性和实现组织目标具有非常重要的现实意义。事实上,学术职业分层是一套学术价值体系,它反映了高校教师从事学术活动的价值顺序,是一个由低层次到高层次的价值增值过程。学术职业阶层关系到教师在学术价值体系中的劳动价值。通过定义由低级职业向高级职业发展的路径,随着职业的晋升,教师的学术工作质量得到了更高的认可,这也意味着高校教师在收入、权力、自主性和声望等方面

---

[①] 李志峰.必要的不平等——高校学术职业分层[M].北京知识产权出版社,2015,12.

[②] 同上书,第30页。

的社会承认。

教师个人的成就需要和地位获得要求学术职业的岗位设置为其职业发展提供足够的空间。对于一个高校教师来说,从助教到讲师,从讲师到副教授,从副教授到教授,以及从教师专业技术岗位 13 级到 1 级,都是不同职位岗位的发展轨道,每一个层级的晋升不仅意味着其学术工作得到组织的认同,也意味着教师地位的提高。从地位获得的角度理解,学术职业分层体系就是教师个体不断获得地位的体系。

在学术职业分层制度的形成过程中,追求学术声望和管理效率目标是组织发展的基本目标,教师的地位获得需求是学术职业分层形成的内部动力,学术职业分层制度就是在高校组织发展目标与教师职业发展目标协调统一的基础上形成和发展的。①职称或者岗位分级是实现学术职业分层封闭的手段,学术职业分层封闭源于对高深知识的垄断和控制,通过对高深知识判断和控制来获得对专业领域的话语权,通过对政策的影响来对高校教师的道德和学术标准实施密切的控制,以维护职业阶层的收益和荣誉。如提高学业的准入门槛,对学术职位的供给数量实施限制,并通过更为严格的学考标准来考查候选人的个人能力和学术贡献等。

大学教师是高等教育及大学存在与发展的重要因素,大学教师的职业是以高深知识传播、发现、创新及应用为主要使命。大学教师学术职业与学术生产力之间内在统一的关系表明,学术职业是学术生产力孕育的活力之源和潜在主体,学术生产力是学术职业的立身之根本和发展要义。在全球经济一体化的国际形势下,研究型大学教师的准入资质与竞争资质均在向国际看齐,具有国际竞争力的学术能力成为资格准入的核心标准。大学对高校教师的学术考核和职称晋升,也要求教师学术水平的国际化,即教师要具有国际一流的教学能力、科学研究能力和创新能力,能够创造出具有国际水平的科研成果,能跻身于国际学术前沿并在国际学术界产生重要的影响。

3. 大学组织功能分化

学术职业组织的分化,即关于大学组织机构的分化,它既包括大学作为一种组织机构的分化,也包括大学组织机构内部学科、专业的组织机构形式的分化。大学组织的分化是与大学学术职业形态和大学学术职业角色分化密切相连的。法国学者布迪厄(Pierre Bourdier)指出,在大学发展的历史上,由于"社会性学术的同质性处于顶级(如名牌大学、医科大学甚

---

① 李志峰.必要的不平等——高校学术职业分层[M].北京知识产权出版社,2015,12.

至某些古典语言专业部门)还保持完好,但在那些处于中等地位的或地位在教育体系中还不甚稳定的单位或机构中,社会性学术的同质性一般很薄弱"。①当然,布迪厄在这里并非专门论述大学组织的分化问题,但毫无疑问他从与学术分化现象相关联的角度,揭示了大学组织分化现象。正是基于对大学组织分化问题的关注,世界高等教育研究史的大学分类成为一个较为专门的研究领域。围绕着大学组织分类的问题,人们形成了多种不同的研究视域和方法。在我国,特别是在我国高等教育进入大众化发展阶段之后,学者对大学学术组织分化问题给予了关注,并进行了比较深入的研究。国内学者借鉴西方研究成果,结合我国高等教育的实际,提出了多种不同形式的大学分类的认识方法和基本理论。

大学教师身兼教学、科研两项职能,大学同样肩负着教学、科研两项职能。高深知识活动是高等教育的主要任务。大学作为学术组织,以传播和发展高深知识为使命。伯顿·克拉克(1994)认为,学术职业是学术部落和学术领地的集合,这些部落和领地大多形成了一个社会组织,具有该组织的一些共同特点。大学是高度专业化的学术组织,是以知识为中心,进行知识转移、知识创新和利用知识为社会服务的场所。知识是大学存在和运行的基本材料,大学所体现的知识可以说是一门学科。大学是以学科为中心的组织,学术专家作为生活在大学的知识处理者聚集在一个学科中,在双重平台上工作。大学的学科是高等教育系统中最基本的学术组织(不仅是学术分类),是大学各种职能的具体执行者。在以先进知识为业务主题的学术组织中,②大学教师围绕专门的学科知识开展相关的教学、研究和应用工作,并在学科基础上从事知识再生产活动,其中教学是大学最根本的活动。大学学术注重知识发现和创新,坚持独立纯粹的价值目标和从属关系的主要属性,服务于社会发展的最终目标和现实需要即从属性和服务性,不能单一地认定大学功能。

4. 学术职业分化下组织发展与个人地位获得的协调

组织发展是学术职业分层制度形成的基础。高校的职能活动是通过不同岗位群的学术工作来实现的,可以说组织是岗位的集合。组织的发展必然需要设置不同的职位岗位来完成人才培养、科学研究和社会服务等各项任务。从大学最初的形成来看,助教岗位和教授岗位就是为了完成人才

---

① [法]皮埃尔·布迪厄,[美]华康德.实践与反思——反思社会学导引[M].李猛,李康译.中央编译出版社,1998.

② [美]伯顿·克拉克:《高等教育系统学术组织的跨国研究》[M].王承绪等译,杭州大学出版社,1994.

培养的任务而分层设立的,讲师、助理教授、副教授岗位的设立也是大学学术工作功能分化的产物。因此,组织是学术职业赖以生存的环境,学术职业岗位分类分层的目的就是为了更好地实现组织发展的目标。同时,组织要想提高教师的工作积极性,就必须对教师进行有效的激励。教师的职位分层及相应的层级要求是组织对教师队伍进行管理的基础。为了更好地激励教师的工作积极性,对学术职业进行分层管理就成为高校的自然选择。

组织为教师建立了科学合理的学术职业发展阶梯,这对于调动他们的积极性和创造性,增加他们对组织的忠诚感,进而促进组织的永久发展具有重要的意义。学术职业分层对教师个人的工作绩效提出了更高的要求,为教师的发展和选择提供了更大的空间。每一个教师在自己的职业生涯中,都希望有自己成长的道路、奋斗的目标和施展才华的舞台,也期待有自己发展和晋升的空间,更希望所作出的努力和贡献能够得到学校的承认。教师个体成长追求更高的社会地位,实现个体价值是教师内在的需要。因此,为学术职业分层创造合理、科学的秩序,促进教师向上流动,成为组织体系设计的重要组成部分。

中国各个高校根据教师承担的主要任务不同,分教学为主型、教学科研并重型、科研为主型和社会服务推广型,按照不同类型设定不同目标任务。基于"教师学术职业分化"概念的界定,结合大学职能的历史演进和嬗变结果,以及大学教师对高深知识的处理方式(知识的传播、知识的发现与创新、知识的应用等)的差异,笔者把大学教师学术职业分化后的学术职业类型划分为4种,即研究为主型学术职业、教学与研究并重型学术职业、教学为主型学术职业和应用为主型学术职业。大学要培养有实践能力和创新才能的人才,这是单一的教学过程难以完成的,科研作为一种补充的育人手段和方法,能够使学生了解和熟悉研究过程,培养其创造性和研究能力。同时,具有较好学术声誉和社会影响力的大学科研工作者,能够对学生起到一种"偶像"或榜样示范作用。因此,科研同样能够对教学学术生产力的发挥起到直接或间接的重要作用。

实际上,教学与科研存在着相互促进的一面。在某些特殊的情况下,某些大学教师仅承担了单一的教学者或研究者角色,并不同时承担教学科研的双重任务,但这并不意味着教学与科研就一定表现出"零相关"。有很多科研专家为本校和其他学校机构做讲座,将科研成果传递给他人,实际上起到的是教学效果。中国的一些高校采取了一些特殊的政策来克服引进新教师时可能出现的问题,以确保教学质量。第一,不对新教师在教学课时上设定要求。这一政策的目的是让新教师有足够的时间去适应新的教学环境、学科内容以及教学方法，避免他们在短时间内面临过多的教学压力。这种方式可以让新教师更好地适应并提高教学质量。第二，不在初始阶段进行等级评价。高校对新教师在入职初期不进行等级评价可能是为了鼓励他们在教学和研究上有更大的发展空间，减少过早的评价对其产生的负面影响。这也有助于培养新教师的积极性和创造力。第三，入职第一年不安排讲课任务。高校给新教师一段时间来适应新的工作环境，不安排讲课任务可能有助于他们更好地投入研究工作中，提高科研水平。这也能够确保新教师在熟悉学科和校园文化后更好地准备和承担教学任务。这些政策的设计可能是基于对新教师培养和发展的考虑，以确保他们能够在高校工作的初期更好地适应工作环境，发挥个人潜力，最终提高整体的教学质量。因此，在组织层面，大学不会放任科研对教学能力的伤害，笔者从组织层面上提出以下研究假设：

**假设1：** 从大学组织层面上考察，"预聘—长聘"制度不会降低大学的教学质量。

（二）不同学科教学质量的差异

伯顿·克拉克（1994）认为，大学是一个以知识为中心的高度专业化的学术组织，是一个传授知识、创新知识、运用知识服务于社会的场所，可以说知识是大学赖以存在和运行的基本材料，而这些知识体现在大学里就是各门学科。大学中的学科是高等教育系统中最基本的学术组织，是大学各种功能的具体承担者。[①]在大学这样一个以高深知识为工作对象的学术组织中，大学教师围绕专门的学科知识开展相关的教学、研究和应用工作，并在学科基础上从事知识再生产活动。学术职业的学科分化是指学术职业在不同学科和专业之间差异很大。不同学科的人才培养目标、课程设置、知识体系、教学理念和教学手段不一样，教学质量会有所差距。作为外部资源丰富的自然科学往往更重视科研而不是教学，而在人文学科的教师则会将许多精力投入到教学上，教学质量也会更高。[②]依据大学的学科设置，可将我国划分为综合型、文科类、理工类、农林类、医药类、师范类等不同类别大学，而不同学科对于教学的重视程度存在差别，由此建立以下假设：

---

① ［美］伯顿·克拉克.高等教育系统学术组织的跨国研究［M］.王承绪等译.杭州大学出版社,1994.

② 蒋凯,朱彦臻.伯顿·克拉克学术职业理论评析［J］.清华大学教育研究,2019，40（06）：33—41.

**假设 2a:**以不同学科为主的大学分类,"预聘—长聘"制度对教学质量的影响会不同。

(三)不同等级大学教学质量的差异

学术场域是学者或学术机构之间客观存在的关系网络,是由学者或学术机构的不同位置及其占有的学术资源或学术权力构成的关系网络,不同位置的学者或学术机构占据着不同份额的学术资源或学术权力,并享有不同程度的学术声誉。[①]学术场域具有明显的分层结构。由于分层结构及其形成过程始终具有权力的特性,即某些部分比其他部分更有权力,可以运用他们的权力来剥削其他层级的成员。学术场域以学科为中心并以此为基础形成了学者的上下流动,享有高低有别的学术声誉,其结果在这个学科中表现出静态的分层结构。不同的学术机构所拥有的学者具有不同的学术声誉,学术机构也形成了相应的分层结构。由于决定分层结构的是稀缺的学术资源和学术权力,学者和学术机构力图争夺学术资源和学术权力,以提高自身学术声誉,因此,学术场域的分层亦是一种动态的学术资源与学术权力的争夺过程。

随着"211 工程""985 工程"和"双一流"建设等重点高校建设工程的展开,我国高等学校之间的层级体系不断被强化,形成了明显的学术场域等级结构,不同层级的高校的教学质量原本有所差异,等级高的大学教学质量显著优越于等级低的大学,由此建立以下假设:

**假设 2b:**学术场域不同等级的大学,"预聘—长聘"制度对教学质量的影响会不同,等级高的大学教学质量不会降低,等级低的大学教学质量会降低。

# 二、研究设计

(一)数据来源

本研究使用的数据来源于艾瑞深"中国校友会网"发布的《中国大学教学质量评价报告》(2015—2018 年),其排名评价体系由思想政治教育、创新创业教育、教育教学成果、教学资源基地、高层次人才、一流专业建设、国际化教育和毕业生满意度等指标组成,基本上涵盖了国内外其他大学排名人才培养评价的高端质量指标。

---

① [法]皮埃尔·布迪厄,[美]华康德.实践与反思——反思社会学导引[M].李猛,李康译.中央编译出版社,1998,17.

（二）变量

1. 因变量：教学质量

中国大学教学质量评价指标体系覆盖学生质量（学生奖励、德育教育、创新创业教育、杰出校友等）、资源质量（教学工程、学科专业、实践平台和教学成果等）和教师质量（杰出师资、双师队伍等）3 大核心指标，涵盖的评价指标有 100 多项，以确保评价结果真实、客观、科学、公正、透明地体现大学的教学水平、教学效果和人才培养质量。教学质量最终是以百分制计算，2018 年排在第一名的是 B 大学，计为 100 分，排在第二名的是 Q 大学，计为 99.79 分。

2. 核心解释变量："预聘—长聘"制度

笔者从 293 所大学招聘公告中了解是否实施"预聘—长聘"制度，并从已实施该项制度大学的招聘信息中获取初始实施年份。

（1）"非升即走"制度（up-or-out）

"非升即走"制度是指在首聘期考察中，新教师不仅要完成一定量化的科研成果，还要与其他教师竞争有限的高一级别职称，在规定聘期内升到高一级别职称才可以留校，即除了与自己竞争，还要与他人竞争。

（2）"首聘期科研考核"制度

"首聘期科研考核"制度通常规定新教师在三到六年的首聘期内，除了完成日常基本教学任务之外，还需要在科研项目、论文著作等方面达到相应要求，逾期没有达成合同约定的新教师将不再被续聘，即只需与自己竞争。

3. 控制变量：大学特征

除了重点考察的"预聘—长聘"制度之外，其他一些因素也会对大学教学质量产生影响。

（1）大学的排名，目前各大学都非常重视自己的排名，而科研水平是影响排名的重要因素，所以一般排名靠前的大学更加重视科研，[1]笔者将前一年大学排名代入模型中。

（2）大学星级等级，有 1—8 级，级别越高，代表学校等级越高。

（3）大学的类别，根据现有大学学科分类，将大学分为综合类、理工类、师范类、农林类、医药类、财经类、民族类、艺术类、政法类、语言类等。由于样本数据中民族类、艺术类、政法类、语言类学校数量较少，本书将其

---

[1] Daraio, C., Bonaccorsi, A., Simar, L. 2015. Rankings and university performance: A conditional multidimensional approach, *European Journal of Operational Research*, 244 (3), 918-930.

合并为一类统称其他类。

（4）大学所在地区,校友会网把中国大学划分为七个区域,分别为华北地区（北京、河北、内蒙古、山西、天津）、东北地区（黑龙江、吉林和辽宁）、西北地区（甘肃、陕西、青海、新疆、宁夏）、华东地区（安徽、福建、江苏、江西、山东、上海和浙江）、西南地区（西藏、贵州、四川、云南和重庆）、华南地区（广东、广西、海南）和华中地区（河南、湖北、湖南）。

表 6-13　主要变量的描述

| | 样本量 | 均值 | 标准差 | 最大值 | 最小值 |
|---|---|---|---|---|---|
| 教学质量 | 1 168 | 63.36 | 4.84 | 100 | 60.52 |
| | 实施 | 占比 | 未实施 | 占比 | |
| "预聘—长聘" | 50 | 33.78% | 98 | 66.22% | |
| 非升即走 | 19 | 12.83% | — | | |
| 首聘期科研考核 | 31 | 20.94% | — | | |

（三）模型与估计方法

本节采取的计量方法是在公共政策评估中经常使用的双重差分法。[①] 在模型设计上,构建双向固定效应模型,利用双重差分法测算"预聘—长聘"制度对大学教学质量的影响净效应。具体模型如下:

$$\text{Teaching quality } Y_{it} = \beta_0 + \beta_1 \text{Tenure}_{it} + \sum \beta_2 * \text{Control} + \beta_3 \text{year}_0$$
$$+ \beta_4 \text{year}_1 + \beta_5 \text{year}_2 + \gamma_t + \mu_i + \varepsilon_{it} \quad (1)$$

$$\text{Teaching quality } Y_{it} = \beta_0 + \beta_1 \text{Upout}_{it} + \sum \beta_2 * \text{Control} + \beta_3 \text{year}_0$$
$$+ \beta_4 \text{year}_1 + \beta_5 \text{year}_2 + \gamma_t + \mu_i + \varepsilon_{it} \quad (2)$$

$$\text{Teaching quality } Y_{it} = \beta_0 + \beta_1 \text{Researchassess}_{it} + \sum \beta_2 * \text{Control}$$
$$+ \beta_3 \text{year}_0 + \beta_4 \text{year}_1 + \beta_5 \text{year}_2 + \gamma_t + \mu_i + \varepsilon_{it}$$
$$(3)$$

其中,Teaching quality $Y_{it}$ 为被解释变量,表示大学教学质量分数;$\text{Tenure}_{it}$ 为虚拟变量,在实施"预聘—长聘"制度之前为 0,实施之后为 1。$\text{Upout}_{it}$ 为虚拟变量,在实施"非升即走"制度之前为 0,实施之后为 1。$\text{Researchassess}_{it}$ 为虚拟变量,在实施"首聘期科研考核"制度之前为 0,实施之后为 1。Control 为控制变量,主要选取大学排名、在校师生数比等指标,$\gamma_t$

---

① 具体论述同前文一样在此不赘述。

代表时间固定效应,$\mu_i$ 代表大学个体固定效应。$\beta_1$ 指双重差分下,"预聘—长聘"制度对大学教学质量的净效应,值为正且越大表示正向效应越大,即"预聘—长聘"制度提升了中国大学教学质量,反之相反。$year_0$ 表示"预聘—长聘"制度未实施之前,$year_1$、$year_2$、$year_3$ 表示实施"预聘—长聘"制度的第一年、第二年和第三年,主要用于"预聘—长聘"制度对大学教学质量的动态净效应检测。

# 三、计量结果与实证分析

（一）基于"预聘—长聘"制度的回归结果

笔者根据大学在招聘信息中宣称实施的"预聘—长聘"信息来检验该项制度对大学教学质量的影响。表 6-14 给出了两种"预聘—长聘"制度对大学教学质量影响的初步结果。

表 6-14 "预聘—长聘"制度对大学教学质量的作用

| | T-quality | T-quality | T-quality | T-quality | T-quality | T-quality |
| --- | --- | --- | --- | --- | --- | --- |
| yupin_tenure | 0.193 *** | 0.144 * | | | | |
| upout_tenure | | | 0.256 *** | 0.363 *** | | |
| task_tenure | | | | | 0.142 | −0.032 9 |
| zrank | | −0.008 75 *** | | −0.008 87 *** | | −0.008 78 *** |
| star | | 0.339 *** | | 0.334 *** | | 0.353 *** |
| leibie_2 | | −0.203 | | −0.187 | | −0.194 |
| leibie_3 | | −0.238 | | −0.187 | | −0.209 |
| leibie_4 | | −0.379 | | −0.389 | | −0.372 |
| leibie_5 | | −0.708 ** | | −0.638 ** | | −0.719 ** |
| leibie_6 | | −0.654 ** | | −0.602 * | | −0.668 ** |
| diqu_2 | | −0.358 | | −0.345 | | −0.363 |
| diqu_3 | | 0.051 0 | | 0.067 2 | | 0.050 5 |
| diqu_4 | | −0.315 | | −0.294 | | −0.292 |
| diqu_5 | | −0.314 | | −0.292 | | −0.327 |
| diqu_6 | | −0.573 | | −0.564 * | | −0.548 |
| diqu_7 | | −0.132 | | −0.088 5 | | −0.122 |
| cons | 62.00 *** | 63.03 *** | 62.00 *** | 63.08 *** | 62.01 *** | 63.09 *** |
| Obs | 1 044 | 743 | 1 044 | 743 | 1 044 | 743 |
| Num of id | 261 | 249 | 261 | 249 | 261 | 249 |

注:(1) * $p < 0.05$, ** $p < 0.01$, *** $p < 0.001$。(2) 囿于版面限制,标准误不显示在表中,控制变量下文也不再列入表中。

由表 6-14 可以看出,"预聘—长聘"和"非升即走"制度对大学教学质量起到了显著的推动作用,分别提升教学质量 0.193 分和 0.256 分。而"首聘期科研考核"制度虽然对大学的教学质量分数有负向的影响作用,但是没有通过统计检验。"预聘—长聘"制度的实施,尤其是"非升即走"制度实施后,并没有降低教学质量,反而提升了大学的教学质量,研究假设 1 得到了数据证实。"预聘—长聘"制度的实施并没有带来大学教学质量的降低,相反会提升大学教学质量分数。

在添加了大学排名、大学星级等级、大学类别以及大学所在地区等控制变量后,"预聘—长聘"制度以及"非升即走"制度依然对大学的教学质量得分有显著的提升作用。但是"首聘期科研考核"制度却对大学的教学质量有降低作用。就控制变量而言,排名和星级等级对大学教学质量有显著影响,排名越高的大学,教学质量越高;星级等级越高的大学,教学质量越高。大学类别与大学所在地区也对大学教学质量有着显著影响,医药类大学以及民族、艺术、语言等其他类别的大学教学质量明显低于综合类大学;华南地区大学的教学质量明显低于华北地区大学的教学质量。下文不再讨论控制变量。

(二)"预聘—长聘"制度的动态效应检验

前面的回归结果有效地说明了"预聘—长聘"制度对大学教学质量提升的平均作用,但实行"预聘—长聘"制度对教学质量的提升是否具有长效性还有待证实。

表 6-15 "预聘—长聘"制度对大学教学质量的影响:动态效应检验

| | "预聘—长聘"制度 | | "非升即走"制度 | | "首聘期科研考核"制度 | |
|---|---|---|---|---|---|---|
| | T-quality | T-quality | T-quality | T-quality | T-quality | T-quality |
| 实施第一年 | 1.824*** | 1.039*** | 2.889*** | 1.816 7*** | −0.230 | −0.399 |
| 实施第二年 | 1.931*** | 1.074*** | 2.910*** | 1.783*** | −0.253 | −0.274 |
| 实施第三年 | 1.722*** | 0.967*** | 2.642*** | 1.683*** | −0.064 | −0.290 |
| 实施第四年 | 1.650*** | 0.776*** | 2.561*** | 1.457*** | −0.088 | −0.045 |
| 其他变量 | 控制 | 控制 | 控制 | 控制 | 控制 | 控制 |
| $R^2$ | 0.141 | 0.152 | 0.148 | 0.159 | 0.129 | 0.132 |
| N | 1 044 | 743 | 1 044 | 743 | 1 044 | 743 |
| Num of id | 261 | 249 | 261 | 249 | 261 | 249 |

表 6-15 显示,"预聘—长聘"制度以及"非升即走"制度对大学教学质量有明显的提升作用。从"预聘—长聘"制度和"非升即走"制度的动态效应来看,实施该项制度对大学教学质量提升的幅度会随着大学实行该项制

度的时间增加而增加,越早实行该项制度的大学教学质量水平提升越高。而"首聘期科研考核"制度对大学教学质量作用是负向的,实施了"首聘期科研考核"制度的大学,教学质量得分不但没有增加反而减少,但是很可惜并没有通过统计检验。

（三）稳健性检验

本研究采用了双重差分法来评估"预聘—长聘"制度对大学教学质量的影响,双重差分方法有效的一个前提条件是,如果不存在"预聘—长聘"制度的外部冲击,处理组和对照组的大学教学质量的发展趋势是平行的。为此,需要首先进行一系列的检验。

1. 趋同性和随机性检验

根据以往文献中的标准做法,画出了处理组与对照组之间的对比图来说明制度变革前后的变化。图 6-1 和图 6-2 集中描绘了实施"预聘—长聘"与未实施"预聘—长聘"制度大学教学质量的差异。从各个图示可以看出:第一,就各个指标来看,实行"预聘—长聘"的大学与未实行"预聘—长聘"的大学在之前基本平行;第二,大学教学质量在实施"预聘—长聘"制度后增幅明显变大,实行"预聘—长聘"制度的大学与未实行"预聘—长聘"制度的大学在各类指标方面都表现出显著差异。由此可见,"预聘—长聘"制度是起作用的;第三,未实行"预聘—长聘"制度的大学教学质量发展趋势也是平稳上升的,"预聘—长聘"制度对非"预聘—长聘"制的大学并未产生显著性的负面影响。这可以进一步理解"预聘—长聘"制度的作用途径,根据这一结论,"预聘—长聘"制度改革的主要影响途径是通过增加大学教师的压力,激励其重视教学,从而提高教学质量。

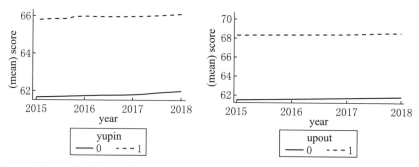

图 6-1　显示了"预聘—长聘"制度 2015 年至 2018 年中国大学教学质量的趋势　图 6-2　显示了"非升即走"制度 2015 年至 2018 年中国大学教学质量的趋势

2. 反事实法来检验

为了进一步检验本研究结论的稳健性,笔者还采取了一种反事实的处理,即通过改变政策执行时间进行反事实检验。除了实施"预聘—长聘"制度改革,其他政策或随机性因素也可能导致大学教学质量产生差异,而这种差异与是否实施"预聘—长聘"制度可能没有关联,最终导致前文结论不成立。为了排除这类因素的影响,笔者假想各个大学实施"预聘—长聘"制度的年份统一提前一年或两年,如果此时"预聘—长聘"制度变量显著为正,则说明大学教学质量的提高很可能来自其他政策变革或者随机性因素,而不是因为实施"预聘—长聘"制度。如果此时"预聘—长聘"制度变量并不显著为正,则说明大学教学质量的提高来自"预聘—长聘"制度的推行。各项检验表明,假想的"预聘—长聘"制度推行时间并不显著为正,这从另一方面表明大学教学质量的提高不是由其他因素导致的,而是来自"预聘—长聘"制度的推行。

表 6-16 "预聘—长聘"制度对大学教学质量的影响:反事实检验

| | Tenure-track | | Up-or-out | |
| --- | --- | --- | --- | --- |
| | T-quality | T-quality | T-quality | T-quality |
| 处理组 | −2.055*** | −1.909*** | −3.356*** | −3.079*** |
| "预聘—长聘"/"非升即走" | 1.632*** | 1.899*** | 3.348*** | 3.082*** |
| 处理组*"预聘—长聘"/"非升即走" | −1.215 | −1.423 | −3.314 | −3.201 |
| 控制变量 | 没有 | 控制 | 没有 | 控制 |
| 个体效应 | 控制 | 控制 | 控制 | 控制 |
| 时间效应 | 控制 | 控制 | 控制 | 控制 |
| 常数项 | 634.933*** | 629.871*** | 634.405*** | 623.591*** |
| $N$ | 1 044 | 993 | 1 044 | 993 |
| $R^2$ | 0.141 | 0.152 | 0.148 | 0.159 |

(四)"预聘—长聘"制度对大学教学质量的影响:异质性检验

前文实证结果显示,"预聘—长聘"制度提升了大学教学质量。在此背景下,不同类型大学受到"预聘—长聘"制度的作用力度可能存在差异。因而,如果关于大学教学质量提升这一实证结果是由"预聘—长聘"制度导致,也应该观察到这一效应在不同维度表现出异质性。基于此,为了进一步探究"预聘—长聘"制度影响大学教学质量的运作机理,本研究分别从大学类别和大学等级视角切入,运用分组回归方法考察"预聘—长聘"制度影响大学教学质量的横截面差异。

1. 基于大学类别的异质性检验

表 6-17 和表 6-18 报告了"预聘—长聘"制度和"非升即走"制度对不同

类别大学教学质量的影响及动态效应。"预聘—长聘"制度和"非升即走"制度对不同类别大学都有显著影响,然而不同类别学校之间的作用有所差异。从数据结果来看,"预聘—长聘"制度对师范类大学的教学质量提升为0.216分,对农林类、医药类和其他类大学提升约为0.193分,综合类大学为0.115分,理工类大学为0.140分。"非升即走"制度对师范类大学的教学质量提升为0.312分,对农林类、医药类和其他类大学提升约为0.256分,综合类大学为0.182分,理工类大学为0.173分。

"预聘—长聘"制度和"非升即走"制度对大学教学质量的影响都是长效的,且随着时间的增长,效果会越来越好。然而不同类别学校之间的动态作用有所差异,从数据结果看,"预聘—长聘"制度和"非升即走"制度对各类大学动态效应影响由大到小依次是综合类大学、理工类大学、师范类大学、农林类大学、医药类大学和其他类大学。

表6-17 "预聘—长聘"制度对不同类别大学教学质量异质性分析及动态效应

| | 综合类 | 理工类 | 师范类 | 农林类 | 医药类 | 其他类 |
|---|---|---|---|---|---|---|
| | T-quality | T-quality | T-quality | T-quality | T-quality | T-quality |
| yupin_tenure | 0.115 | 0.140* | 0.216*** | 0.193*** | 0.193*** | 0.192*** |
| yupin2015 | 4.093*** | 2.805*** | 2.198*** | 1.824*** | 1.824*** | 1.788*** |
| yupin2016 | 4.209*** | 2.860*** | 2.305*** | 1.931*** | 1.931*** | 1.895*** |
| yupin2017 | 4.158*** | 2.737*** | 2.085*** | 1.722*** | 1.722*** | 1.691*** |
| yupin2018 | 4.076*** | 2.667*** | 2.025*** | 1.650*** | 1.650*** | 1.617*** |
| 其他变量 | 控制 | 控制 | 控制 | 控制 | 控制 | 控制 |
| N | 1 107 | 1 088 | 1 049 | 1 044 | 1 044 | 1 056 |
| Num of id | 277 | 272 | 263 | 261 | 261 | 264 |

表6-18 "非升即走"制度对不同类别大学教学质量异质性分析及动态效应

| | 综合类 | 理工类 | 师范类 | 农林类 | 医药类 | 其他类 |
|---|---|---|---|---|---|---|
| | T-quality | T-quality | T-quality | T-quality | T-quality | T-quality |
| upout_tenure | 0.182* | 0.173* | 0.312*** | 0.256*** | 0.256*** | 0.258*** |
| upout2015 | 6.165*** | 4.223*** | 3.474*** | 2.889*** | 2.889*** | 2.858*** |
| upout2016 | 6.204*** | 4.172*** | 3.497*** | 2.910*** | 2.910*** | 2.887*** |
| upout2017 | 6.183*** | 4.032*** | 3.211*** | 2.642*** | 2.642*** | 2.621*** |
| upout2018 | 6.087*** | 3.963*** | 3.153*** | 2.561*** | 2.561*** | 2.544*** |
| 其他变量 | 控制 | 控制 | 控制 | 控制 | 控制 | 控制 |
| N | 1 107 | 1 088 | 1 049 | 1 044 | 1 044 | 1 056 |
| Num of id | 277 | 272 | 263 | 261 | 261 | 264 |

### 2. 名校与非名校的区别

表 6-19 报告了"预聘—长聘"制度和"非升即走"制度对"211"大学和非"211"大学教学质量的影响及动态效应。研究发现,"预聘—长聘"制度对"211"大学教学质量虽然有提高作用,但是没有通过统计检验。但是随着实施时间的增加,实施"预聘—长聘"制度的"211"大学的教学质量也在提升。"非升即走"对"211"大学教学质量有显著提升作用,其他单位不变的情况下,实施"非升即走"制度的"211"大学教学质量比没有实施制度的"211"大学高 0.187 分,并且实施时间越长,提高教学质量的分数越高。

"预聘—长聘"制度和"非升即走"制度对非"211"大学的质量有显著提升作用,其他单位不变的情况下,实施了"预聘—长聘"和"非升即走"制度非"211"大学教学质量比没有实施制度的非"211"大学高 0.187 分、0.251 分,并且实施时间越长,提高教学质量的分数越高。

**表 6-19 不同等级大学教学质量异质性分析及动态效应**

| | 211 大学 | | 非 211 大学 | | 211 大学 | | 非 211 大学 | |
| --- | --- | --- | --- | --- | --- | --- | --- | --- |
| | T-qua | T-qua | T-qua | T-qua | T-qua | T-qua | T-qua | T-qua |
| yupin_tenure | 0.120 | | 0.180** | | | | | |
| upout_tenure | | | | | 0.187* | | 0.251*** | |
| 实施第一年 | | 4.782*** | | 1.742*** | | 6.810*** | | 2.840*** |
| 实施第二年 | | 4.852*** | | 1.852*** | | 6.800*** | | 2.859*** |
| 实施第三年 | | 4.833*** | | 1.663*** | | 6.821*** | | 2.600*** |
| 实施第四年 | | 4.747*** | | 1.596*** | | 6.736*** | | 2.521*** |
| Cons | 63.17*** | 61.50*** | 62.83*** | 61.50*** | 63.16*** | 61.56*** | 61.99*** | 61.54*** |
| Obs | 1 156 | 1 156 | 752 | 1 056 | 1 156 | 1 156 | 1 056 | 1 056 |
| Num of id | 289 | 289 | 252 | 264 | 289 | 289 | 264 | 264 |

### 3. 基于所在地区的异质性检验

表 6-20 报告了"预聘—长聘"制度和"非升即走"制度对不同地区大学的教学质量。"预聘—长聘"和"非升即走"制度对不同地区大学都有显著影响,然而不同地区学校之间的作用有所差异。从数据结果看,"预聘—长聘"制度对不同地区大学影响依次是东北地区、西北地区、西南地区、华南地区、华中地区、华东地区、华北地区。而"非升即走"制度对不同地区大学影响依次是东北地区、西南地区、西北地区、华南地区、华中地区、华东地区、华北地区,这与"预聘—长聘"制度略有不同。

表 6-21 报告了"预聘—长聘"制度和"非升即走"制度对不同地区大学的教学质量的动态效应。异质性检验结果显示,无论是"预聘—长聘"制度还是"非升即走"制度对大学教学质量的影响都是长效的,且随着时间的增

长、效果会越来越好。也就是说,实施"预聘—长聘"和"非升即走"制度后的大学的教学质量会越来越高。然而不同地区大学之间的动态作用有所差异,从数据结果看,"预聘—长聘"制度和"非升即走"制度对不同地区大学影响由高到低依次是华北地区、华东地区、华中地区、东北地区、西南地区、华南地区、西北地区。

表 6-20 "预聘—长聘"制度对大学教学质量异质性分析及动态效应

| | (1)<br>A1<br>T-quality | (2)<br>A2<br>T-quality | (3)<br>A3<br>T-quality | (4)<br>A4<br>T-quality | (5)<br>A5<br>T-quality | (6)<br>A6<br>T-quality | (7)<br>A7<br>T-quality |
|---|---|---|---|---|---|---|---|
| yupin_tenure | 1.038 | 1.942*** | 1.965*** | 1.526* | 1.868*** | 1.916*** | 1.712** |
| yupin2015 | 32.427*** | 21.357*** | 18.637*** | 29.699*** | 19.340*** | 19.507*** | 22.893*** |
| yupin2016 | 33.477*** | 22.411*** | 19.718*** | 30.350*** | 20.385*** | 20.578*** | 24.020*** |
| yupin2017 | 31.700*** | 20.667*** | 17.695*** | 29.793*** | 18.439*** | 18.525*** | 22.015*** |
| yupin2018 | 31.132*** | 19.827*** | 16.990*** | 28.921*** | 17.563*** | 17.813*** | 21.393*** |
| 其他变量 | 控制 | 控制 | 控制 | 控制 | 控制 | 控制 | 控制 |
| N | 1 072 | 1 056 | 1 048 | 1 096 | 1 056 | 1 048 | 1 056 |
| Num of id | 268 | 264 | 262 | 274 | 264 | 262 | 264 |

表 6-21 "非升即走"制度对大学教学质量异质性分析及动态效应

| | (1)<br>A1<br>T-quality | (2)<br>A2<br>T-quality | (3)<br>A3<br>T-quality | (4)<br>A4<br>T-quality | (5)<br>A5<br>T-quality | (6)<br>A6<br>T-quality | (7)<br>A7<br>T-quality |
|---|---|---|---|---|---|---|---|
| upout_tenure | 1.076 | 2.793*** | 2.668*** | 2.292** | 2.557*** | 2.611*** | 2.365** |
| upout2015 | 50.331*** | 33.392*** | 29.323*** | 45.228*** | 31.140*** | 30.805*** | 35.964*** |
| upout2016 | 50.591*** | 33.616*** | 29.565*** | 44.775*** | 31.380*** | 31.030*** | 36.310*** |
| upout2017 | 48.514*** | 31.553*** | 27.007*** | 44.309*** | 28.886*** | 28.420*** | 33.809*** |
| upout2018 | 47.982*** | 30.563*** | 26.236*** | 43.301*** | 27.876*** | 27.638*** | 33.184*** |
| 其他变量 | 控制 | 控制 | 控制 | 控制 | 控制 | 控制 | 控制 |
| N | 1 072 | 1 056 | 1 048 | 1 096 | 1 056 | 1 048 | 1 056 |
| Num of id | 268 | 264 | 262 | 274 | 264 | 262 | 264 |

# 四、结论与讨论

## (一)"预聘—长聘"制度不会降低教学质量

"预聘—长聘"制度,尤其是"非升即走"制度实施后并没有降低教学质量,反而提升了大学的教学质量,并且这种提升作用会随着实施时间的增加而提升作用越大。这也证实了大学学术职业的分类会保证在实施"预聘—长聘"制度后,不仅会提升科研产出,同时也会提升教学质量。这说明目前大学通过设置不同岗位,使组织功能分化保证了教学质量。高校为了保证教学工作的正常运行,专门设立了教学岗位,以便主要从事教学工作的教师能够全心投入课程教学活动。同时,高校还为研究人员设立了专职岗位,让这些教师能够专注于学术研究,不用担心会因为教学课时工作量不足而影响职称晋升。大多数大学还保留了"双肩挑"的岗位,即兼顾教学和科研的工作岗位。虽然此前不少学者都提出了大学教学、科研功能相统一,要协调发展,但是一直没有从微观数据层面检验,而本节的研究结果使学术职业分化理论关于大学组织功能分化的论述得以证实。大学在发展的过程中会通过组织功能分化来保证大学运行过程中教学、科研功能的强化,让"重科研轻教学"变成"重教学强科研",实现教学与科研的双向发展。

（二）"首聘期科研考核"对教学质量没有影响

"首聘期科研考核"制度对教学质量没有产生影响,这说明实施"首聘期科研考核"制度的学校与那些没有实施"首聘期科研考核"学校的教学质量分数没有差别。笔者从以下几个方面讨论其原因:首先从实施这项制度的学校来看,大多数实施"首聘期科研考核"制度的高校都不是"双一流""985""211"等排名靠前高校,而这些学校原本的教学质量就无法与那些实施"非升即走"制度的高校相比,在师资力量、教学成果、学科竞赛排名、各种创新创业大赛、人才培养方面就有所差距。其次从学校定位来看,不同层级的高校依据学术工作中研究的侧重和研究水平的要求的差异,可以细分为研究型大学、教学研究型大学和教学型大学三大类。实施"首聘期科研考核"制度的学校大多数是教学研究型大学和教学型大学,这些学校不能完全重视科研,更要兼顾教学,所以这些学校在实施"首聘期科研考核"制度的过程中考核任务并不是只强调科研成果,教学成果、人才培养成果、社会服务成果等都在首聘期考核任务中。这项制度在实施后期已经演变成"首聘期考核制度"。最后,从组织功能分化程度来看,实施"首聘期科研考核"制度的高校组织功能分化程度远不如实施"非升即走"制度的学校。很多实施"非升即走"制度的学校通过设置专职科研岗位、特聘研究员/副研究员岗位、增大引进博士后人才招聘力度等手段招聘专职科研人员,加快大学组织功能分化。但是实施"首聘期科研考核"的学校由于学校自身发展定位无法去设置专职科研岗位,组织功能分化并不明显。

### (三)未来展望

我国近年来实施的教师职务分类改革是大学组织职能分化的实践,根据方案的初步设计意图,人们可以根据自己的实际情况和喜好,从以下三种类型的职务中进行选择:教师型岗位,研究性岗位和教学科研相结合的中型岗位,如教学是以教学为主的岗位类型,对研究的要求相对较低;相反,科研是主要职位,教学是辅助职位;教学与研究相结合则采用折中模式。

这样确实可以从组织层面保证科研成果和教学质量的双向提升,但这样的结果显而易见,从教师个人层面来看,是教学与科研相互分离。专职做科研的教师为完成科研考核任务拼命出产科研成果,但是这些成果无法转化到课堂当中,让学生享有;同时专职做教学的老师,在繁重的教学任务压力下,教师没有时间从事学术研究,教学水平下降,成为明显的重复教学。教学内容不能与时俱进,教学活动中的学术内容明显减少。从教师层面来讲,教学与研究之间的关系不是矛盾的,也不是可替代的,是互补和相互激励的。科学研究是教育发展的动力。不然,研究就失去了它的主要方向;没有研究,课程就会成为没有基础的源泉。

这种教学和研究之间的矛盾在大学里越来越明显。教师(特别是年轻教师)必须采取各种措施来增加研究成果或者教学成果。解决这个问题的办法是改革教师评价制度,教师评价最重要的部分是教学和研究成果。然而,目前对大学教师的评价却导致了教师教学与研究关系的分裂与失衡。高校教师考核关系到教师的任用、晋升、评价和薪酬,直接影响到高校教师的观念和行为。高校必须从学校层面设定教师考核任务中教学、科研、人才培养、社会服务等各个方面的融合,让教师个人层面达到教学与科研的相统一。

教师作为教学、科研和社会服务活动的发出者,是行为的主体。教师应从现代大学的本质属性——学术性出发,明确教学、科学研究和社会服务在大学和自身专业发展中的地位和作用,明确自身的职业素养及其价值所在。教师须根据所在学校的性质和类型、自身专业成长所处的发展阶段和职业能力,恰当地选择自身学术职业活动的重点和关注领域,在投入时间和精力上有所差异,重点突破,在教学或科研或社会服务活动中作出有理论意义和实践价值的成果。此外,教师自身还应在教学、科研和社会服务三种活动中始终坚持学术活动的学术性和育人性,注重教师之间的交流与合作,保障大学人才培养的根本目标真正实现。

# 第三节 本章小结

第一节从大学教师个人层面来考察,在"预聘—长聘"制度下,教师个人科研生产力与教学生产力的关系。"预聘制"与"教师分级分类聘用"是中国高校聘任制的两种形式,青年教师在两种聘任制度下的学术生产力是本节关注的焦点,笔者选取 D 高校的全体青年教师,区分"预聘期"和非"预聘期"进行比较研究。结果显示,"预聘期"的青年教师的科研生产力明显高于非"预聘期"的青年教师,但是教学生产力低于非"预聘期"的青年教师。由于该大学对新入职教师采取"教学+科研+育人"的综合考核方式,青年教师科研生产力的增加会提升其教学生产力的增加,实现教学与科研共生且共升。不同职业生涯阶段的青年教师培养侧重点应有所倾斜。

为了证实从大学整体角度考虑,"预聘—长聘"制度对大学教学生产力不一定具有降低作用,第二节从组织层面探讨"预聘—长聘"制度对中国大学教学质量的影响。笔者从学术职业分化理论出发,在组织层面探讨"预聘—长聘"制度对中国大学教学质量的影响,使用中国校友会 2015—2018 年大学教学质量排行榜数据和双重差分方法进行分析。结果显示,"预聘—长聘"制度的实施有助于大学教学质量的提升,尤其是"非升即走"制度实施下的大学,教学质量提升显著,但是"首聘期科研考核"制度对大学教学质量没有显著影响。同时,"预聘—长聘"制度的推行具有动态效应,随着推行年份的延长,大学教学质量提升更为明显。本节进一步分析得出,"预聘—长聘"制度下师范类的大学教学质量高于其他类别的大学;名校的教学质量提升作用更为显著。

# 第七章 "首聘期科研考核"
## 制度失效的内部系统原因

前两章的定量数据研究结果表明,"首聘期科研考核"制度的失效,主要表现为对国际论文期刊发表的负向作用,对中文论文期刊发表没有显著影响,对大学的教学质量也没有影响效应,虽然本书没有加入社会服务生产力的内容,但是已经证明了"首聘期科研考核"制度在科研生产力和教学生产力两个基本方面的失效,可以断定高校在实施"首聘期科研考核"制度的过程中陷入了困境。而针对这一困境的具体解读,需要深度了解这一现象背后的原因,定量研究则无法实现。这里,笔者通过定性研究了解大学在实施"首聘期科研考核"制度后遇到了哪些问题和困难,为什么会出现这些困难和问题,学校所采取的应对策略,这一困境难以解决的原因和未来发展趋势。

2015年年末,笔者当时还是一个即将毕业的博士研究生,博士期间发表了6篇CSSCI期刊,1篇中文核心期刊,3篇普通期刊。在找工作的时候,笔者经常听到"预聘—长聘"制度(也有学校称为"准聘""校聘""特聘"等名称),几乎所有面试的高校都要实施这项制度。但实施的方式却有所不同:有的学校是在预聘期(三年)设定一定科研任务工作量,如果完成就可以得到学校的长聘;而有的学校是要求在预聘期内要得到高级职称才能得到学校的长聘。前者在本书中称为"首聘期科研考核"制度,后者在本书中称为"非升即走"制度。当时笔者拿到几所高校的Offer,在选择工作时,就面临着这两种"预聘—长聘"制度的抉择。选择"首聘期科研考核"制度相对容易,因为这仅仅是与自己的竞争,只要完成学校规定的科研任务就可以留在学校;而选择"非升即走"制度的学校,就意味着与同期进入学校的新教师和同一职称的教师展开竞争,只有取得竞争优势才能留校。显然,后者的难度要远远高于前者,出于对职场安全与稳定的追求,笔者选择了一所实施"首聘期科研考核"制度的学校。在刚进入学校时,一起入职的新教师谈论最多的话题就是"能不能完成任务、能不能通过考核、能不能留下来",五年过去了,一轮的首聘期已经结束了,不同的新教师有着不同的结局。有的因为没有完成任务提前离职,有的没有完成任务还留在学校里面,有的完成任务但也离职了,有的完成了任务依旧留在学校。本章第一节从组织内部系统探寻组织制度失效的角度去探讨教师离职的原因。本章第二节将从组织多种制度逻辑冲突视角对两类新教师离职进行分析。

# 第一节 "招聘游戏"下新教师离职问题分析

自 2015 年国务院决定统筹推进建设世界一流高校和一流学科(以下简称"双一流")以来,各地纷纷出台具有本区域特色的"双一流"建设方案。地方高水平大学积极响应政府号召加快转型建设,在整体发展战略下优化制度结构创新。[①]其中,"首聘期科研考核"制度是地方高水平大学在人才队伍建设上一项重要举措。但该项制度实施后,在新教师(本研究的新教师是指未取得高级职称的 40 周岁以下青年博士,不包括学校引进的高层次人才)队伍中常常出现这样的现象,新教师一方面不懈努力地工作,力求完成首聘期科研任务考核;另一方面,诸多新教师又在积极寻找其他工作,大批新教师在首聘期内陆续辞职。离职教师多数都是由于无法完成首聘期科研任务被迫离职的新教师,这些离职新教师是自身原本不具备完成目标任务的能力,还是入职后受外界影响的结果? 高校在招聘的时候,对这部分新教师不能达标的科研能力,是缺乏判断还是视而不见? 这部分新教师被迫离职后,高校可以采取哪些策略避免循环往复的招聘行为? 本节以一所地方高水平大学 D(以下简称为"D 大学"或"D 高校")为例,详细解读新教师的离职现象。

## 一、案例与研究问题提出

D 大学是一所省属重点高校(非"双一流"),位于我国 L 省 H 市(远离省会的地级市)。L 省为了有效对接国家"双一流"建设,从本地区经济社

---

① 陈杰,徐吉洪.高等教育强省视阈下的地方高水平大学建设[J].国家教育行政学院学报,2015,(11):3—9.

会发展的实际出发,实施了"省重点高校建设计划"和"一流学科建设计划"。D大学进入L省首批重点建设高校名单,多个强势学科也进入了"一流学科建设计划",并获得了省财政厅的资金支持。D大学需完成L省高校、学科建设规划目标、任务和年度实施计划,并接受省教育厅等上级部门定期考核和评价,评估结果作为后续资助的依据。D大学在2016年正式实施"首聘期+科研任务"的人才考核制度,并将新入职教师分为两个层次、两个学科和两种类型分别考评,对于两类层次人次给予差异化的激励。以文科为例,第一层次(也可以称为A类)科研要求首聘期内主持一项国家级科研项目和发表5篇文章(其中3篇一级文章);第二层次(也可以称为B类)科研考核要求"首聘期"内主持一项省部级科研项目和发表一级文章1篇、二级文章1篇、其他文章2篇。完成第一层次科研任务可以获得学校提供住房一套,完成第二层次科研任务可以获得安家费35—55万元,后续奖励视完成科研任务情况而定。B类博士如果完成了A类考核任务可以转为A类考核,并获得A类博士引进待遇。如果签订A类博士只完成B类考核任务,则仅能获得B类博士引进待遇。如果引进博士不能完成B类科研任务,D高校将与其解除聘用关系。

对于考核任务完成难度的认识,校方与新教师的看法不尽相同。D高校某学院主管科研的副院长M74YW05表示:"B类层次的科研任务对于一般博士来讲,还是很容易完成的。"但是一些老教师却持有不同意见,在D高校工作了20年的一位系主任M70YW07说"我们系早期入职的11个博士,如果按照现在的标准(首聘期任务),他们能完成B类任务的只有1个"。大多数新入职教师都认为考核要求过高,"当时很多人看到这个标准之后,甚至很多老师是不敢签。而且当时我们学校这种要求,甚至在这个985高校里也并不常见"。(个案编号:M83YWA37)在校长与新教师的交流会上,多位新教师向校长反映,首聘期的科研任务过重,尤其是论文,国内外期刊投稿周期过长,难以在三年内完成4篇论文任务。此后,D高校根据新教师意见将首聘期从三年改为四年。

依靠L省的投入,D大学加大人才引进力度,希望通过科研奖励在人才争夺战中异军突起,但2016年的招聘结果并不理想。D大学2016年公布的招聘计划涉及各专业教师共350人,此后一年间,D大学人事处网站公示拟录取老师130人,最终签约入职的教师仅有64人,可见D大学存在人才招聘困境。考察D大学这64名新教师入职前的论文成果,[①]笔者发

---

① 囿于篇幅所限,D高校2016年新入职教师此前科研成果不列入正文中,在附录中呈现。

现仅有 16 名教师可以达到第二层次科研要求,无人可以达到第一层次科研要求。职业发展理论表明,职业生涯的早期阶段与在职业生涯的高级阶段具有密切联系。[①]如果这个假设是正确的,那么将新教师入职前博士期间算做职业早期是合理的,这期间的科研表现或者说科研业绩可能会影响他们学术职业的后续职业。如果他们的初步经验是积极的,非终身教职员工很可能会有富有成效的职业生涯和进步。但是,如果早期的职业生涯缺乏安全感或积累了其他负面经验,未受教育的教师可能永远不会充分发挥他们在高等教育中的潜力,否则他们最终可能被淘汰。所以,这些此前科研能力不佳的新教师如无意外都会在"首聘期科研考核"制度下被淘汰。

招聘分为高门槛招聘和低门槛招聘,"高门槛"模式可以增加进入学术领域的成本,降低代理机构的成本,减少不完全合同的高风险缺点。良好的甄别机制,在大学、政府、学术职业本身和真正关心学术职业的教师中发挥积极作用。在实际招聘过程中,领导受到低门槛招聘的影响,导致员工和职位之间的不匹配。[②]值得思考的是,在首聘期科研任务考核下,D 大学招聘大批科研成果欠佳的新教师是出于何种现实条件和原因? D 大学在新教师入职之初是否对其科研能力及首聘期完成科研任务的可能性有清晰的判断? D 大学是否有意招聘难以完成科研任务而无法留任的新教师? D 大学是否有针对性地采取措施帮助困难新教师完成科研任务? 如果不采取任何措施提升科研能力,这些科研能力差的教师在"首聘期"后注定会被解聘,那 D 大学这一做法原因又是什么? 其背后蕴藏着什么样的制度行为逻辑? 招聘失败是否使 D 高校改变招聘策略,在后续招聘工作中严格选人标准? 笔者从 2015 年年末开始对新教师群体进行了跟踪调研,通过对新教师(重点是离职新教师)、各学院招聘负责人以及学校人事处部分教师的深度访谈获取资料,力求对上述问题进行回答。

## 二、高校教师离职原因文献回顾

高校教师离职或教师队伍稳定性问题,关乎高校发展和大学生培养质量,一直受到广泛关注。以往研究把教师离职的多种影响因素,大致分为

---

① 黄海群.转型变革下的高校青年教师科研发展动力研究[D].厦门大学,2018.
② 胡娟,陈嘉雨."高门槛"与"弱激励":大学教师聘任与评价制度的理性设计[J].高等教育研究,2021,42(11):69—77.

以下四类：一是物质供给水平，包括工资水平、研究经费等；二是职业压力，包括教学任务、负责课程、工作倦怠等；三是社交关系，包括同事关系、上下级关系等；四是发展空间，包括科研机会、同事工作能力、上级领导能力等。笔者归结为高校与教师个人两个层面，前者包括组织支持感、组织承诺和组织激励等，后者集中在个人心理层面如基本心理需求、心理契约、工作满意度、职业倦怠、职业压力、职业认同、工作幸福感和工作嵌入等。①②③④

　　高校层面的影响可以归结为高校组织认同对大学教师离职意向的影响。组织认同对个体的心理活动有着至关重要的影响。当组织能满足个体自身的需要时，如在组织中，个体体验到了归属感，组织给予员工满意的薪酬等，个体会认同所在组织，并积极维护组织利益，从而倾向于留在组织中。当组织不能满足个体的需要、个体不认同所在组织时，个体留在组织中会产生一定程度的负性体验，倾向于选择离开组织或者具有离职的意向从而消极地对待目前的工作。组织认同与离职意向呈负相关关系已被多项研究证实。巴姆伯(Bamber，2002)认为，组织认同会通过降低组织—职业冲突，从而降低员工的离职倾向。⑤熊明良等(2008)⑥、周祥荣(2013)⑦认为，组织认同和工作满意度两者共同作用能够降低离职意向；也有研究表明，组织认同对离职意向产生的影响大于工作满意度对离职意向的影响。究其原因，工作满意度是员工对目前工作的一种态度反应，而组织认同是个体对组织长期形成的一种持久的、较为稳定的归属感。所以，相对于工作满意度，低组织认同对员工离职意向的影响更大。此外，职业倦怠对离职意向也具有显著预测作用。⑧

————————

① 饶军民.近十五年来国内教师离职研究的前沿演变和热点领域——基于 1998—2013 年 CNKI 收录文献的关键词共现知识图谱的计量分析[J].教师教育研究,2013,25(04)：79—85.
② 王晓莉.民办高校教师工作幸福感与离职倾向关系实证研究[J].教育导刊,2015,(12)：43—46.
③ 熊洋,周永红,李海龙,曾垂凯.高校教师心理需求与离职行为：工作满意度的中介作用[J].中国临床心理学杂志,2015,23(02)：362—364.
④ 曾晓娟,宋兆杰.工作压力类型及其绩效和离职倾向差异分析——以大学教师为例[J].齐鲁师范学院学报,2013,28(01)：44—50.
⑤ Bamber, E. M. & Iyer, V. M. (2002). Big 5 Auditors' Professional and Organizational Identification: Consistency or Conflict? *A Journal of Practice & Theory*, 21(2), 21-38.
⑥ 熊明良,张志坚,熊国良.员工满意感与认同感关系研究[J].华东交通大学学报,2008,(04)：111—116.
⑦ 周祥荣.企业员工工作满意度、组织认同与离职倾向的关系研究[D].湖南师范大学,2013.
⑧ 付瑶,程硕,曹铭,张毕西.知识型员工工作压力与工作投入：心理资本的中介效应[J].数学的实践与认识,2017,47(17)：32—37.

大学教师是具有一定知识能力的人群,当其认同所在组织时,会利用自己的优势,发挥自己的能力,为所在学校付出,创造更多的知识价值。但是,当大学教师并不认同所在学校,同时外部又能提供满足其要求的条件时,离职便成了大学教师实现自我价值的途径。杜嬬、刘鑫桥(2019)认为学术权力的感知能够显著并直接地抑制其离职倾向,同时会通过增强组织认同的中介作用弱化离职倾向。[①]工作满意度是教师对当前工作的情感反应、情绪体验和基本态度,可以作为预测教师离职的中介变量,职业压力、绩效考核、组织支持感等都是通过工作满意度发挥作用的。[②]白燕奇(2017)认为高校教师心理契约与离职倾向存在明显负相关,且心理契约可以显著预测离职意向。高压力对工作绩效的其他维度产生积极影响,高压力对离职意愿产生有更强的预测影响。[③]这一结论与传统观点不同,传统观点认为"高压力导致工作效率下降和离职意愿增加"。[④]因此,大学人力资源管理者应该重视教师的组织认同,尽力提升教师对于学校的组织认同感。

以往研究存在以下几个问题:第一,此前研究大多针对全体教师,并没有针对"预聘制"下的新入职教师,虽然有一定的借鉴意义,但不能完全等同。因为"预聘—长聘"制度的实施改变了高校、学术共同体环境,新入职教师面对不同于以往的制度政策,原有理论框架需要推进。第二,此前研究大多为量化研究,无法知晓新入职教师离职的真实想法。所以笔者选择一所实施"预聘—长聘"制度的高校,对"预聘期"离职的 22 位教师进行访谈,探索出在新的制度环境中教师离职的原因,希望为以后高校科学合理制定人事政策提供对策建议。

## 三、理论基础

以往文献解释着重于分析员工进入组织后出现离职的原因,然而,本

① 杜嬬,刘鑫桥.高校教师离职倾向及学术权力感知的作用——基于"2016 年全国高校教师发展调查"的实证分析[J].中国高教研究,2019,(09):48—53.
② 朱乃平,蒋丹.高校教师离职倾向影响因素实证研究[J].黑龙江高教研究,2015,(03):88—91.
③ 白燕奇.心理契约对应用型本科高校教师离职倾向的影响研究[J].湖南科技学院学报,2017,38(02):93—96.
④ 曾晓娟,宋兆杰.工作压力类型及其绩效和离职倾向差异分析——以大学教师为例[J].齐鲁师范学院学报,2013,28(01):44—50.

节探讨的是新入职教师的被迫离职现象,由于新教师离职的直接原因是无法完成科研任务,因此讨论的焦点是科研能力欠佳的新教师何以进入招聘标准较高的高校,即高校的招聘行为。与高校教师招聘相关的研究表明,大部分高校组织主要以其招聘岗位的数量弥补比率、招聘到的优秀人才人数,实现招聘所投成本与效果、教师与岗位要求的一致性,解决学校岗位短缺等困境,实现教师招聘工作的有效性。[1][2]总结起来,"人与组织匹配"和"成本—效益"是洞察高校招聘行为的两大主要理论。

(一) 人与组织匹配论

1. 人—组织匹配的概念

个人和组织之间的匹配最初是由勒温(Lewin)于1951年提出的。勒温认为,个人与组织之间的匹配是个人与外部环境因素相互作用的结果。[3]目前对这一概念的研究有三种类型。

(1) 一致性匹配和互补性匹配。前者是指个人和组织在特定方面的匹配程度。如个人的价值观、生活目标、个性、态度等与组织长期形成的价值观、目标、文化相同或相似。如果两者存在相似性,即为一致性匹配。一致性匹配也可称为价值观匹配,是指个人价值观与组织共同价值观、行为规范、组织氛围等方面的一致。后者主要关注个人和组织所需资源能否相互满足。例如,组织需要员工具备一定的职业素养、良好的工作态度、对组织的忠诚以及能够为组织的利益做出贡献;员工期待组织提供物质和心理支持,希望组织工作能有效促进自身发展和改善。当双方能够在一定程度上相互满足即形成了互补。[4]

(2) "需求—供给"和"要求—能力"观点的区分。这种观点类似于互补匹配理论。凯伯(Cable,2004)指出如果一个人能力能够达到组织对员工的要求,并且组织能够满足物质条件或其他要求,那么员工和组织的要求是一致的。员工和组织的匹配可被视为市场行为,它不是单方面的,是员工和组织之间的相互协作达成的,即个人需求与组织供给的匹配。[5]

① 姚云,李福华.重点大学教师招聘优先群体的路径选择[J].国家教育行政学院学报,2015,(01):28—31.

② 何佳璇.论高校教师招聘选拔工作存在的问题及对策[J].人力资源管理,2018,(07).

③ 尹木子.高校新教师离职问题分析[J].高教探索,2019,(05):113—119.

④ Edwards J.R. (1991). Person-job fit: A conceptual integration, literature review and methodological critique. *International Review of Industrial/organizational Psychology*, 6, 357-376.

⑤ Cable, D. M., & Edwards, J. F. (2004). Complementary and supplementary fit: a theoretical and empirical investigation. *Journal of Applied Psychology*, 89, 822-834.

（3）整合性匹配模型。部分学者指出前几种匹配模型缺乏整体性。克里斯托夫（Kristof，1996）指出，匹配的各种形式在本质上并不矛盾，员工与组织两者之间的"供求互补"关系实际上是"需求"与"满足"之间的一致，其实质也是一致性关系。同时他还指出，当员工与组织满足以下情况之一时，两者间的匹配（即个人能力与工作岗位要求的适应）也就产生了：一是员工与组织至少一方能够提供另一方所需的资源时；二是人与组织在某些基本特征上拥有相似特征时；三是以上两种情况同时存在时。即个人能力与工作岗位要求的适应。①

在"双一流"建设中，地方高水平大学为提升学校排名，争创"双一流"学科，切实加强学校的科研建设，希望通过"首聘期"科研任务选拔高水平人才。但是，D大学同时还招聘了大批科研能力欠佳的教师，这与组织提供的工作岗位要求明显存在差距，因此"人与组织匹配"理论显然不能很好解释高校这一招聘行为。既然"人—职"不匹配招聘后果这么严重，为什么D高校还会出现大量的原本科研业绩不佳的博士呢？

（二）"成本—效益"论

"成本—效益"理论的核心观点是组织以最合适的成本换取最大的效益，即招到最需要的人才，也被称为有效招聘；而无效招聘是以过大或过小的招聘成本招不到合适的人或者招到不合适的人。②高校招聘科研能力欠佳而被迫离职的新教师，这无疑是属于无效招聘。高校招聘是在学术劳动力市场进行，高校招聘教师是基于教师最高学历、毕业院校、论文、课题、专利发明和获奖等科研业绩情况，而这些学术界信息是相对透明和公开的，因此，应聘教师的工作能力具有"公有性"与"公开性"。③正常情况下，高校希望将花费的成本转化为有效招聘，而实际上大批科研能力低于标准、面临淘汰的新教师进入高校，这是"成本—效益"理论无法解释的问题。

总的来看，既有组织招聘理论的研究成果对于高校招聘新教师现象未能进行很好的解读，以此解释新教师的离职，显然无法给出满意答案。

---

① Kristof, A. I. (1996). Person-Organization Fit an integrative review of its conceptualizations, measurement and implications. *Personnel Psychology*，49(1)，1 - 49.

② 赵东.基于"成本—效益"理论的企业招聘成本有效性分析[J].中国集体经济，2013，(01)：111—112.

③ 张东海."非升即走"的逻辑及其引入我国高校的可能性[J].比较教育研究，2013，35(11)：55—60.

## 四、组织招聘——招聘程序和组织招聘的内外动力

为了补充既有组织招聘理论对本研究问题解释的不明确之处,本研究尝试从组织招聘程序入手,在招聘程序中探索出蕴含的问题,通过理清组织招聘决策产生的结构制度逻辑,从而解答招聘失败现象何以循环往复。

(一)招聘程序

D大学的招聘程序是"应聘者投递简历——学院工作人员筛选简历——学院领导审批——试讲和政审——学院集体讨论是否录用——报请学校审批——审批通过——公示"。

具体来讲,学院办公室负责接收简历的教师负责首轮筛选,学历和专业是筛选的硬性标准,不符合的简历即被剔除。符合应聘标准的候选者会进入到学院领导审批环节,学院邀请系主任、副主任和部分教授对应聘者的科研能力进行评定,主要依据以往科研成果。学院对于有录用意向的应聘者,会约定时间来校试讲及政审。一般情况下,在试讲和政审过程中,只要应聘者思想端正、积极向上,一般都可以顺利通过。学院最后会将录用意向报请学校审批,学校主要领导和分管人事领导共同商议批准后进行公示,公示期无异议才算是最终录用。从D大学的招聘程序看,新教师(包括科研能力欠佳教师)的录用是学院及学校共同认可的结果。

### 1. 新教师招聘

对新招聘人员的综合能力和发展潜力进行评估,并决定是否录用,是大学师资队伍建设中最关键的环节之一。因为任何环节的任何失误都会成为师资队伍建设的硬伤,进而影响到师资队伍建设的所有环节,特别是在目前高校教师流动还处于一种自然状态的情况下,有发展潜力的教师经过一段时间的发展,要么学历进一步提高后,要么科研水平达到相当高的水平后,就会很自然地选择到层次和水平更高或更有发展前途的单位工作,留下的或沉淀下来的老师,都是最初选择时存在问题的人。于是最终决定大学教育教学质量的师资队伍,始终处于一种逆向选择的过程,即从选择优秀人才的良好愿望出发,得到留下人员质量不如人愿的现实,这确实是一个值得人们深思的问题。

对这个问题追根溯源,笔者发现问题主要出在人员把关上的失误,可以进一步浓缩成这样一个问题:什么人有资格评判未来教师的学术潜力?答案只能是同行专家,即由引进人才学科的专家组成评议会来做出判断,并最终做出选择。目前以美国为代表的高等教育比较发达的国家,都是采

用同行专家评议的方式来选择未来的同事,这被实践证明是一种非常有效的方式。比较 D 大学和美国高校的新进人员选择方式,可以看出前者是行政权力在发挥作用,后者是学术权力在发挥作用,产生不同的结果是非常自然的事情。

D 大学目前通用的招聘新教员的方式是:学校成立以职能部门负责人为主的招聘工作领导小组,院系成立相应的以行政领导为主的招聘小组,然后从应聘人员中选拔新教员。一般来说博士层次的人才主要由院系确定,硕士层次的人才由学校主导确定,这是一种以行政权力为主导的选拔新成员的方式,而不是学术水准的判断,会不可避免地出现偏差现象。

据一位学院招聘小组专家反馈,当时招聘一位海归博士的时候,他和学院领导提出了强烈的反对意见,因为那位博士本科不是本专业的,面试时候对于招聘专家提出的本专业概念都不知所谓,对其科研能力极大地质疑,但是学院的几位领导都表示想引进这位海归博士,学院面子比较好看,多次给这位专家做工作,让其同意引进这位海归博士。最终专家只能妥协同意引进这位海归博士。(个案编号:M78YW01)

2. 对应聘者的考核

对专业技术人员的考核,是世界上所有高校都要进行的一项重要工作,目的是督促专业技术人员努力工作,不断完善自我。这项考核由于涉及的主要是学术方面的工作,理所当然应该由同行专家来进行考核,只有他们才最有可能判定成果的学术价值,提出针对性的改进意见。但实际上,在这样一件学术特点十分明显的工作上,不少地方院校还是通过行政权力主要是职能部门来完成考核工作。

由外行来考核内行的唯一做法,就是核查论文的篇数甚至计算论文的字数,确定论文发表刊物的层次和级别,确定科研项目的层次、经费数额等,最后依据表面上的和数量上的结果,做出学术上的评价结论。有时用量化的数字评价人文社科类学者,并不是很准确的做法。在 2018 年年末时,××学院看中一位应聘者,这个应聘者有几篇论文已经被 CSSCI 期刊录用,但是要等半年之后才能见刊,D 大学就以没有发表 CSSCI 期刊为由没有录用这位应聘者。2019 年上半年的时候,笔者查阅这位应聘者的文章,发现其真的有 3 篇 CSSCI 期刊发表了。但是这样的人才已经被其他学校录用了。

(二)组织招聘的内外动力

1. 完成人才队伍建设指标——获得外部资源

资源依赖理论的主要假设是,没有任何一个组织是自给自足的,所有组织都在与环境交换生存。作为与环境的交换,环境为组织提供关键资源(稀缺资源),没有这些资源,组织就无法工作。因此,对资源的需求反映了组织对外部环境的依赖。资源的稀缺性和重要性决定了组织对环境的依赖程度,进而使得权力成为显像,权力也成为了解组织内部和外部活动的重要因素。①斯科特(Scott,2001)认为资源依赖理论可以适用于任何有权力的地方。根据这个假设,只有积极有效的组织才能生存。实现这种效率的前提是管理环境要求,因此组织必须积极有效地响应环境的需求,并为它们的生存和发展提供关键资源。②

资源依赖理论表明,社会背景直接影响组织行为。根据这个理论,一个组织的许多行为只是该组织对世界上其他组织的反应。组织具有提高独立性和追求自身利益的战略。根据资源依赖理论深入分析组织的环境特征是理解组织内部和外部行为的前提。组织内部发生的事情不仅取决于组织本身的问题,还取决于组织管理、组织结构、组织程序等。组织行为是环境影响的结果,是环境中发生的某种不可预测的情况和制约的整体影响的结果。

组织理论专家理查德·豪(Richard Hall,1991)提出,对某种具体的组织行为和现象的分析,要分析其所处外部环境的制约因素。③从组织外部来看,组织运行所需的各种资源,如财政资源、物质资源以及信息资源等,都是从外部环境中得到的,即组织明显依赖于外部资源提供者。

组织招聘是一种具体的组织行为,要受到组织外部条件的制约与影响,尤其是组织需要外部资源支持组织发展建设时,更会为了适应外部条件而产生某种组织行为。中国高校不是盈利性组织,政府在高校资源配置方面有着不可替代的作用,高校十分需要政府的帮助与扶持。政府与大学的关系一直也被概括成"压力传导"和"激励诱导",前者表示政府对大学的权力支配关系,后者表示政府诱致性策略对组织变革的影响。④高校为了从政府那里获取发展所需的资源,就必须按照政府的设定目标执行,按照政府的考核目标安排自身行为。前文提到 D 大学进入 L 省首批"重点高

① [英]克莱尔·克朋.组织环境——内部组织与外部环境(第二版)[M].周海琴译,经济管理出版社,2003.
② [美]W.理查德·斯科特、杰拉尔德·F.戴维斯.组织理论:理性、自然与开放系统的视角[M].高俊山译,中国人民大学出版社,2011.
③ Hall, Richard H. Organizations: Structure, Process and Outcomes[M]. New York: Jersey Prentice Hall. 1991:46.
④ 朱玉成,周海涛."双一流"背景下高校创新人才培养困境分析——基于组织分析的新制度主义视角[J].研究生教育研究,2018,(01):1—5.

校建设"名单,同时多个强势学科进入了L省"双一流"建设学科,但同时面临着每年的考核任务,只有通过考核才能获得L省每年的拨款。

L省对"重点高校建设"高校的评估分为年度建设评价、中期评估、期满验收三个阶段逐步实施,强化目标导向和过程管理。一流学科在建设期内实行"年度建设报告"制度,高校负责对标《一流学科建设任务书》开展"年度建设评价",侧重纵向比较,突出过程管理,重点判定学科建设进展;"中期评估"和"期满验收"采用量化指标考核,由L省教育厅会同省财政厅组织实施,具体考核的一级指标为师资队伍建设、人才培养、科学研究与社会服务、学科影响力和国际合作交流。其中师资队伍建设所占比重较大,也对其他指标有着基础性影响作用。师资队伍建设又分设二级指标包括专任教师人数(并对国家级人才和省级人才数量有一定要求)、专任教师结构(两个小项指标分别是博士学位教师比重和45周岁以下青年教师比重)、团队(省部级及以上创新团队数)和柔性引进高水平学科带头人。

高校作为理性的组织,会根据自身现状并基于行动效率和收益评估采取选择性的行动。面对省教育厅和财政厅的任务考核,D大学加大引才力度、规范考察过程、完善进人机制,不断完善人才招聘工作、提高引进人才质量,希望在学科建设中有突出表现,取得重大影响的突出成果和突出贡献,力求在年度建设评价、中期评估和期满验收中豁免全部或部分考核指标。人才队伍建设中,全职引进两院院士或其他国家级人才,或获得1项国家自然基金创新研究团体,即"师资队伍建设"一级指标为满分。由于地理位置和学校实力的限制,D大学高层次人才引进情况并不理想。所以,D大学把人才队伍建设重点放在改善学校现有人才队伍结构,通过招聘一定数量的青年博士实现这一目标,并完成省教育厅每年中期任务考核,从而获取省政府拨付的财政资金。这是D大学努力招聘青年博士的组织外部原因。

2. 高校内部机制激励

从组织内部来看,组织行为还会受到内部结构、激励机制等内部动力机制的影响。[1]高校招聘是一种组织行为,需要组织依照科层制原则从上到下的集体决策。因此,只有认清组织的内部动力机制,才能洞悉高校招聘的制度逻辑。

---

① Hall, Richard H. Organizations: Structure, Process and Outcomes[M]. New York: Jersey Prentice Hall. 1991:46.

（1）强奖励机制助推

组织内部"控制系统"是组织控制、评估和激励的系统。它的形成与建立是依据组织认为重要的目标而设定。组织为了支撑规范标准、规章制度和指示命令的执行,需要有正式的结构化机制分配奖励与处罚。①在政府的压力诱导下,完成人才队伍建设目标是 D 大学极为重视的任务,因此在高校内部奖励机制中加大招聘人才的奖励。D 大学为了完成省政府制定的人才队伍建设目标,将招聘人才任务的指标分派到各个学院。各学院如果完成每年招聘人才任务的指标可以获得学校的物质资源奖励、精神荣誉奖励以及学院未来发展奖励等。学校给与的招聘奖励也依据招聘不同层次人才而设定不同奖励。②人才引进的奖励根据引进层次不同有较大差异,全职引进高层次人才奖励金额会更高,但引进难度更大。与引进高端人才相比,引进青年博士的任务比较简单,近年来,我国高校博士毕业生人数逐渐递增,根据《全国教育事业发展统计公报》统计显示,我国高校博士毕业生人数从 2001 年的 1.29 万人增长到 2017 年的 5.8 万人,年平均增速达到了 12.09％。③所以,学院层面也非常看重引进青年博士人才,即所谓的"大任务重要,小任务更重要"。完成考核任务对于学院的意义非常重要,这不仅影响学院中个人绩效考核、在职表现和日后职务晋升,还会影响学院整体利益,尤其是学院全体教职员工的奖金发放。因此,学校、学院十分重视人才引进工作。

20××年 D 大学专门出台了招才引智奖励办法的文件,招才引智奖用于一次性奖励全职引进优秀人才所设立。引进人才要求两院院士年龄 65 周岁及以下,其他高层次人才 53 周岁及以下。高层次人才分类标准以当年引进政策为准,成功引进以正式报到为准,具体绩效奖励设置为:

（一）每引进两院院士 1 名,学校给予绩效奖励 100 万元;

（二）每引进符合杰出教授 A 类条件人才 1 名,学校给予绩效奖励 50 万元;

（三）每引进符合杰出教授 B 类条件人才 1 名,学校给予绩效奖励 20 万元;

---

① ［美］W.理查德·斯科特、杰拉尔德·F.戴维斯.组织理论:理性、自然与开放系统的视角［M］.高俊山译,中国人民大学出版社,2011.

② 分为两类人才,一类是高层次人才,包括院士一级教授、长江特聘教授、国家级人才、国家级人才（青年项目）、省部级人才和"双龙学者"特聘教授;一类是青年人才,通常要求与 D 大学重点建设高校相关学科、专业契合的国内外知名大学（研究机构）毕业的青年博士（年龄一般在 35 周岁以下）。

③ 根据《全国教育事业发展统计公报》,2001 年博士与硕士毕业人数首次分开计算。

（四）每引进符合杰出教授 C 类条件人才 1 名,学校给予绩效奖励 5 万元;

（五）每引进海外优秀博士(后)人才 1 名,学校给予绩效奖励 1 万元;

（六）教职工人数超过 100 名的学院,引进 10 名及以上博士的,奖励 10 万元;其他学院、研究机构引进 5 名及以上博士,奖励 5 万元。

当年某学院引进了 12 人,大大超过了学校的指标,学院领导在年底职工会议上述职时还高调宣扬自己这项引进人才荣誉。甚至某些二级学院领导干部为了完成上级引进高层次人才的任务,广泛动员自己的"亲朋好友",不管这些人的研究方向是否符合 D 高校未来发展规划,研究成果是否达到 D 大学引进人才的标准都全部引进来。虽然在人事处那里会受到一些阻碍,但是二级学院领导去说情的话一般都不会有任何问题。

（2）无监督处罚机制

D 大学对于招聘的各类人才设有明确的奖励机制,但对招聘条件却没有硬性规定。D 大学对新入职教师并没有建立严格的考核制度,对于招聘失败亦没有惩罚措施。即使新入职青年教师因未完成"首聘期"考核任务而离职,学校、学院相关部门人员的业绩也不会受到影响。一方面是上级政府部门的人才引进激励,另一方面是招聘失败的惩罚缺失,结果 D 大学人才招聘工作呈现如火如荼的态势。

今年(2018 年)上半年都快过去了,某学院没有招来一个人(新老师),领导担忧今年的招聘奖励拿不到了,呼吁现有的教师动员一下(你们)师弟师妹来应聘嘛。(个案编号:M64YW02)

在组织内外动力作用下,D 大学各学院在招聘新教师表现上十分积极,甚至忽视了对新入职教师前期科研成果的考察。D 大学 2016 年引进新教师中,有近 20 人此前没有发表任何论文,他们最终也被录用。后来几年中,D 学校各个学院也都大力引进人才,几乎演变成"只要你敢投,我就敢要"的状态。但是后续离职问题十分严重,很多招聘进来的人并不适合 D 高校的发展,这样的招聘是无效且浪费的。

## 五、组织制度失效——导致新教师离职

（一）组织内制度互补性失效

1. 新教师政策与其他制度相抵无法实施

新制度主义理论将制度视为复合体,上位制度由多项下位制度构成,制度之间具有互补性,某一制度功能的发挥会受到其他制度形态及其功能

的影响。①D 大学为便于新入职教师完成科研任务制定了这一对策:"新教师每周的教学任务不能超过 3 课时"。该项对策是"首聘期科研考核"制度的配套制度(也可以称为下位制度),出台的目的是为了让新教师将更多时间、更多精力投入科研工作中,以便更好完成首聘期科研任务。然而,该项制度表面上看来是维护新教师利益的对策,在实施过程中却被新教师主动抛弃。学校虽然出台了一系列政策制度去保障新教师可以全身心投入科研当中,但是二级学院的配套奖励政策和学校的政策是有出入的。

D 大学的薪酬制度遵循按劳分配的原则,收入由基本工资和绩效奖励组成,基本工资水平比较低,讲师 3 000 元,副教授 4 000 元;绩效奖励主要包括课时费、科研奖励和年终平均奖,由所在学院自行决定发放规则。学院要求每位教师完成基本的教学工作才可以拿到教学年终奖(大约 15 000元)。如果新教师每周只上 3 课时,无法完成基本教学任务,年终奖会有较大损失。一般情况下,新教师经济收入水平较低且存在较多购买需求,为赚取必要的生活费,常常主动选择承担繁重的教学任务。

M81YWB06,是一位离异且独自抚养两个孩子的父亲。2016 年入职D 大学,签约青年教师 B 类科研任务。入职时贷款买了房子,每个月偿还房贷 5 000 元,4 岁孩子的幼儿园等费用 1 600 元左右,10 岁的孩子上小学一个月需花费 2 000 元左右。为了维持每个月的日常开销,M81YWB06只有选择承担更多的课程任务。入职第一年,他便承担了 5 门新课,其中有 2 门是英文授课。备课压力极大,严重影响其科研任务的完成。

可见,D 大学设立的新教师工作量限额政策与组织内部薪酬制度显著不匹配,在实际运行中难以发挥效用。新入职青年教师正值 30 岁左右,面临着买房、结婚、生子、养老等家庭琐事,是急需要金钱物质保障的。

2.组织内相关制度的重压

新教师入职后,就进入了 D 大学的权力规制与约束体系之中。D 大学设置科研任务的初衷是激励新教师达成组织目标的同时实现个人价值,但实际运作中常常遭遇障碍。新教师入职之初,需要经历适应工作环境、接受岗前培训及考核、熟悉讲课流程、理解高校运作模式、建立社会关系、处置紧张情绪等一系列基本程序,精力受到了极大的消耗。

总的来看,D 大学针对新教师设置的各项制度,并没有对新教师开展科研任务起到促进效应,相反加剧了其科研任务的完成难度。如 D 大学职

---

① [韩]河连燮.制度分析理论与争议(第二版)[M].李秀峰,柴宝勇,译,中国人民大学出版社,2014,149.

称评聘制度,要求讲师每年要达到240课时的教学任务,承担一年以上的学生管理工作、完成新教师培训、获得教师资格证书、师德师风教育课程等的硬性要求,才可以参评副教授,这些规定使新教师不得不在科研任务以外投入大量时间和精力。新教师们纷纷吐槽:"我们的科研任务已经够重了,哪想到一天天还有这么多(多余的)事,不是这个考核就是那个填表,想做科研根本没有时间。"

(二)组织内部资源有限

1.科研培训制度缺失

以新教师岗位技能培训为例,D大学聘请几位有经验的资深教师以提升教学水平为主题为全体新教师做讲座,但是台下的许多新教师并不认可,主要原因是首聘期仅对科研任务设置了要求,教学并不关乎新教师的科研任务,因此难以得到新教师的重视。培训后,新教师之间的交流形成了这样的共识:"(台上培训教师)讲的这些以后用不上,还不如讲一些如何做科研的技巧呢!"

2.课题、期刊等学术资源有限

L省某一厅级课题将名额分配给D大学各个学院,由各学院自行决定。很多学院不是按照申请书质量分配,而是论资排辈,优先考虑学院的老教师。一位新教师对此颇有微词:"我们考核任务就是一个厅级课题,我们(专业)很难申请上别的课题,指望这个课题完成(考核)任务,学院(分配时)应该照顾我们有任务的新教师,而不是那些老教师。"(个案编号:F79NWB21)

《D大学学报》是全国中文核心期刊,很多新教师希望在上面发表文章以此完成论文任务。然而该学报是双月刊,每期只能发表8—10篇文章,一年只能发表60篇文章,学报出于自己发展考虑,注重投稿稿件质量,许多新教师的文章难以就近录用。原本科研成果不佳的新教师认为,虽然此前自身能力不足以完成的科研任务,但D大学相对来讲是较好的求职选择,基于发展的理念,随着自身学术能力和水平的提升,通过努力还是可以完成D大学的青年教师第二层次科研任务。而实际情况是,学校各项措施制度并未对新教师完成科研任务提供有效支持,结果出现了诸多科研能力欠佳的教师纷纷离职的现象。

## 六、"科研任务考核"演变为"招聘游戏"的运行逻辑

(一)区别对待离职教师——"招聘游戏"形成

D大学对于存在离职风险教师的态度也不尽相同,同时"科研任务考

核"的作用并不一致。

1. 紧缺专业的教师——强力挽留

紧缺专业的特点是教学性强,集中在外语、音乐、体育等专业,原本缺少教师且存在招聘困难。这些专业毕业的博士在一线城市很有竞争力,能来 D 大学大多因为年龄偏大或科研成果不佳等因素。但 D 大学看重这部分教师的教学能力,入职后会安排大量授课任务,每位教师一个学期至少承担三门课。学院领导对待这些教师会尽力挽留,一再保证在首聘期结束时为他们争取留任机会。

2018 年 3 月一位入职一年的紧缺专业教师跟学院领导辞职时,学院领导一再劝说,"你们不用担心协议(科研任务),等首聘期结束后我们会跟学校争取,不能让你们因为完不成科研任务离开"。(个案编号:F87NWB02)

2. 非紧缺专业的教师——无用即弃

非紧缺专业存在高层次人才流动性大的问题,将这些科研能力不佳的教师招聘进来是为了暂时缓解授课压力。而且这些专业会持续招聘,希望招聘到较合适的教师。学院领导对待这部分教师的态度是放任自流,不干涉、不挽留、算清账目、互不相欠。

> 一位入职一年多的新教师的科研成果为零(无课题,无论文著作)。他和学院领导说辞职的事情,领导毫无惊讶地表示:"一切按照学校程序办理离职手续,安家费、科研启动经费和违约金缴纳齐全就行,走之前把欠学院的钱还了"。这位老师后来知晓,学院已经面试了接替他的老师,正在办理入职手续。(个案编号:F82NLB18)

此种情况下,"科研任务考核"就是"赶走"科研能力欠佳教师的法宝,这些教师辞职之后,学院又可以空出名额招聘新的教师,而按照学院、学校的奖励制度,学院领导们可以重新得到一笔招聘奖励金,也可以算作个人的领导政绩。相应地,学校可以完成省教育厅每年制定的人才队伍建设考核目标,得到省政府"重点高校计划"的支持资金。

3. 对于那些依靠关系进来的教师——听之任之

这类应聘教师通常是 L 省内著名大学毕业的博士或者应聘者导师是业界泰斗级人物。前者的导师都是本省各学科领域的专家,在省内各类评比中担任评委,享有本省的学术资源;后者的导师是全国各类评比的专家,掌握着极为丰富的学术资源。当遇到这类应聘博士,无论其研究成果、研究能力、研究方向与 D 大学学科是否一致,一般情况下都会被录用。对于凭借关系进来的教师,"科研任务考核"充当着"检验器"和"润滑剂"的作用。这类教师入职后分为两类,一类入职后借助导师的名声,借助其学术资源,申报课题和发表文章十分得力,可以顺利完成科研任务顺利留校;另一类入职后表现平平,无法完成科研任务,根据协议会被学校解聘。对于前一类教师来讲,此时科研任务发挥着"检测器"的作用。对于后一类教师来讲,离职归结到高校制度的限制,可以避免得罪任何省内、国内学术界的"大佬"们。此时的"科研任务考核"起到了人际关系"润滑剂"的作用。

有一些青年博士即使没有完成科研任务,很多二级学院院长通过写求情信等方式注明"某某博士在入职期间做了什么公共服务",请求人事处在考核中给予该博士优秀的等级。或者有一些强势学科带头人会给自己的手下争取利益,如把原本不是考核的期刊争取为考核标准的期刊,如将日本核心期刊(JCI)增补为考核期刊,把 CSSCI 集刊增补为考核标准中二级期刊等。

科研能力欠佳的新教师离职后,D 大学可以继续开展招聘工作。在博士生数量与日俱增的今天,如果能招聘到科研能力强的教师是 D 大学最希望看到的结果,将有利于增强学校的科研实力;如果招聘到科研能力欠佳的教师,也可以暂时留用,学校层面可以完成省政府的年度考核,学院层面可以获得人才引进奖励。组织内部的上下级出于利益的考虑的"共谋"行为,导致招聘了大量无法完成科研任务的教师。这部分教师仅仅是 D 大学的"过客",将因完不成科研任务而被迫离职,学校可以继续招聘以填补空出的位置,由此构筑了"招聘—解聘—招聘"周而复始的招聘游戏。

(二)继续"招聘游戏"——软化招聘成本

虽然出现了招聘失败现象,D 大学并没有出台行之有效的措施缓解这一问题,仅是采取了一些具体的手段,以求降低招聘成本。

1. 强激励手段

为了降低学校的招聘成本,每一位新教师准备入职签订科研任务时,学校领导、学院领导以及老教师们不约而同地劝说要签第一层次,还一再强调"学校家属区房子所剩无几,现在不签不挑选位置佳楼层好的房子,等以后再选就没有好的房子了"。许多新教师经不住劝诱,忽略本身科研能力不佳,在难以完成第二层次任务情况下签订第一层次科研任务,无法完成科研任务被迫辞职时才发现,不仅要退还房子(根本就没有住过),还要退还工资中副教授职级工资以及赔偿三个月基本工资的违约金,实际上其在 D 大学的年收入还不到 5 万元。

2. 制度手段

D 大学将首聘期定为三年,如果三年内完成目标任务低于第二层次,学校将不再聘任并且要求退还安家费 50 万元,中途主动辞职的教师要退还安家费/房子和科研启动经费,并赔偿 1 万元违约金。2018 年后,D 大学又取消了第二层次科研合同的安家费,全部换成"完成不同科研任务,拿不同平方米房子"的合约。

这一变更极大地规避了学校风险,新入职教师来学校后只有完成科研考核后才能拿到相应科研奖励,以防止出现部分教师将安家费挪作他用,离职时无法退还安家费的情况。随着 2017 年房价大涨,以房子作为奖励手段对新入职教师来说,算是"重赏",但是现实中却不是"重赏之下必有勇夫",2018 年 6 月一位刚刚签约的女教师(个案编号:F84YWB31)在与领导谈话后得知,如果三年首聘期内完不成任务,离职前每个月只能拿 3 000 元基本工资,她当即表示压力过大,后来也付诸实践"上午签约、下午辞职"。

此外,正如迈耶和罗文(Meyer and Rowan,1977)所说,在政策设计中,政策制定者应该注意正式政策与组织内部现实之间的差距。①例如,大学和学术界可能会按照政策制定者的意图在表面上对政策做出回应,政策制定者可能会认为他们的政策在大学得到了成功实施。组织成员假装按照决策者的预期进行了改变,但实际上他们并没有改变。政策制定者和组织成员(本书中的高校教师)之间的差距导致了政策目标和组织现实之间的脱钩。这就是我们发现政策报告和组织现实之间存在重大差距的原因。政策制定者应考虑其政策设计中的注意事项,特别是当他们采取具有较强财政激励的政策时。

# 七、结　语

将市场经济的优胜劣汰引入高校,新教师的离职则成为必然。由于传统高校的人员流动有着自己独特的运行规律,以往关于员工离职的研究成果大多在企业范围内展开探讨。科研任务考核的实施将市场化的录取标准和选拔手段纳入高校招聘,极大改变了高校原有的人事体制。然而,高校新教师的离职与企业员工的析出并不相同,企业有着规范化的用人制度和严酷的淘汰法则,而高校是在外部资源获取和内部激励机制的双重作用下,有意招聘大批科研能力欠佳的新教师。在缺乏制度化培训和政策支持

---

① Meyer, J. W. & Rowan, B. (1977). Institutionalized Organizations: Formal Structure as Myth and Ceremony. American Journal of Sociology, 83(2), 340 - 363.

的条件下,科研水平欠佳的新教师被淘汰的现象将屡见不鲜。

新教师科研能力成长规律应得到高校的重视。新教师的前期研究成果在一定程度上可以反映其科研实力,但科研水平并不是一成不变的,科研能力是需要后天逐渐培养的。如果高校仅仅对新教师提出科研要求,却缺乏必要的培训和引领,或者为新教师提供的科研条件流于形式,那么科研任务的完成结果就会不尽如人意。同时,新入职教师需要经过一段时间的工作、人际关系和环境的适应期,科研成果的产出亦需要构思、资料收集、调研、写作、修改、评审、出版等一系列颇为耗时的步骤,短时间内难以完成科研任务。因此,高校应充分把握新教师特点,做好相关配套制度的设置,协调好教学工作、能力培养、服务学生和科研工作之间的关系,切实保障新入职教师的基本生活,有针对性地为其提供从事科研工作的便利条件,使其锻造成为高校未来发展的中坚力量。

科研考核制度改变了高校应聘教师谋求"铁饭碗"的思维定式,使新教师成为了真正意义上的弱势群体。目前中国高校招聘教师的主要对象是博士毕业生,经过了漫长的知识积累和独上高楼的学术生活,许多博士毕业生终于获得了将自身知识向下一代传递的机会。以往新教师只需考虑教育培养专业人才的问题,并无失业的忧虑。科研任务考核打破了新教师身居稳定的从教状态,新教师开始具有了忧患意识。大学教师这份职业也从被万人艳羡的"双假期"和"课外自由",逐渐转变为"没假期"和"随时随地加班"的代名词。劳动强度剧增、工资收入提升困难、考核压力巨大等困境与多起青年教师猝死的新闻,都意味着新教师急需得到政府和高校的扶持。

科研考核制度的存在,在一定程度上使高校和新教师的行为产生异化。高校和教师原本有着共同的初衷,即为了更好教育和培养各类专业人才。"双一流"的评价体系建构了高校以科研为主的发展思路,高校以此作为考评教师的依据,教师也以此作为工作的核心,高校和教师人才培养的注意力悄然转变,科研成绩决定教师价值的思维日益盛行,重师德、重教育的宣传往往力不从心。长此以往,教育事业将成为最大的牺牲者。

新教师作为高校发展的有生力量,在高等教育事业中承担着不可或缺的作用,作为大学生的引路人和指引者,他们在构建学生知识体系、获取专业知识技能方面,发挥着重要作用。新教师的频繁离职,对教育教学稳定性有着严重影响,社会各界必须对高校新教师进行持续性关注和全面细致的探讨。

## 第二节　多重制度逻辑冲突下
## 高校“过客”与“过渡客”的形成

上一节内容，笔者的研究主要是针对科研能力不佳被迫离职的新教师，但是笔者在调研时发现，离职教师中还存在另一类新教师，这些新教师科研能力颇好，有能力完成“首聘期科研考核”的任务，但是这部分人也在首聘期内离职。

实施“预聘—长聘”制度的高校普遍存在以下现象：新入职的教师一方面不懈努力地工作，力求完成“预聘期”规定的科研任务；另一方面，许多新教师又在积极寻找其他工作。大批新教师在预聘期内陆续辞职，其中不仅包括无法完成考核任务的被迫离职者，还包括已经完成考核任务的主动离职者。造成新教师的离职原因究竟是什么？两类新教师的离职原因是否一致？这是本节力求回答的问题。

### 一、分析基础：多重制度逻辑理论

制度逻辑是每个社会结构具有的制度秩序，是指导和约束行动者完成组织任务的一套隐含的价值观、信念和规则。弗里德兰和阿尔福德（Friedland and Alford，1991）认为每个制度秩序都有自己的基本逻辑，并造就了个体的行为原则。[①]桑顿和奥卡西奥（Thornton and Ocasio，1999）进一步将制度逻辑划分为场域、组织和个人三个相互嵌套的层次，并说明制度逻辑对组织和个人行为有意识塑造作用。[②]周雪光、艾云（2010）认为制度逻辑是某一领域中稳定存在的宏观制度安排和相应的微观行动机制，制度逻辑诱发和形塑了这一领域中相关主体的行为方式，形成特定群体的

---

[①] Alford, R. R., & Friedland, R. (1991). Bringing Society Back In: Symbols, Practices, and Institutional Contradictions. In W. W. Powell, & P. J. DiMaggio(Eds.), The New Institutionalism in Organisational Analysis. University of Chicago Press.

[②] Thornton, Patricia H. & William Ocasio. (1999). Institutional Logics and the Historical Contingency of Power in Organizations: Executive Succession in the Higher Education Publishing Industry, 1958 - 1990. *American Journal of Sociology*, (3), 801 - 843.

行为规则。在微观方面,相关主体的行为不仅表现在不同群体追求自身利益的行为和关系上,而且在"道德人"和"组织文化"的思想中,他们的行为是特定制度环境和社会规范的产物。通过对制度逻辑的分析,将制度安排与微观行为联系起来,对群体行为和互动进行合理的解释是有用的。制度逻辑的作用受其他系统逻辑的参与影响。为了避免片面地解释制度逻辑的作用,要从制度逻辑的相互关系中阐述其作用和影响。[①]

制度逻辑的理论假设包括嵌入式能动性,多层制度互动和历史权变性等要素。贝沙罗夫和史密斯(Besharov and Smith,2014)依据制度逻辑之间的兼容性和集中度两个维度,将多重制度逻辑关系划分成竞争式(广泛冲突)、疏远式(中等冲突)、联盟式(小型冲突)、主导式(没有冲突)四类。[②]帕切和桑托斯(Pache and Santos,2010)构建了制度逻辑之间冲突的本质(目标冲突或手段冲突),即通过组织内部的代表机制(是否有支持某种制度的次级群体)来影响组织行动策略的分析框架。[③]格林伍德等学者(Greenwood et al.,2011)认为组织场域的结构(制度逻辑之间的碎片化、集中化程度)形塑了制度逻辑的复杂性,通过组织特质(在场域中的位置、治理结构、所有制和身份)影响行动策略。[④]

上述理论观点为理解多重制度逻辑的关系、场域结构和组织内部特质,以及二者相互作用,从而形塑组织行动策略奠定了基础。笔者结合入职D大学的新教师所处场域中的多重制度逻辑,遵从以上理论视角来分析不同新教师的行动方式。

## 二、高校新教师面临组织内部多重制度冲突与行动方式

### (一) 组织内部多重制度冲突

改变组织内部制度逻辑的方法主要有两种:竞争性和非竞争性。非竞

---

① 孟溦,张群.科研评价"五唯"何以难破——制度分析的视角[J].社会科学文摘,2021,(11):116—118.

② Besharov, M. L., Smith, W. K. (2014). Multiple institutional logics in organizations: explaining their varied nature and implications. *Academy of Management Review*,(3),364–381.

③ Pache, A. C., Santos. F. (2010). When Worlds Collide: The Internal Dynamics of Organizational Responses to Conflicting Institutional Demands, *Academy of Management Review*,(3),455–476.

④ Greenwood, R., Raynard, M., Kodeih, F, et al. (2011). Institutional Complexity and Organizational Responses. *Academy of Management annals*,5(1),317–371.

争性变革意味着组织中不同的制度逻辑在指导组织实践时可以相互理解、包容和支持。相反,在价值观、行为规则和意义构建上存在巨大差异的制度逻辑决策之间往往存在竞争性变化。由于组织成员发现很难就行动目标、行动计划等达成一致,所以制度逻辑之间的紧张局势都在加剧。①这使组织陷入了更加复杂的体制状况。

"预聘—长聘"制度作为一项激励制度,当高校实施后会带来组织内部制度环境的改变。实施"预聘—长聘"制度的高校,其内部教学、奖励、培养人才等不同制度逻辑之间必然存在冲突与竞争。D大学设置科研任务的初衷是激励新教师达成组织目标的同时实现个人价值,但实际运作却常常遭遇障碍。新教师入职之初,需要经历适应工作环境、接受岗前培训及考核、熟悉讲课流程、理解高校运作模式、建立社会关系、处置紧张情绪等一系列基本程序,需要消耗较多时间和精力。总的来说,D大学针对新教师设置的各项制度,并没有对新教师达成合同任务起到促进效应,相反加剧了达成难度。D大学与新教师密切相关的制度主要包括职称评聘制度、薪酬福利制度、学生评教制度、新教师考核制度和新人特殊政策。这些制度作为组织权力的体现,对新教师科研任务合同的完成产生了不同程度的影响。

### 1. 职称评聘制度

D高校2016年实施"首聘期科研考核"制度,当时晋升副教授的条件是至少主持一项省部级课题、发表1篇1级论文和2篇2级论文。2017年D高校对评职制度进行了改革,提升了参评副教授、教授职称的资格底线,副教授晋升条件变成至少主持一项省级课题、完成一个结题的厅级课题、发表2篇一级论文和2篇二级论文。提高评职标准对于新教师来讲喜忧参半。标准的提高使具有职称参评资格的人数锐减,大大降低了职称评聘中制度外因素的影响,公平性得到了保障。而且D高校针对新教师专门设置了青年副教授和青年教授的评职通道,避免了与老教师的竞争。但是这些评职制度并没有获得新教师的认可,因为他们只有达到较高的科研水平才能获得评职资格,对于入职时间尚短、精力牵涉较多、前期积累不足的新教师来讲,短期内晋升职称的难度颇大。D高校在教师评职中还有其他硬性要求,如在教学上达到合格标准,承担一年以上的学生管理工作。这些

---

① Marquis, C., & Lounsbury, M. (2007). Vive la re'sistance: Consolidation and community-level professional counter-mobilization in U.S. banking[J]. Academy of Management Journal, 50, 799-820.

要求进一步加大了新教师的评职难度。

2. 薪酬制度

目前我国高校教师的薪酬模式为基本工资加校内岗位津贴,由岗位工资、薪级工资、绩效工资和津贴补贴四部分组成,其中岗位工资和薪级工资为基本工资,共分十三个岗位薪级,教师岗位聘用等级与岗位薪级相互对应,每一薪级都是由人力资源和社会保障部门根据本人套改年限、任职年限和所聘岗位三部分制定统一标准,统一发放。高校绩效工资部分发放是在国家总量调控和政策指导下,由高校依据教师的实际业绩和贡献,采取灵活多样的分配形式和办法,自主决定分配。薪酬有两种功能:一是对教职工提供劳动力的回报;二是调动教职工的积极性以确保教职工提供高质量的劳动。

D高校教师收入由基本工资和绩效奖励组成。基本工资依据教师职称和工作年限,在扣除保险公积金、房租和税费等,新教师为讲师职称的基本工资是3 000元左右,副教授职称的基本工资是4 000元左右。绩效奖励主要包括课时费、科研奖励和年终平均奖,部分由学校根据任务完成情况统一发放,部分由教师所在学院自由决定。

新教师入职初期一般只承担较少的教学任务,依靠讲课费提高收入极为有限。此外,熟悉课程内容和讲课流程需要消耗新教师大量时间精力,对其在科研领域获得奖励构成阻碍,加之考核任务和其他琐碎事情,多数新教师投入科研的时间和精力受到明显制约。因此,多数新教师只能获得基本工资收入,在绩效奖励上的收入十分微薄,D高校2016年入职的新教师平均到每个月的收入基本维持在2 800元左右。一方面,D高校新教师的考核标准和任务完成难度很高;另一方面,"首聘期科研考核"制度并没有与之配套的薪酬制度,使得很多新入职教师在承担着高额风险的同时并没有获得相应回报。同时,D高校早期对新入职教师提供住房,而且没有科研任务,使得很多新教师在与省内外其他高校的横向比较中,对自身收入颇有微词,认为"付出的辛苦和收入不成正比"。

3. 评教制度

教师教学质量评价是D高校十分重视的一项工作,且与教师年底奖励直接挂钩。教师每门课结束后都会由学生给予匿名评价。学生评教制度确实起到了约束教师的作用,但评教制度时常异化为学生牵制教师的工具。部分学生评价教师并不依据教学内容、教学态度和教学效果,而是单凭个人好恶,有学生说:"我就是讨厌那个老师,有一回上课点名批评我,对他的所有评价我都写非常不满意","这个老师太严格了,作业那么多,分数给的又低……我肯定不会给他（评价）高分的"。新教师绝大多数初涉工作,缺乏工作经验和隔代交往技巧,在科研任务压力巨大之时还要积极投身教学,然而有时却不能得到学生认可,这对于新教师的岗位认知和评价产生了不良影响。

4. 新教师考核制度

D高校的新教师考核由四个模块组成,分别是教育教学技能培训、校内培训、导师制培训和自主学习,整个新教师考核流程大概持续一年时间,只有通过考核,才能获得教师资格。新教师的培训考核分为理论讲解和实际教学操作演练两种形式,但该制度在实施中却因形式主义和人为不公正等因素饱受非议。

以新教师教学技能培训为例,D高校聘请几位有经验的资深教师以提升教学水平为主题为全体新教师做讲座,但是许多新教师并不认可,主要原因是签订的入职合同仅对科研领域设置了要求,而教学并不关乎新教师的考核任务的完成,因此难以得到新教师的重视。

> 培训后,有新教师这样说道:"本以为只要完成科研任务就可以了,谁知道额外还有这么多考核,哪还有时间认真做科研了!"(个案编号:M85YLA30)

当考核遇到人情,结果总会发生扭曲。新教师考核中包含随堂听课这一环节,新教师往往会花费大量时间对课程内容和授课过程进行精细设计。由于考核人员随意性较强,他们并没有采用客观、统一的标准进行评价。同时,考核常常受到人为因素影响,熟人关系、领导情面往往决定了考核结果,这在新教师群体中引起了诸多非议,严重挫伤了一些认真但不会经营关系的新教师的工作积极性。

5. 学校学院新人政策不匹配

D高校为了给新教师最大限度上"减负",使其将更多时间、精力投入到完成首聘期合同任务,特意制定了"新教师每周的教学任务不能超过3课时"的政策。然而,该举措却被学院和新教师集体忽视。

> 一位负责排课的老师F81YW08说:"招聘老师就是为了上课,他们不上课谁上课";专门负责学院财务的教师F67YW09解释说:"如果按照学校要求执行,(新老师)就完不成学院的教学任务,年底学院平均奖中的教学部分就不能足额发放,损失大约有一万五千元。"对于

新教师来讲,一万五千元至少相当于五个月的基本工资,他们自然不会放弃。因此,D高校专门为新教师设置的优待政策,没有得到认可。

总的来看,新教师置身于高校规则制度体系之中,他们不得不认同这一体系中的各项规则。同时,新教师还会凭借这一体系的规则,对自己的身份进行确认。对于新入职的教师来说,学校的各项规章制度都是需要遵守的,这是成为学校成员的必备项,也是学校作为一个组织对组织成员所享有的权力。虽然这些制度设置的出发点和制度本身具有合理性,但对于刚刚入职的新教师来说,繁重的科研任务在身,又要受到学校各种制度对于精力的诸多牵绊,完成考核任务举步维艰。

(二)两种应对多重制度冲突的行动方式:严格遵守与权宜遵守

多元化、竞争性和选择性是组织多制度逻辑的主要特征。多制度逻辑的互动形成了新教师不同的行动方式。不同群体的运作方式不仅受到组织制度、政策法规等正式制度的限制,还受到组织文化、教师的科学精神与道德等非正式制度的影响。根据影响的重要性和程度,更接近行动者主要职能和利益的是主导逻辑。[1]

新教师家庭背景情况、个人价值观、工作目的等方面的不同,入职后在面对多重制度冲突时,有着不同的反应,也有截然不同的行动方式。

1. 严格遵守

新教师一部分人还是恪守着本分,把自己当作D高校的教师,希望顺利留任,选择严格遵守各项制度,但是原因却不相同。

(1)迫于经济压力而多上课

刚入职的青年教师,年龄大多为三十岁左右,涉及结婚、购房、养家等日常开销,尤其家庭负担重的教师,虽然知道多上课会耽误科研,但迫于经济压力也只能通过多上课赚取收入。毕竟科研回报周期较长,有时候发表一篇文章要花费一年甚至更长的时间,不如上课赚钱及时。多上课同时可以获评较高教学等级,可以获得一些年终奖金。

一名大学教师都是要经过专业的训练、投入较高的经济和人力资本,又要有着崇高的学术追求,他们选择学术岗位或就业的大学时,已经衡量了大学带给他们的学术价值和经济价值,大学教师虽不是一份高薪的职业,但是对于教师来说,却可以保障基本生活需求,如果难以维持生活,学

---

① 孟溦,张群.科研评价"五唯"何以难破——制度分析的视角[J].社会科学文摘,2021,(11):116—118.

术之路会戛然而止。

（2）出于职业道德做好工作

师者，所以传道授业解惑也。许多新教师能够秉承理想，认真对待教学工作，恪尽职守，积极融入学生群体，以身作则，时时为学生着想。一位教学获得学生认可的老师曾说过："我在讲台上就要好好讲课，不好好讲课会觉得对不起学生，即使花费时间精力也是做老师应尽的职责。"（个案编号：M86YWB39）

有的老师在做班主任时，会开设读书会、自费组织班级读书馆、开创微信公众号、积极参加学生组织的各项活动，逢年过节给学生买礼物，在学生过生日的时候给予祝福，时时解答学生的问题，做学生心中的好老师。

行动者之所以遵守规范，是因为他们相信某种价值标准，而不是出于便利、私利或自我利益的考虑。这种基于内心道德规范而严格遵守组织中各项制度的行为，可以用帕森斯所强调的个体遵守制度性规范的基本动机来解释，在于这种规范对个体所施加的道德规范。①

（3）积极融入集体

进入一个新环境，新教师一般希望快速融入集体，积极参与学校各项活动就是最好的熟悉环境的途径。许多新教师会选择主动参加学校各项活动，并承担了领导或老教师交给的额外工作任务，这些活动却严重影响个人时间和精力。

组织中的制度是组织内的群体和组织间群体所持有并视若当然的信念，并为这些群体的成员界定可接受的、规范性的行为的边界。②大多数新教师选择 D 高校，具有长期留校工作想法，他们把自己视为组织中的永久成员，因此选择严格遵守组织各项制度和认可组织权威。

2. 权宜遵守

D 高校部分新教师会以自身利益为出发点，利用既有规则与社会资源作为建构行动策略的手段，权宜性地遵守"各种制度"，他们会有意识地、策略性地或计算性地实施行动。他们并没有强烈的身份认同感，更多把自己视为 D 高校的临时工。

---

① ［法］帕特里夏·H.桑顿，［加］威廉·奥卡西奥.龙思博.制度逻辑——制度如何塑造人和组织［M］.浙江大学出版社，2020，264.

② Kimberly, John R. 1975. Environmental constraints and organizational structure: A comparative analysis of rehabilitation organizational. *Administrative Science Quarterly*. (20)，1－9.

（1）针对教学量规定——少上课且少备课

这部分新教师表现为较少承担上课任务，仅完成规定的最低课时量，尽量减少备课时间，使用百度文库下载的、同行提供的或求学时期学习的陈旧课件；利用慕课、网易公开课、名校精品课等网络资源；授课时照本宣科地读课件，选择性讲授教学内容。在这种情况下，课堂效果难以得到保证，严重影响学生知识获取。总之，这部分教师尽可能少地在教学方面花费时间，而是全心投入科研和自我发展。

M84YLA25 表示："课时费能有多少，做好科研，完成第一层次任务，既可以评上副教授，又可以得一套 160 平的大房子呢。"

D 高校一位教学副院长 M76JW03 表示："高校的科研对年轻人的压力实在是太大了！尽管说，教学与科研，是大学教师前行的双轮、腾飞的双翼，缺一不可，但是，当教学与科研发生矛盾时，教学应该放到第一位，这不仅是大学的育人性质决定，也是年轻教师成长的规律决定的。在高校，年轻人必须首先站稳课堂，才能走得更远！况且从某种角度说，科研也是为了更好地教学。"

（2）针对评教制度——无底线讨好学生

以不负责的态度授课难以通过学生教学评价。但是这部分教师的杀手锏是讨好学生，"轻松好过"是其课堂的高度概括。"轻松"表现在要求不严格，这部分教师对于学生迟到早退旷课很少管理，唯恐得罪学生而较少指出学生存在问题，避免得到低分差评；"好过"①体现在平时作业简单，他们对于小组课堂展示等环节，即使有搭便车同学也"睁一只眼闭一只眼"；期末考试出题简单，考前会给出考试重点，批阅试卷时标准较低，有意提高分数。

行动者会对现有组织制度正反两个方面的结果进行权衡，对制度的原因和结果进行评估，会设想各种可能方案，并选择结果最优方案执行。新教师需要完成教学与科研两类任务，但其懂得科研任务的完成与否才决定其未来发展的好坏，所以在执行合同时一般会偏重完成科研任务，从而尽可能减少教学时间和精力。

（3）针对学生工作——挂名而已

新教师晋升职称需要一年班主任工作经历，部分新教师除新生入学时

---

① D大学规定课程成绩由期末成绩和平时成绩构成，两者各占50%，平时成绩的设定由授课教师自己规定，包括出席、课堂表现、课程论文、课堂展示、小组作业等。

等必须出席的场合外,极少出席班级活动,尽量减少与学生接触。某新教师借口外地定居,当学生有事情或问题的时候,都是找寻其他班主任或任课教师。可以说,某些班主任仅是挂名而已,从未尽到班主任责任和义务。

学校评职条件要求的一年学生工作经历,对于怎么做、做成何种效果、是否得到学生认可,制度上并没有详细规定,这种情况下,某些新教师只是"挂名"而已。

(4)各种组织活动极少参加

部分新教师几乎不参加学院例会、学校学院举办的各类比赛、活动,以及同事之间的人情往来,不耗费精力时间从事任何他认为无意义事情,也不在乎组织中的人际关系。

一位外语学院新教师F87NWB16被领导要求参加学校的青年教师比赛,在预赛20分钟比赛里,领着读了15分钟的课文,应付交差。

部分新教师入职后会以完成科研任务为目标,采取对自身最有利的行动策略,不会完全被组织权力所制约,在面对"组织权力"时,工具性地、权宜性地遵守规则,而不会严格遵守组织中各项制度。尤其在衡量教学与科研的利益得失后,会以一个理性人思维判断何种行动可以获取最大利益。由于D高校评职的标准基本依据科研成果,而教学、学生工作的要求只需符合最低标准即可。在这种情况下,将时间精力放在教学上,势必会影响科研成果的产出,进而影响科研任务和评职。

为什么部分新教师面对多重制度冲突时,选择权宜性采取应对策略,甚至置组织权力于不顾?因为部分新教师最初到D高校工作并没有长久留任的心理,他们当初理想工作单位并不是D大学,但由于各种各样的原因,如年龄超过35周岁、第一学历低或者科研成果不多,暂时无法达到自己心仪高校或者研究机构的标准,权衡利弊下而选择D大学。以博士期间科研成果衡量一些新教师的科研实力,他们比较优秀,入职后更是努力做科研,希望积累更多成果或者晋升职称后可以跳到更好的高校,仅把D高校作为过渡而已。笔者把这部分教师称为高校"过渡客"。

F78YWB23和M81YWA24两位新教师都是从名校毕业的博士,以他们博士期间的成果其实是可以留在一线城市,但是这两个人2016年都超过35岁无法落户,所以当时选择D大学。他们的配偶都在一线城市工作,他们平时也都在一线城市生活,只是在有课的时候才回校上课,上完课连夜坐高铁回一线城市。他们就不打算留在D大学,M81YWA24一入校就使用企业身份到一所名校读博士后,这样可以逃避在职博士后需要增加四年服务期的规定,希望博士后出站后可以破解年龄限制留在一线城市发展。

由此可见,部分新教师并不想长期留任 D 大学,因此各项规章制度和权威对他们的奖惩效果很小,他们会按照个人利益选择性遵守组织中各项规章制度和对组织权威的认可,这属于合同背后的隐蔽行为。"过渡客"们对学校、专业、学科少有认同感,来 D 高校也只是为了积累自己的学术资本,一旦时机成熟,就会谋求更好发展。

## 三、学术资本积累决定"过客"与"过渡客"形成

上文详述了新教师应对组织权力的两种策略,一种是严格遵守,一种是权宜遵守。在预聘期结束后,两种行动策略的结果表现出了明显差异。严格遵守组织制度的新教师,科研成果寥寥,能否完成科研任务令人担忧;而权宜遵守组织制度的新教师,科研成果颇丰,有的已经完成科研任务,或者对未来发展信心满满。按照合同规定,在首聘期结束时,能否完成科研任务是决定新教师能否留校任教的唯一标准。离考核期结束还有一年的时间,D 大学许多新教师纷纷离职可以分为两种情况:一类是无法完成科研任务的新教师(期刊投稿周期一般是一年左右,如果此时没有写好的论文,可以预测必定不能完成科研任务);另一类是已经完成或即将完成(虽未正式发表但期刊已经收稿)科研任务却提前解约的教师。这两类教师离职有着本质上的不同。

(一)"过客"的形成机制——科研考核任务下的断尾效应

1. 生活重压下的无奈离开

新教师面对科研与教学两座大山往往会力不从心,尤其是一些家庭负担重的教师更是苦不堪言,依靠赚取课时费维持生活的教师,难以形成优质科研成果。

M85YWA22 直到 2018 年 6 月他没有申请到一个课题、发表一篇文章,他意识到自己(明年)完不成科研任务,与其到时候被(学校)赶走,不如自己早点离开。他表示在这里待遇差、任务重、评职难不说还要时时面对被解聘的风险。由于近年科研成果不佳,他最后去了一家事业单位,远离了学术界。

其实这位教师并不是一个没有能力完成科研任务的人,他在博士期间发表了 1 篇一级和 2 篇二级论文。但入职后被组织权力所制约和束缚,他需要通过上课赚取生活费,他的离开归结为学校的制度设计不到位,不能为新教师提供良好的科研环境,使他在承担养家糊口的重压下无法兼顾科

研。M85YWA22 也曾表示,他不是那种快速发表文章的人,在科研合同和学校各种制度紧逼下无法安心读书。

2. 原本科研实力不佳的新教师

以既有科研成果来看,很多新教师难以完成 D 大学科研任务,但是他们大多签订 B 类科研任务合同。笔者曾询问过他们为什么选择有科研任务的 D 大学,他们一致表示自己实际上有能力完成 B 类科研任务。然而入职后,他们受到组织权力的影响,教学、行政等其他事情占用时间、精力过多,学校对于新教师提供的科研保障常常无效,导致他们在首聘期难以完成科研任务。新教师中部分是外语、音乐、体育、艺术等偏重教学的学科,这些教师离职后很多选择离开高校领域,不再从事学术研究。

F88NWB14 是一位留学国外的博士,她表示高校不适合我们发展,做翻译赚得会比现在多很多。还有一位已经离职的音乐系教师,她选择回到英国继续教音乐的工作,她表示国内科研压力过大,她的学科是应用性很强的学科,科研能力无法达到 D 大学的标准,作为海归也不适应国内的节奏。

以上离职新教师由于没有完成科研任务,选择远离学术界,进入新的工作领域,笔者将其称为高校中的"过客"。"过客"又可以进一步分为:具备科研实力的教师和缺乏科研实力的教师。前者(例如:M81YWB06)原本为有能力完成科研任务的新教师,由于没有好的制度环境,深陷于组织权力重压下,屈服于生活高额成本,无奈离职。后者的家庭负担并不重,但自身科研能力较差,进入学校后同样受到组织"学术权力"与"行政权力"的重压,且没有适当的制度措施提升他们的科研实力,最终依据合同规定与学校解聘。"过客"解聘后会再次进入学术劳动力市场,由于此前缺乏科研成果积累,无法形成较高市场价格,即不具备市场权力,在学术劳动力市场中只能处于弱势地位。值得进一步思考的是,D 大学招聘每位教师时,对其既有研究成果有基本了解,可以预估出该教师的科研实力以及是否能完成科研任务。对于招聘的科研实力较弱的新教师,如果没有有效提升科研实力的措施,结果就是解聘。那为什么又要浪费物力、财力和人力把他们招聘进来呢?

学校一位老教师 F68NW04 透露,这几年 D 大学大量招聘博士进校工作,目的是为了应对教育部、省教育厅的评估检查,评估中有人才队伍建设的指标(学校中有博士学位教师的占比情况)。等检查过去了,可以按照科研合同,将那些科研实力不佳的教师解聘。

这类"用完即弃"的做法也是"过客"形成的重要原因。

（二）"过渡客"的形成

原本就不想长期留在 D 大学工作的新教师,在进入学校工作后,权宜地遵守组织权力,全身心投入科研领域,可以积累大量的科研成果,从而提高自身学术劳动力价格,享有市场权力。他们在面对无处不在的组织权力时,并没有一味地遵守,而是根据自身目标不断调整应对策略,当组织目标与个人目标相背离时,他们会选择离开 D 大学。

F87NWB16 是 D 大学 2016 年引进的外语教师,毕业于世界排名前 100 的国外名校,于 2016 年 10 月进入 D 大学外语学院工作。她当时本来可以去一些"211 工程"的学校,但最后选择 D 大学的原因有两个:一是所应聘的系还在筹备中,计划 2018 或 2019 年正式招生。这意味着作为专业课老师,不用教授专业课,只教授通识课(即第二外语)。由于通识课教授起来相对简单,从字母、单词学起,只需备课一次,日后可以重复教授。二是 2017 年之前评职制度没有改革,要求还不是很高,与其他双一流的学校相比有一定的差距,在 D 大学评职相对容易(仅从制度上讲)。然而 2017 年开始,F87NWB16 所在系正式招收学生,同年评职标准也提高,违背了 F87NWB16 的初衷,因此她在 2018 年年初果断辞职,到北京一所高校做师资博士后。

F87NWB16 的行为比较典型,当组织不利于达到自己追求的利益和目标时,便将自身的有形资源与无形资源从中撤出,投入易于获利的其他组织。

高校招聘新教师这一现象,实际上呈现的是学术劳动力市场的问题,该市场中的商品是以学术为工作对象的劳动力,由此形成一个以学术系统及学术人员为中心,基于满足高校和教师双方需求而形成的知识型劳动力市场。学术劳动力市场由供给方(教师)、需求方(高校)和劳动力价格三个基本要素组成,本质上是围绕着教师人力资本的市场流动和定价行为。在完全学术劳动力市场中,用于市场交换的仅是蕴含在教师身上的知识、技能和健康的存量总和,其市场价格根据蕴含在教师身上的人力资本的价值决定。随着高校新增博士授予点和博士扩招,教师作为劳动供给方在学术劳动力市场上的竞争日益激烈。高校招聘教师一般以科研水平为依据,表现为完全竞争的市场。新教师要想在劳动力市场中拥有较高的市场权力,获得较高的市场价格,必须不断提升自身科研水平。

教师成为高校"过渡客"的必备条件是自身拥有过硬的科研实力,才能在学术劳动力市场拥有较高的价格,享有市场权力。"过渡客"对组织制度的认可与敬畏程度远低于组织其他成员,因而组织制度对其束缚与约束力也相对较小。因此，在面对多重制度冲突时，工具性地、权宜性地遵守规则——即在追求个人利益的前提下遵守规则。①他们懂得再次进入学术劳动力市场，是依靠着学术劳动力市场价格，而决定其价格的是其科研成果，所以他们进入D大学工作后，提升自己在学术劳动力市场价格，享有市场权力，为将来的再次就业打下基础。个人的市场权力，即个人是否有能力影响市场价格。一个完全竞争的学术劳动力市场环境，教师只能通过自己整体知识水平影响其在市场中的价格，具体表现为学历背景、发表论文著作、发明专利、获得奖励等科研成果。

高校"过客"的离开是被迫，受到组织多重制度的压迫，他们没有形成高的市场价格，无法享有市场权力，最终被学术劳动力市场所抛弃；而"过渡客"的离开是主动选择，这些教师在拥有较高市场价格后，可以去平台更高、待遇更好的高校。前者是因为自身能力不足，无法达到科研考核标准，不得以离开。后者是因为其他高校待遇更好，在自身能力提升后可以选择更有竞争力的学校。"过客"和"过渡客"虽然都面临组织多重制度的问题，但是他们采取了不同的应对策略，导致形成不同的市场价格，即市场权力，而市场权力最终决定他们的未来发展。当个人市场权力强大时会成为"过渡客"，即个人的市场权力使其可以在学术劳动力市场中获取更高价格，拥有更好的选择，而当前组织无法满足其需求，可以通过调换工作满足其较高的市场价格；当新教师市场能力弱的时候，容易形成"过客"，在学术劳动力市场中处于弱势地位。高校中"过客"的离职看似主动选择，实际上是一种无奈的被动淘汰，是在权衡自身科研实力与组织规定目标后的被迫抉择。

学术职业的自由流动不仅促进了教师的学术交流，也扩大了知识生产的领域，进一步巩固了大学教师对知识获取的能力和控制的权力，使得教师学术职业的自主性和职业地位得到不断提升。D高校的"过渡客"的想法应该是积累高深知识，待时机成熟时，再次进入劳动力市场寻觅更好的就业机会。

## 四、结　语

本节以中国一所省属重点高校D大学为例，探讨新入职教师在首聘期内纷纷离职现象。借助多重组织制度理论视角，将离职教师分为"过客"和

---

① ［美］诺思.制度、制度变迁与经济绩效［M］.杭行译，格致出版社，2014，113.

"过渡客"。"过客"是指没有完成科研任务被高校淘汰的教师,被迫离职;"过渡客"是已经完成科研任务(或即将完成科研任务)的教师,主动离职谋求更好发展的教师。

两者的不同主要体现在:第一,面对多重组织制度时不同的行动方式。"过客"一般选择顺从,严格遵守组织内各项制度、认可并敬畏组织权威,其具有强烈留在 D 大学的意愿,视自己为学校成员,组织权力对其影响和制约作用远远高于"过渡客";"过渡客"原本没有打算长期在 D 大学工作,他们在面对强大的组织权力时,会依据自身利益,经过理性计算后权宜遵守组织规范。第二,不同行动策略的后果——拥有不同市场价格。"过客"科研成果较少,再次进入学术劳动力市场,并没有较好的市场价格,缺乏市场权力;"过渡客"科研成果颇丰,再次进入学术劳动力市场后,可以凭借积累的科研成果,形成较高的市场价格,拥有市场权力,容易从当前高校跳槽到更好的高校;"过客"的离开可以说是被科研合同逼走的,也可以说是被组织制度压迫走的,他们并不是完全没有能力完成科研任务,而是承担了过多与科研无关的任务,大大降低他们完成科研任务的可能性。针对"过客"的离开,高校出台"首聘期"科研任务后,要做好相关制度的配套工作,协调好教学工作、教师能力培养、服务学生和科研成果之间的关系,切实保障新教师的基本生活和良好的科研环境。"过渡客"的科研能力是高校重视和需要的,他们离职是自身实力提升后的再次就业,针对这部分教师,高校应该出台"一人一事"制度进行挽留。但是部分"过渡客"忽视大学教书育人的理念价值,以及不恰当的教学言行,需要高校予以规避。

# 第三节 本章小结

本章第一节中的研究以中国一所地方高水平大学 D 为例,以跟踪调研的方式,详细解读了该校实施首聘期科研任务考核后出现的新教师离职现象。研究发现,在"双一流"高校建设目标下,地方政府基于人才强省目标积极支持高校发展,地方高校应对自身发展和上级压力倾力引进人才,新教师引进标准被选择性忽视,人才成长规律的客观性和新教师发展策略的疲软,最终导致新教师的大批离职。高校内部"强激励"、对人才的"弱支持"、人才引进失败后的"无惩罚"运作逻辑下,许多新教师陷入高校的"招聘—解聘—再招聘"这一循环往复的"招聘游戏"中。

本章第二节针对实施“预聘—长聘”制度高校中出现的新教师离职潮现象,选择一所地方高校,使用组织多重制度逻辑冲突框架分析该校预聘期内新教师离职现象。研究发现,新入职教师面对组织制度上的多重性、竞争性和选择性,受到组织行政文化和道德影响,表现出不同的行为方式,一部分对组织制度“严格遵守”,另一部分对组织制度“权益遵守”,结果前者大多难以完成预聘期科研考核任务,由于忽视了学术资本的积累,很难在劳动力市场中保持高价格,成为被淘汰的“过客”;后者专注于预聘期考核要求的达成,重视学术资本的积累,在学术劳动力市场能够保持较好的竞争优势,并通过驾驭信息不对称将签约高校作为跳板,成为不断谋求更好发展的“过渡客”。

# 第八章 "首聘期科研考核" 制度失效的外部环境原因

前一章从 D 高校组织内部去寻找"首聘期"新教师离职原因，虽然得出了"过客"与"过渡客"的形成机制，但是这只是高校内部的原因。市场作为大学活动的重要外部力量，一直以来在社会经济发展过程中起到重要的资源配置作用，[①]并直接影响着高校的组织行为与各项活动。学术劳动力市场是学术力量与市场力量相互结合、相互作用的产物，是高校进行人力资源配置的重要手段。本章从学术劳动力市场的角度去探讨 D 高校的"首聘期科研考核"制度失效的原因，第一节阐述学术劳动力市场理论，第二节在学术劳动力市场理论下重点探讨 D 高校遭受到名校的挤压效应，第三节从城市与大学关系详细叙述 D 高校遭遇的其他压力——同等院校的抢占效应和普校的抢夺效应，第四节从社会学角度分析 D 高校在实施"预聘—长聘"制度后应对"内忧外患"不断调整考核任务的原因。

## 第一节 学术劳动力市场理论

### 一、学术劳动力市场概念

学术劳动力市场作为劳动力市场的一个重要组成部分，同样可分为外部学术劳动力市场和内部学术劳动力市场。学术劳动力市场的首次提出是源于 1958 年美国 T.卡普娄、R.麦吉（Theodore Caplow and Reece J. Mec)出版的《学术市场》一书，书中用实证的方法考察了大学教师流动因素，认为大学教师流动是由市场规律来调节的，成熟的学术劳动力市场和

---

① 高慧.高校教师流动的社会融入：院校、学科、市场[J].大学教育科学，2019，（01）：40—46.

完全的竞争可以导致大学教师流动的加快；成熟度不高的学术劳动力市场，则可能导致教师流动的缺乏。①由此，两位学者重点探讨了大学教师的流动、聘任、工作评估，以及这些过程中呈现的学术目标和价值，对很多学者长期疑惑的"学术市场上的竞争和商业领域的竞争一样严峻"的现象从学理上给予了认可，而"神秘且无形的声望"是学术市场提供的基本商品。

《学术市场》一书中提出的"开放封闭的雇用系统"成为一个高等教育学术界持续深入讨论的主题。开放的雇用系统无疑指向了大学教师地理位置上的移动，是外部学术劳动力市场的研究主题；封闭的雇用系统则指向大学组织内部的教师聘任、学术晋升和薪酬制度等；横跨开放封闭雇用系统的还有由大学层级与类型、学科、性别、种族、人种等形成的学术劳动力市场分割等。学术劳动力市场从其概念产生之初就有机融合了大学组织属性和学术职业特性，由大学教师及其从事的学术工作所构成的学术职业成为学术劳动力市场研究的绝对主体。学术劳动力市场又称为"学术市场"，学术界一方面开始用学术市场或者学术劳动力市场的概念来研究学术流动（Academic Mobility）和教师流动（Faculty Mobility），其中学术流动包含了学生流动和教师流动；另一方面，学术市场研究包含了学术声望、教师晋升、终身教职、等级性薪酬等领域的研究。本书中的内部学术劳动力市场是指在学术力量与市场力量的相互结合、相互作用中，大学与大学教师作为内部市场的供需双方，在聘用与被聘用、评价与被评价之间构成学术劳动力市场环境，与岗位薪酬和竞争制度共同构成了内部劳动力市场的组成要素和运行机制。

社会主义市场经济体制下，市场在资源配置中发挥着决定性作用，市场以及市场有关的各种力量是高校活动的重要外部影响力量，②可以说市场影响着高校的组织行为与活动。学术劳动力市场是学术力量与市场力量相互结合与相互作用的产物，是高校配置人力资本的重要手段。在经济学领域，学术劳动力市场常用来描述和解释"人—岗"匹配的过程，学术劳动力市场主要探讨劳动力供给和需求的决定因素，并由此形成供求变化机制的市场规则。③

学术劳动力市场的供求关系决定了教师和大学两方利益主体的存在。根据市场规律，流动教师可以在学术劳动市场上自由选择符合自己意愿的

① 徐志平.中国高校学术劳动力市场的供求结构研究[D].华中科技大学,2019.
② 高慧.高校教师流动的社会融入：院校、学科、市场[J].大学教育科学,2019,(01):40—46.
③ 李志峰.漂移的学术——当代中国高校教师流动[M].北京知识产权出版社,2020:249.

大学,大学可以自由选择教师。教师的合理流动由此实现,高校教师资源从而得到合理配置。市场为流动教师提供了开放的外部环境和价值实现空间,每位教师可以在国内甚至国外找到合适的位置。不同的市场导向催生了高校教师流动的不同诉求,也影响着高校教师流动过程中社会融合的内容和目标。[①]

## 二、学术劳动力市场下的大学教师流动

学术劳动力市场视角下的大学教师流动,包括大学教师的纵向流动和横向流动。横向流动指的是大学教师在不同高校之间的流动或高校与非教育系统组织之间的流动,体现外部学术劳动力市场的特征。纵向流动包括大学教师从入职某一专业技术职务开始,不断获得晋升直到离职过程中表现出来的学术层级流动,体现的是内部学术劳动力市场的特征。

高等教育系统中的大学教师构成内部学术劳动力市场的主体。内部学术劳动力市场驱动下的大学教师流动虽置于外部学术市场环境竞争机制之中,但主要指向大学教师的纵向流动。由于外部学术劳动力市场环境的设计直接决定了内部劳动力市场的运行方式和效率,在大学教师流动过程中,学术职业人口以及教师在横向流动中伴随着校际间和校际外身份转变,形成了学术劳动力市场中的外部市场和内部市场的一个交汇和融合地带,这一地带同时受到外部劳动力市场供求状况和价格水平等要素的影响,以及内部学术劳动力市场的制度设计和保障机制的作用。入口地带是从外部学术劳动力市场向内部学术劳动力市场转换的一个交汇和融合点,并将外部学术劳动力市场的竞争因素引入了内部学术劳动力市场竞争。机构间身份的转变地带是从内部学术劳动力市场向外部学术劳动力市场转换的一个交汇和融合点,将内部学术劳动力市场的竞争结果与外部学术劳动力市场的竞争因素进行价值比较和选择,从而实现了学术劳动力市场中的优胜劣汰或学术职业身份的转变。

由于外部学术劳动力市场环境的设计直接决定内部学术劳动力市场的运行方式和效率,且教师评价主要受到外部学术劳动力市场供求状况和价格水平等要素的影响,以我国普通本科高校全日制教师的纵向流动为研究的主线和主体,横向流动为研究的补充和延伸,本书所涉及的外部学术

① 李志峰.漂移的学术——当代中国高校教师流动[M].北京知识产权出版社,2020:249.

劳动力市场研究主要是关注内外部学术劳动力市场交汇和融合的两个地带,将内部学术劳动力市场驱动下的教师入职、晋升、终身职位、分层分级等流动与评价置于外部学术劳动力市场环境和竞争机制之中。合理的教师流动机制的建立,促使学术劳动力市场自我运行,提高学术生产力水平,实现学术劳动力的最优配置,使教师个体价值与大学组织价值达到契合。

## 三、学术劳动力市场结构——院校等级与劳动力市场的院校分割

学术劳动力市场结构有两种主要范式,一种是劳动力经济学范式下的学术劳动力分割的研究,另一种是职业社会学范式下的学术劳动力市场社会结构的研究。前者将高校教师薪酬作为劳动力市场价值分割的最主要判断因素,对于市场价值起到主要影响的因素有性别分割、学科分割、岗位分割和类型分割。后者关注高等学校的等级划分,由此形成学术劳动力市场的结构分层问题。[①]本书关注的是高等学校的等级划分。

学术机构的等级性是学术劳动力市场结构性的重要体现。学术劳动力市场的职位匹配过程是供给和需求分层对应的过程。供给者根据学术经历、能力进行分层,而就业岗位的分层依据地域、收入、学术声望因素。在这些分层的要素中,博士毕业学校影响最大。如果毕业学校学术声誉高,求职者通常会进入更好地理位置和更高收入水平的大学。学术劳动力市场的特点表现出典型的分割,表现为大学中职称晋升的严格等级和大学之间声望区分的等级。以科研为导向的研究型大学与以教学能力为导向的教学型大学发生分离,在学术劳动力市场中的教师出现了工作时间分配、工资制定机制、追求学术声誉、入职晋升标准等差异,这种差异产生了两个劳动力市场之间的隔离,竞争也局限于某一范畴,导致不充分竞争。

一般均衡理论讨论了劳动力市场中三个主要因素,即供给、需求和价格三者之间的关系,这也是劳动力市场运行机制的主要表现。学术劳动力市场是进行学术劳动力资源配置的市场。在这个特殊的劳动力市场中,学者和学术机构都力求声望最大化,学术界依据学术工作者的学术声誉为基础形成了等级体系。学术机构根据学术资源的数量,通过学术生产活动和

---

① 徐志平.中国高校学术劳动力市场的供求结构研究[D].华中科技大学,2019.

学术储备力量的分层生产和匹配,形成了一个等级结构。同时,"声望"和价格一样,成为调整学术劳动力市场供需平衡的一个重要因素。①

随着"211工程""985工程"和"双一流"建设工程等重点大学建设项目的展开,中国大学之间的等级制度不断加强,形成了鲜明的学术求职阶层体系,高校教师入职标准不断提高,具有较高学术学习能力的研究型大学逐渐积累了大部分优质学术劳动力供给。学术资源的不均衡分配,使高等院校拥有了培养学术人才的垄断权和严格的学术职业准入标准,从而形成按照大学声誉进行高低排列的等级结构。这种情况下,博士研究生毕业时更倾向于选择高水平大学。

学术劳动力市场供求变化直接影响了博士研究生就业选择。在学术劳动力供给不足时,排名高的大学由于强大的吸引力,得到了优先供给,吸引了越来越多的博士生,而排名低的大学则出现教师人员紧缺问题。当学术劳动力供给过剩时,高水平大学有限的学术职位容不下足够的求职者,博士生不得不在低水平大学中寻找工作。

对博士生就业的优先顺序进行综合考察后发现,学科平台、地理位置和学生出身等因素与大学的等级结构密切相关。排名高的大学,地理位置较好,学术声誉更高,学术奖励更好,入职福利待遇更优。博士规模优势形成地理优势,为区域内其他学生提供更多取得博士学位的机会。本研究将经济发达地区"985"大学定义为"名校",其处于学术场域中金字塔顶尖位置,具有显著的学术声望优势、高校层次优势和所在地优势。

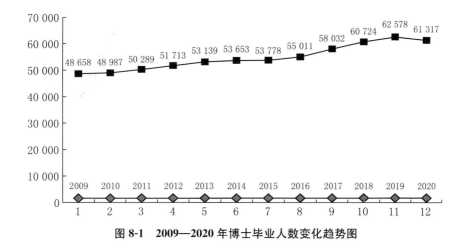

图8-1 2009—2020年博士毕业人数变化趋势图

---

① 徐志平.中国高校学术劳动力市场的供求结构研究[D].华中科技大学,2019.

# 第二节 "预聘—长聘"制度加速了"名校挤压效应"

在"双一流"建设背景下,名校开始进行教师聘任制度改革,通过师资博士后制度、专职研究人员制度和"预聘—长聘"制度,扩大了人才引进规模,破除了编制对教师招聘数量的限制。我国目前有普通高等学校 2 500多所,各高校在办学实力、师资水平等方面有巨大差异。"名校"由于自身优势,得到了诸多优秀人才的青睐,甚至挤占了本属于一般高校的人才资源。

## 一、名校的师资博士后

### (一)师资博士后的发展历程

名校师资博士后制度最早可以追溯到 2005 年 4 月,浙江大学率先推出该项制度,表现为将博士后培养与师资选聘结合在一起,将博士后人员纳入教师预备队,一方面弥补新入职教师在教学和科研方面实践经验和创新能力不足,另一方面改变高校"只能进不能出"的现象。[①]在人才选拔方面,师资博士后比普通博士后的选择门槛更高,除了学术能力外,还会考察其教学能力。关于工作内容,博士后教师应承担科研以外的部分教学任务。当然,师资博士后的报酬也高于普通博士后的报酬。

师资博士后提前构建了教师梯队,较好地缓解高校的教学压力,然而这一制度有明显的弊端,即"本地化现象严重",[②]又称为学术"近亲繁殖",这是部分高校发展的主要障碍。为了避免这一问题,知名高校纷纷采取相应举措,如浙江大学提出了严格控制本校毕业生留校比例的规定,同时加大力度引进海外高校和国内其他名校的毕业生数量。

实施师资博士后制度的高校不断增加。截至 2018 年底,全国共有 40余所高校实施了师资博士后制度,绝大多数为"985""211"高校。师资博士后使毕业选择机会增多,给予应届博士更多的就业选择,尤其名校的师资

---

① 刘继荣.师资博士后制度的探索与实践[J].中国高教研究,2007,(06):75—76.
② 张冰冰."近亲繁殖"真会危害教师的学术生产力吗——基于"2014 中国大学教师调查"的分析[J].重庆高教研究,2019,7(05):66—75.

博士后,其待遇甚至超过了新入职教师。

(二)师资博士后的条件、待遇

国内各知名高校招聘师资博士后的标准相对严格,但是待遇较为丰厚。以北京理工大学 2019 年招聘师资博士后为例,招聘的博士后分为三类:师资博士后、一般博士后和思政专项博士后,对比如下。

1. 师资博士后——"特立博士后"支持计划

**基本条件。**毕业于世界一流大学,取得博士学位不超过 3 年,全日制博士,年龄不超过 32 周岁;具有良好的学术背景、较强的创新活力和学术潜能,具备独立开展研究工作的能力;①在本学科领域顶级期刊发表论文不少于 2 篇。

**支持措施。**薪酬待遇:年薪 30—50 万元之间,缴纳社保、公积金。培养目标:进行贯通培养,出站后按相关学术标准可聘至预聘制教师岗位。科研配套:入选博士后创新人才支持计划科研启动经费 20 万元;获得中国博士后科学基金面上资助、特别资助等项目科研启动经费 5—18 万元。生活待遇:按国家有关规定协助解决本人及配偶、子女落户、子女入托入学等生活问题;提供博士后公寓或租房补贴;按学校有关规定享受与教职工同等福利待遇。②

2. 一般博士后——"优秀博士后"支持计划

优秀博士后计划主要分为博士后创新人才支持计划、外国青年引进计划、优秀博士后人员支持计划。

**基本条件。**取得博士学位不超过 3 年,全日制博士,年龄未满 35 周岁;可以全职在站工作;具有较强的创新活力和学术潜能,具备独立开展研究工作的能力。

**支持措施。**岗位设置:团队岗主要面向学校重点发展学科、高层次人才及优秀青年骨干教师团队建设;科研岗主要面向承担国家、省部级重大重点科研项目的团队提供有效的科研力量。基本薪酬:年薪 18—45 万元,学校缴纳五险一金。经费支持:入选博士后创新人才支持计划科研经费 20 万元;获得中国博士后科学基金特别资助、面上资助等项目科研经费 5—18 万元。生活保障:按国家有关规定协助解决本人及配偶、子女在京落户、子女入托入学等生活问题;提供博士后公寓或租房补贴;按学校有关规定享受与教职工同等福利待遇。

---

① ② http://www.sciencenet.cn/(网址:http://blog.sciencenet.cn/blog-425155-1137767.html),网文引用。

3. 专项博士后——"思政博士后"支持计划

**基本条件。** 获博士学位 3 年内的全日制博士，年龄未满 35 周岁；对于有辅导员工作经验者优先考虑；满足招收单位的其他要求。

**支持措施。** 基本薪酬：年薪 23 万元，学校缴纳五险一金。生活保障：按国家有关规定协助解决本人及配偶、子女落户、子女入托入学等生活问题；按学校有关规定享受与教职工同等福利待遇。

4. 几类博士后的比较分析

从一些大学的招聘启事中可以看出，师资博士后的薪资待遇十分优厚，远超过大学讲师的待遇，支持措施中还提到可以解决本人及配偶、子女在京落户、子女入托入学等生活问题，提供博士后公寓或租房补贴，并按学校有关规定享受与教职工同等福利待遇，较好解决博士后的家庭压力。因此，师资博士后对于青年博士十分有吸引力，既可以拥有户口，又可以享受到名校资源、在博士后期间多出产一些成果，提升未来就业的竞争优势。师资博士后对于大学的优势是在固定编制缺乏的前提下，高校可以用较高的物质待遇、较小的社会成本，吸引一大批 Paper Producer（论文创造者）。

目前博士就业竞争压力大，尤其一线城市高校的门槛要求很高，以北京一所"双一流"大学为例，招聘应届博士的要求是：本科、硕士和博士毕业学校均为"985"高校及以上高校；博士期间至少在本学科领域权威期刊发表 1 篇论文，或一级期刊发表 3 篇论文，或 CSSCI 来源期刊发表 6 篇论文。这项要求相对于大多数博士来说很难完成，然而具有名校博士后经历，未来则获取了一线城市的落户资格，到高校求职也相对容易，求职难度比博士毕业直接就业低了很多。笔者调研中发现一些从大学离职的新教师选择了北京、上海等地名校的师资博士后。名校设置师资博士后制度，以提供优厚待遇为吸引，招聘大批优秀人才，可以说抢夺了一般高校的教师资源。

# 二、专职研究人员队伍建设

构建一支数量适当、结构合理的专职科研系列人员队伍是一流大学人才队伍建设的基本目标。2011 年清华大学和浙江大学被确定为专职科研人员队伍建设的改革试点单位，随后其他名校相继实施相关政策，推出适合本校的专职科研人员队伍建设规划和实施办法。[①]某"985"大学 SZ2015

---

① 徐志平.中国高校学术劳动力市场的供求结构研究[D].华中科技大学,2019.

年出台《加快专职科研系列人员队伍建设的实施办法》,在人才建设方面给出了具体举措,也取得了卓越的成效。

SZ大学自2015年启动"人才强校"战略,已累计引进各类人才8 000多人。SZ大学经过三年发展,截至2017年12月底,引进各类人才已逾3 000人,全部具有博士学位,其中40％的人才直接从海外引进,新设立的专职科研人员队伍,加上博士后队伍的增量,已经达到1 500人规模。再经过两年发展,截至2019年8月,SZ大学新引进各类人才逾5 000余人,共有专职科研人员、博士后共计2 368人。人才聚集的效果很明显,刚经过三年时间发展,这所大学科研经费总额就从10亿元发展到近30亿元规模,国家自然科学基金项目立项全国第二,国家社科基金、教育部人文社科项目全国第一。在教育部直属高校预算经费排名中,SZ大学2016年还位列第8,2017年便升至第5,自2018年至2021年,SZ大学预算经费稳居第4。如今SZ大学以198.55亿元的预算经费迫近200亿关口,仅次于清华、浙大、北大。

教职岗位失去了以往的稳定性,获得了待遇上的提高。青年教师的工作十分辛苦,从收入来看比以往青年教师待遇有了大幅增加。目前很多名校师资博士后年薪20万元起步,部分高校甚至可以给予30—40万元的年薪,这是以往高校博士后无法想象的待遇。当然,名校正是依靠学校排名和薪资待遇手段,吸引刚毕业的博士加入,提升本校学术生产力。

## 三、名校"博士后""专职科研人员"的结局

由于教师编制的紧缺,很多名校博士后、专职科研人员在激烈的竞争中被淘汰,这也是高校人才流动中存在的一个值得关注的问题。

2018年是HW大学在2015年推出"3＋3"聘期制教师制度的第一个考核期,网络曝光只有4名教师通过第一个聘期的工作考核,取得HW大学的正式教师编制,而没有通过考核的人员则面临没有薪水的失业状态。①HW大学官方解释称,学校的考核采取的是"3＋3"的制度,如果第一个三年考核期没有过,可以续签第二个考核期,换句话说,国内实施"非升即走"制度的6年考核期(包括2个3年的聘期),在第一个聘期节点,仅有

---

① https://baijiahao.baidu.com/s?id=16206978678453202458.wfr=spider&for=pc,网文引用。

3%左右特别优秀的新教师晋升副教授,而绝大多数很可能遭到淘汰。

某 985 高校的一个学院,从 2016 年至今,研究员、博士后共引进 45 人。离职或准备离职人数达到 21 人,离职人数最多的一年高达 10 人。最初一批以研究员身份引入的 4 人中,已有 3 人离职,剩余 1 位仍处于离职边缘。至今无 1 人成功获得长聘资格。值得一提的是,离职或准备离职的 21 人中,有 8 人获得国家级科研项目,多人发表了学科内高级别论文但是依照现有学校标准,仍然很难完成职称晋升这一目标。

## 四、"预聘—长聘"制度下名校教师招聘

近年来,我国高校开始了一场声势浩大的人事制度改革。传统"助教—讲师—副教授—教授"的晋升机制之外,出现了广泛实施的"预聘—长聘"制度。预聘实际是试用,通常以 3 年为一个聘期。比如南京大学规定,特定岗位新进教师聘期三年,三年后未晋升高一级职称则自动解聘。"预聘—长聘"制度目前在国内高校已较为普遍,部分名校表现为"非升即走",高风险与高回报并存。

很多名校的专职科研人员与签订"非升即走"制度下教师的合同聘期制的人员并不相同,前者在三年任职期内,不属于学校事业编制人员;后者在聘期内属于学校事业编制人员,一旦合同到期,不再续聘时,才不属于学校事业编制人员。后者出现的原因是高校办学需要一定数量的教育科研人员,因此各高校在招聘时要求严格且相当慎重,大多数新教师能够通过考核并被续聘,所以"非升即走"聘用教师继续留在学校的可能性较大,而部分名校的专职科研人员留任很难。在一个聘期后,根据此前成果、工作情况和个人意愿等,部分教师会晋升副教授职称,成为正式教师,而专职科研人员中只有少数教师能够继续留在名校。

一般情况下,大学会把专职科研人员的招聘、入职等条件如实告知应聘的博士毕业生,这种聘用制方式是学校和个人自愿选择的结果,新入职博士对此大多有较好的心理准备。对新教师而言,3 年时间也给了他们择业缓冲期,他们往往一边申报基金课题、出产成果,一边寻找更合适的"再就业"机会,所以大多数海内外博士毕业生会选择专职科研人员的就业岗位。对于后期职业发展规划,他们会视近几年的发展情况而定,无论本地或是外地,无论学校、机关、企业等组织或是自主创业,都可以作为再就业方向。

（一）"无门槛"的招聘

脱胎于终身教职制度的"预聘—长聘"制度，在招聘环节中逐渐失去了选拔机制。很多高校人才招聘数量远远大于编制限定人数，已经放弃原有招聘的选拔功能，而是让"预聘—长聘"制度发挥筛选作用，把基本适合的新教师招聘进来，从事教学或科研等工作，未来是否续聘可以由"预聘—长聘"制度进行筛选，这项制度可以把原本不符合高校目标的新教师淘汰，使其重新进入学术劳动力市场。

"预聘—长聘"制度实施之初，很多特聘副研究员是受益者，因为总体水平良莠不齐，很多新教师实际上仅能达到普通博士生水准，如果正常竞争，难以胜任顶尖学校，通过这项制度破格进入顶尖高校任教，由于开始的时候高校编制空余较多，转正率相对较高，但随后入职的新教师则面临着严酷的竞争。

目前中国高校"预聘—长聘"制度已经失去了选拔的意味，名校展开了抢人大战，对于应届博士生，只要基本条件符合，可以先录取后考核，但是留任的标准很高，大多数新教师无法达成长聘。国内学术组织采用"非升即走"制度等进行人才选拔，过于注重人才筛选本身，而忽视了筛选初衷。这种制度更能筛选出最符合高校荣誉地位的人员，而不是选拔出最适合发展学术的人，无疑忽略了学术组织的责任。某些高校将筛选功能发挥到极致，制定了极为严格精细的选拔标准，如博士后经历、"四青"等各类头衔、各种基金项目和高级别论文等等。

（二）晋升留用标准高

晋升标准很高，通过率低，甚至有的高校某学院新教师全部被淘汰，很多博士毕业生在入职初便经历了人生变动，甚至永久离开了学术劳动力市场。很多高校晋升标准制定虚高，造成绝大多数的预聘制教师不能晋升。"长聘"资格的严格筛选，使很多高校迷失了筛选的目的，没有为新教师创造好的环境，结果很可能是严酷的淘汰。很多"非升即走"人员一方面经受着严格筛选，另一方面却没有独立实验室、课题组的支持，也缺乏足够的科研经费，完全靠新教师依托博士学校资源或个人努力，这种环境下，新教师出产科研成果就十分困难了。

过于严格的筛选，产生了高校的内卷问题和低包容度，让竞争中处于弱势的人员在职业发展道路上付出了很大代价，对于入职时间长的人员会带来更大的风险，毕竟年龄的增加在其他领域的竞争也会逐渐失去优势。因此处于"非升即走"考核下的新教师会承受巨大压力，时常会思考未来的退路，有很多新教师经过了几年为实现目标的斗争，为追求稳定选择到普通一本甚至二、三本高校从事无压力的工作。

很多高校本质上还是传统高校的工作要求,有大量教学、公共服务任务。"预聘"的 2 个三年聘期,新教师既有任务压力,还有工作压力,身心俱疲是常态。"预聘"教师与编制教师分别在不同轨道晋升考核,"预聘"教师的晋升标准很高但不明确,需要跟周围人员进行竞争,所发表的论文成果要经过外审和多轮内审,尤其外审一般会送到顶尖高校,外审通过的难度很大,也加大了职称晋升难度。

某些学校,"预聘"教师即使晋升职称,依然没有编制。不少获取"长聘"资格的副教授发现副教授的任务比预聘期间要求更高,如同"升级版"的"预聘"(待遇不变,聘期变为 5 年,考核标准加码)。另外部分大学的"预长聘"都是校聘的,没有省教育厅颁发的职称证书,也不提供职称证明。

部分高校选聘新教师要求极高,有 40%—50%是要被淘汰的,这是官方数据,典型养蛊模式。例如,课题必须是国家社科或两个省部级课题,论文要求发表 9 篇,文科教师发表论文等级甚至超越 CSSCI 层次,要求论文发表在所属学科专业的顶尖刊物。新教师在第一聘期内如果没有成功申报国家社科基金或发表权威刊物文章、获得省部级项目,就会遭到解聘。此外,(部分高校)要求新教师开展校内外服务工作,比如担任班主任、带领学生参加竞赛等。晋升副高职称的工作量要比其他同层次学校高一半,两个聘期无法晋升副高职称的新教师就会被解聘。

中国和西方高校中的"专职科研人员"有较大不同,中国特色的"预聘—长聘"制度下,聘用"专职科研人员"的经费大多由高校出资,具体表现为根据科研人员的业绩给予相应的薪资待遇和研究经费,并不涉及职称晋升。美国大学的"专职科研人员",薪资来源于课题组经费的资金,且具有明确的职称晋升道路,拥有独立的知识产权,属于"无限期雇佣合同"的高级学术人员。

(三)高标准的淘汰的严重后果

留住需要的人员,这是高校的目标,因此高校一般会设定比较严格的准入标准,然后规定明确的任务,这是实施"首聘期科研考核"制度的初衷,最终目的是留住合适的人员,而不是淘汰人。"非升即走"制度中与其周围同级别教师的竞争,可以说是不明确的标准,晋升取决于周围教师的水平,当然很多顶尖高校选择实施"非升即走",给新教师带来了很大留任压力。"预聘—长聘"制度是否能发挥效果,取决于考核指标的高低。如果合同规定考核指标脱离大多数教师实际能力,则属于无效设计。因此,一般高校都会依据教师实际能力水平,设计大致可以接受的考核指标。而"非升即走"制度下的不明确指标,会无限提升竞争难度,造成严重的内卷。

对大多数学术研究者来说,尤其是还未晋升高级职称的青年教师,制度变迁初期给予的正面诱因虽然很有吸引力,但随后的负面诱因却紧紧相随。这项人事制度改革,使得大多数新入职教师感受到了就业市场的竞争和压力,也成为他们必经的考验。可以说,年轻一代学者在远大于以往的压力下成长,如同万马军中过独木桥,顺利通过严格考验的人,也会成为学术劳动力市场中的佼佼者,同时为学校整体学术生产力提升作出积极贡献。不过这里存在的问题是社会对高校的评价和高校对教师的评价,虽然都包含了科研成果业绩,但实际上并不能与学术成就和学术发展等同。同时,年轻一代学者努力产出成果,这会对上一代学者产生挤压,即上一代学者会间接承受人事制度改革的压力。尤其自身学术能力并未与时俱进的上一代学者,其职业生涯同样承受着压力。

人事制度改革中,高校所设计的严格选拔标准,严重影响到很多新入职教师的职业安全感,此外工作业绩与薪资待遇密切相关,长久以往会带来人才流失,会逐渐降低学术研究工作对年轻学子的吸引力,不利于吸引优秀人才进入学术教育工作。有学者指出,提高留任和职称晋升标准,淘汰了学术成果较少的博士进入学术劳动力市场,并不断析出现有学术能力较差的学者,可以提升学术劳动力市场的整体水平。实际上,学术劳动力市场的整体水平不一定源于标准的提高。提高标准的同时也提高了学术能力强的学者的职业风险,造成更多人对学术劳动力市场望而却步。真正实现学术进步,需要以学术发展为己任的人才,进行长期的投入,并非简单将能力较差的人拒之千里,"断尾"的结果可能会带来精英的流失。

胡娟和陈嘉雨(2021)用制度经济学理论分析"标准化""高门槛"两种筛选制度和"强激励""弱激励"两种激励机制的不同组合,发现"高门槛"与"弱激励"结合下,大学教师聘任与评价制度更符合学术职业的本质要求和制度设计的理性规则。"高门槛"能很好地筛选出有志且适合的学术职业者,使教师队伍总体保持较高水平,"弱激励"可减少"学术内卷",激发学术活力与创造力,两者结合有利于保障教师队伍的纯洁性和学术工作的纯粹性,形成良好的学术生态。[①]然而,目前名校"预聘期"的"无门槛"招聘与"强激励"结合的聘任制度显然是不适合的。

---

① 胡娟,陈嘉雨."高门槛"与"弱激励":大学教师聘任与评价制度的理性设计[J].高等教育研究,2021,42(11):69—77.

（四）高校青年教师要做好职业生涯规划

F88NWB10 和 F82NW03 同是 2017 年毕业的文科博士，博士期间成果业绩大致相同，但是毕业之时的两人有了不同选择。F88NWB10 毕业后在 Top1 高校做了半年博士后，由于感觉留任很难，果断选择辞职，选择进入省属地方高校 D 大学接受"预聘—长聘"制度的考核，首聘期结束时，以文科组第一名成绩完成了考核，并在同年晋升为副教授。F82NW03 毕业后选择去"985"高校做博士后，博士后做了三年以后，又转聘为某"985"高校的特聘研究员，最终由于没有通过该"985"高校的晋升考核，只能离职。F82NW03 随后同样选择进入了 F88NWB10 所在高校，但是直到 2021 年，F82NW03 依旧是讲师职称，需要再次适应新的环境，进入新的考评体系，最终 F82NW03 选择了从所在高校离职。

学术背景相似，科研实力相近的两位博士，由于选择了不同的道路，其中一位博士较早地拥有副教授职称、长聘资格、事业编制、稳定的住房和相对安逸的居住环境；而另一位博士由于当时追求所谓的名校，失去了所谓的五年科研人员的黄金期，却没有改变职业不安全感，也没有很好适应环境变化，学术发展道路十分艰辛。

新教师面对未来的选择时，首先，一定要慎重选择入职高校。新教师入职前需要明确了解该校的考核条件，同时询问清楚该校往年考核通过情况、基金命中率等，最好对学校是否严格执行"非升即走"制度提前了解（某些学校虽然签订考核协议，也注明解聘条件，但最终不一定严格执行）。

其次，青年教师进入"非升即走"制度，也不需要过于恐惧，适当给自己加压，可以激发自己的潜能。俗话说"压力产生动力"，对自己严格要求，可以督促自己在毕业后的黄金阶段出产更多成果，倒逼自己积极投入，抓住机遇。例如笔者所在学校有一些教师虽然当初并不自信，但是首聘期的最后一年仍然顺利通过考核。

再次，青年教师需要正确看待"非升即走"制度，这是时代变革的产物，也是用人单位基于选择合适人员的探索过程，对于"非升即走"制度的实施结果应该辩证看待。某些学术优秀人才，在制度促动下发表多篇领域内顶级刊物论文，获得国家基金资助，不仅获得高薪和固定编制，还成为发展本领域学术的新星。研究过程中一些访谈对象在制度影响作用下取得了一定业绩，虽然在制度实施高校没有晋升职称，但是离职后进入较低层次高校，很快晋升成为副教授。

# 第三节　周围城市兄弟院校的"抢人大战"

## 一、城市因素的人才流失

考察学术劳动力市场中的教师流动,还需要重点分析城市因素。一直以来,国内外学界对于学术人才的就业归纳为两大研究方向,一种是以就业市场为取向,另一种是从人才政策和人才指标体系的政策宏观角度来评析和比较,[①]却没有将两者融合起来探讨,单一的分析视角容易忽视城市因素对学术劳动力市场的影响,研究结论必定有失偏颇。

大学和城市是人类文明发展进步的象征,在人类发展史中留下了不可抹去的印记,各个历史时期的发现总是与大学和城市密切相关。虽然大学与城市是两个不同的社会存在,两者作为不同的生态系统有其各自的运行规律。在当今社会,大学与城市之间存在着典型的环境关系,如系统与环境、整体与部分、合作与竞争、供给与反馈,这些关系可以显示大学与城市互动发展的理论框架及其重要性,构成了促进大学与城市互动发展的实践逻辑。[②]

像 D 大学这类地方高校,不仅受到名校的挤压效应,还会受到学术场域中同等水平学校抢人的影响。由于 D 大学的地理位置不佳,远离省会,且所在城市只有一所本科院校,没有其他一线、二线城市大学的集聚效应。尤其是 2017 年开始全国各地开始"抢人大战",各地推出人才落户优惠政策,包括落户政策、住房政策、就业政策、创业扶持政策以及其他配套政策,D 大学的人才招聘遭遇到困境。

二元劳动力市场理论是劳动力市场分割理论最重要的理论流派。劳动市场分为两部分:初级市场具有良好的工资福利、稳定的职业生涯和晋升机会;二级市场工资福利低,工作条件差,流动性高。二级市场强调充分竞争,企业根据边际贡献和边际成本雇佣劳动力。初级市场内部属于劳动力市场,内部规则和程序取代了劳动力市场的供求平衡。[③]

①　刘蕾,张菡容."人才战 2.0"背景下青年博士择业的诉与求——基于山东省青岛市博士人才招聘活动的实证研究[J].中国青年研究,2020,(10):57—64.

②　李枭鹰.大学与城市的生态关系范型[J].现代教育管理,2017,(09):7—11.

③　刘进,沈红.论学术劳动力市场分割[J].高等工程教育研究,2015,(04):76—81.

中国学术劳动力市场可以细分为一级市场和二级市场，一级市场的特点是更高的工资、更多的工资收入渠道，更多参与学术科研活动的机会；二级市场工资低，额外收入低，流动性少，大多数人从事教学。[1]但中国学术劳动力市场考虑到城市因素后，会发现城市等级越低的城市相对有着更优厚的人才引进政策，等级越低的学校更容易提供编制，而且目前中国高校出现一种新的情况，处于快速发展期的高校，基本工资会被设置很低，但是教学、科研奖励额度却被设置得很高，以此促进教师提升工作业绩。由此导致中国绝大多数高校属于一级学术劳动力市场。所以简单地把中国学术劳动力市场分割为两类，这不能很好地解释现有中国高校的状况。这需要建立起中国学术劳动力市场模式，从而可以更好解释现有学术人员初次就业情况。

D 大学所在 H 市，2016 年该市住房和城乡建设局根据《中共 H 市委 H 市人民政府关于支持人才创业创新服务 L 中崛起的若干意见》(H 委发〔2016〕38 号)，制定了人才住房保障细则。2017 年出台《H 市人才住房保障实施细则(试行)》，其中有关研究生购房、租房的优惠政策，主要包括"对全日制普通高校博士、硕士、本科毕业生，及高职院校、技师学院等校级以上优秀毕业生，与用人单位签订 3 年(含)以上劳动合同，且已连续缴纳社会、医疗保险半年以上(含)，于 2016 年 12 月 30 日(含)后政策有效期内，在其工作所在地购买家庭首套商品住房的，可按规定享受一定标准的购房补助：首次市外引进的全日制普通高校博士、硕士毕业生，分别给予 10 万元、5 万元的一次性购房补助。"和"对全日制普通高校博士、硕士、本科毕业生，及高职院校、技师学院等校级以上优秀毕业生，与企事业单位签订 3 年(含)以上劳动合同，已开始缴纳社会、医疗保险，于 2016 年 12 月 30 日(含)后政策有效期内，租房居住且家庭未购房的，可按规定享受一定标准的租房补助，补助期不超过 36 个月：首次市外引进的全日制普通高校博士、硕士毕业生，分别给予每月最高 1 000 元、800 元的租房补助。"

H 市的住房政策对博士毕业生有一定的制度倾斜，博士毕业生在购房租房时可以有一定优惠。但是这项政策是面向 H 市市属企事业单位，而 D 大学是省属高校，不在这一优惠范围之内，故该校新入职博士毕业生无法享受到这一优惠政策。由此可见，H 市的政策并不覆盖 D 大学的青年博士。也就是说，H 市的人才政策排除了 D 大学新入职的青年博士，这项

---

① 刘进,沈红.论学术劳动力市场分割[J].高等工程教育研究,2015,(04):76—81.

政策对外来青年博士的吸引力几乎为零。由于 H 市是远离省会的三线城市,城市的吸引力本身就不大,又没有出台相应的政策来吸引青年博士,青年博士选择 H 市的 D 大学的可能性大大降低。信息时代,求职者很容易掌握其他城市的人才政策,有了比较之后往往会放弃没有吸引力的岗位,这就是 D 大学近些年处于招聘困境的原因。

D 大学这类地方高校受到"学术场域"中同等地位学校的抢夺人才的影响。2018 年 D 大学离职的两位教师都是去了同省的 N 大学,N 大学与 D 大学在省内排名不相上下,但 N 大学所在城市是中国新一线城市,城市发展良好,青年博士过去会有购房补贴与安家费,因此具有较高的吸引力。

2018 年学术劳动力市场十分繁荣,全国各地高校争抢应届毕业博士,给出的待遇明显优于 D 大学。这种情况下,D 大学几乎没有任何招聘优势,加之不具地理优势,较难招聘到优秀人才。具体表现为:D 高校人事处网站录用公示的人员很多,但是将近一半求职者最终放弃入职 D 高校。

**一个典型案例**

F91NW06,境外大学硕博连读,2020 年 3 月博士毕业前夕向 D 大学递交应聘简历。由于她是 L 省人,博士毕业想回到 L 省工作,由于 H 市距离她家乡非常近,她当时选择来 D 大学应聘,面试很顺利,学科带头人和几位骨干对她的表现都十分满意。她当即表示愿意来 D 大学工作,但是公示后一年,她并没有来 D 大学报到。2021 年 4 月,公示期已经超过 1 年,她也没有来报到,根据学校规定,这视作她已经放弃入职。但是 2021 年 5 月,她又来联系学科带头人想要入职,此时专业里展开了激烈的讨论,部分老师认为不应该再给予她面试机会,因为她此前曾经放弃,而另一部分老师则认为她成果比较优秀,此外她的到来也可以增加引进人才奖励。最后经过激烈的讨论还是给予她再次面试机会,如果通过了可以再次入职,她也承诺一定会到 D 大学工作。但是 3 个月之后,她再次爽约,入职一所省会大学其他专业,即使放弃了本专业也要留在大城市工作。

## 二、兄弟院校抢人

在就业方面,研究型大学实际招聘数量较少,有效职位更倾向招聘国外留学人员,这进一步减少了国内博士的就业途径。虽然中国大学数量众多,但社会地位、声望不高的大学经常遭受求职者的冷遇,毕业生一般将这类大学作为最后选择。结果表现为,中国国内博士毕业生的就业大多集中于中等层次大学。①

当学术劳动力供给不足时,提高薪酬水平是提升学术岗位吸引力的一种通常做法。高水平的薪酬可以吸引更多的人才投身于学术研究,专注教学和科研工作,这对于维持学术领域的持续健康发展至关重要。此外,很多国家和地区的政府、大学或研究机构还通过提供额外的福利、改善工作条件、提供研究经费和支持等方式,进一步为学术人员改善保障条件,着力增加学术岗位的吸引力。

总的来看,我国高校人才引进办法可以根据不同层次的高校、学科和专业的需求进行分类,各高校在人才引进方面的需求存在很大差异。中国的"985 工程"和"211 工程"是两个重要的高校建设项目,旨在提升一批高水平的大学和学科,这些高校通常在人才引进方面有更高的预算和更灵活的政策,以吸引国际一流的学术人才和具有丰富研究经验的本土学者;非"985 工程"和"211 工程"高校可能在人才引进方面采取更加综合和平衡的策略,更注重实际教学和学科发展的需求,招聘带有实践经验和教学经验的人才;以提供职业教育为主的高校,更注重对实际技能和职业经验的需求,倾向于招聘在业界有丰富经验的专业人才,以提高学生的职业竞争力。

对于高层次学校,他们通常有更丰富的学科资源、科研平台和国际化背景,因此更容易吸引到国内外优秀人才,并提供更为优厚的薪酬待遇、科研启动经费以及更好的职业发展支持,以确保聚集高水平的学术人才。而中间层次高校,由于资源相对有限,可能在吸引优秀人才方面会面临一些挑战,部分中间层次高校采取"预聘—长聘"制度,通过与入职博士签订聘用合同,设定科研任务,并根据个人学术表现提供相应的薪酬待遇,以留住优秀人才。对于学术劳动力市场中的较低层次高校,吸引博士入职需要采取更具激励性的手段,如高额的安家费、科研启动经费和有竞争力的薪酬待遇,着力提高学校的吸引力,使其能够在激烈的人才竞争中取得优势。

D 高校在学术劳动力市场中属于中间层次高校。同时,在中国的高校体系中,一些在学术劳动力市场中排名略低于 D 高校的本科院校,尤其是

---

① 徐志平.中国高校学术劳动力市场的供求结构研究[D].华中科技大学,2019.

那些计划升级为大学、扩大硕士、博士点的学校,也面临一系列的挑战和机遇。这些学校迫切需要改善教师队伍建设、提升学科水平。为了快速引入具有博士学位和富有经验的教师,这些学校可能采取较低的考核要求和提供丰厚的薪酬待遇。对于 D 高校的教师而言,学术劳动力市场为其提供了诸多选择。他们有可能被那些计划扩大硕士、博士点、提高学科水平的学校通过优厚政策引入。据 D 大学 M76YW10 反映,D 大学两年内被省内排名靠后的 SX 学校挖走 20 余位教师。究其原因,D 高校有较高的任务考核要求,与同层次没有考核任务或较低考核任务且地理位置优越的大学相比,显然缺乏竞争力。任务考核的高低是影响高校吸引力和竞争力的一个重要因素。如果 D 高校的任务考核要求相对较高,可能会对教师们的工作压力和发展空间产生一定影响,从而降低了该校在学术人才市场的竞争力。相比之下,一些地理位置优越、任务考核要求较低的大学可能更容易吸引教师,这些大学可能能够提供更为宽松的工作环境,让教师更集中精力在教学和研究上,而不受过多的行政和任务压力影响。

# 第四节　高校"预聘期"考核任务设置的社会学分析

## 一、研究问题

"预聘—长聘"制度自产生之初就与晋升、奖励等制度相匹配,但在实施后产生了一系列问题,如青年教师压力过大、教师职业稳定性、安全感低、福利待遇保障不足等。[①]出现这些问题,我们应该从源头上寻找原因,即如何设置合理的考核任务。考核标准一直是"预聘—长聘"制度首要考虑的问题,因为任务考核涉及选人、留人、育人和日常管理等多个方面的问题,发挥着对学术人员的甄别与筛选、监督与激励的功能。[②]"预聘期"考核任务在什么情况下产生的、应该如何设置、如何让它更有效地发挥作用?这是本书的研究问题之一。以往研究认识到"预聘—长聘"制度在实施过程中对教师的评价取向存在重业绩轻发展、评价标准单一、评价内容重科

---

① 陈蕴哲,李翔."中坚青年"压力与动力转化的影响因素研究——以高校青年教师群体为例[J].中国青年研究,2021,(11):13—23.

② 张东海."非升即走"的逻辑及其引入我国高校的可能性[J].比较教育研究,2013,35(11):55—60.

研轻教学、评价方法重量化轻质性等现实问题,①②虽然也提出高校应该克服科研考核中存在的考核目的功利化、考核体系唯数量、考核方式一刀切等问题,需强化质量意识和分类考核,构建同行评议新机制和弹性考核新模式,③但是并没有对考核任务如何设置及变化过程进行详细探讨。

"预聘—长聘"制度本质上是高校人事制度,每一种制度都有自己的运行逻辑。制度逻辑视角则假设,每一项制度秩序都有不同的年代起源,而多重制度系统的演化与历史的变迁相互依赖。制度秩序与其类别元素的相互依赖性表明转型变迁和发展变迁对整个多重制度系统的适应性和稳定性具有重要影响。任何一项制度秩序相对于其他秩序变得过于主导或自治,就意味着该制度秩序乃至整个系统的不稳定性。但是,不稳定性可能只是暂时的,因为制度秩序之间的共生依赖关系可以重置,这实际上是一种反馈机制,从而确保整个系统的存续。④纵使一些研究提出中国高校教师人事制度改革过程中,国家、大学行政管理系统、大学学术组织、学术劳动力市场共同构成了一个动态的组织场域,并形成了国家逻辑、大学治理逻辑、学术逻辑和市场逻辑。⑤⑥但这并不是真实的制度逻辑,而是实施制度的场域逻辑。⑦

因此,笔者近距离观察 D 高校,该校实施了六年"预聘—长聘"制度,预聘期考核任务是从"高门槛""强激励"转化到"低门槛""强激励",再转变到"高门槛""弱激励"和"低门槛"和"弱激励"并存。同时,本章从场域内外角度和多重制度逻辑融合角度研究考核任务,分析高校"预聘—长聘"考核任务的弱激励是如何形成的,其内部发展逻辑到外部环境制约逻辑如何交互作用。在此基础上解释当前高校"弱激励"制度这种看似无效率的激励设计何以长期存在并具有效力。通过上述讨论,笔者尝试为中国高校实施

① 鲁文辉.高校教师"准聘与长聘"职务聘任改革的制度逻辑反思[J].中国人民大学教育学刊,2021,(03):104—115.
② 张曦琳.高校教师学术评价机制变革:逻辑、困境与路径——基于学术共同体视角[J].大学教育科学,2021,(02):62—70.
③ 郑文龙,欧阳光华.高校分类评价的风险及其规避[J].现代大学教育,2022,38(03):87—94.
④ Alford, R.R., & Friedland, R. (1991). Bringing Society Back In: Symbols, Practices, and Institutional Contradictions. In W. W. Powell, & P. J. DiMaggio(Eds.), The New Institutionalism in Organisational Analysis. University of Chicago Press.
⑤ 高慧.高校哲学社会科学研究成果评价政策变迁中的多重制度逻辑[J].高等教育评论,2021,9(02):134—145.
⑥ 王思懿,张爽.多重制度逻辑下高校教师人事场域的改革变迁[J].河北师范大学学报(教育科学版),2022,24(02):96—103.
⑦ 练宏.弱排名激励的社会学分析——以环保部门为例[J].中国社会科学,2016,(01):82—99.

"预聘—长聘"制度的激励设计提供参考和借鉴。

## 二、从组织内部发展到外部环境制约：一个分析框架

D高校从"强激励"政策转变为"弱激励"政策到"强弱激励"并存的原因需要从组织内部环境中寻找答案，笔者首先从组织内部讨论其发展逻辑，再讨论组织外部的政府资源获取逻辑以及面对学术劳动力市场的学术共同体竞争逻辑。

（一）组织发展逻辑

组织发展逻辑是高校实施"预聘—长聘"制度的初衷，高校人事制度的设计要促使高校学术发展与提升，各大学制定了不同的政策（如基于绩效的评估、薪酬激励、严格的晋升和任期决定等）来提高学术研究的生产力，[1]进而提升高校的整体实力。

1. 效率机制

组织实施各个项目最重要的目的是实现组织发展，这十分强调效率机制，即大学决定实施"预聘—长聘"制度，是希望通过竞争来选择和激励教师，以绩效和外显的成果为依据进行人事决策，按照效率原则设计各环节——招聘、晋升、终身教职以及给予奖励提升。[2]

2. 平衡机制

组织内部制度逻辑的变革主要存在竞争与非竞争两种方式：非竞争性变革，即组织内部不同制度逻辑在引导组织实践时能够相互理解、包容乃至相互支持。相反，竞争性变革往往发生在价值观、行动准则以及意义构建方面表现出巨大差异的制度逻辑决策之间，由于组织成员在行动目标、行动方案等方面难以达成一致，进而加剧了各方之间的紧张关系，[3]迫使组织陷入一个更加复杂的制度情境中。"预聘—长聘"制度作为一项激励制度，当高校实施后会带来组织内部制度环境的改变。当高校实施了"预聘—长聘"制度后，高校组织内部教学、奖励、培养人才等不同制度逻辑之

---

① 肖兴安.历史制度主义视角下的中国高校人事制度变迁研究[M].中国社会科学出版社，2017，137.

② 郭丽君.大学教师聘任制[M].经济管理出版社，2007，43.

③ Marquis, C., & Lounsbury, M. (2007). Vive la re'sistance: Consolidation and community-level professional counter-mobilization in U.S. banking[J]. Academy of Management Journal, 50, 799–820.

间产生了冲突与竞争。此时,需要平衡机制来协调。平衡机制是指高校组织在制定考核任务时,要平衡各个方面的关系,比如强势学科和弱势学科、教学与科研、个人发展与组织工作开展、高层次人才与普通新教师的平衡。

3. 互补机制

制度互补包括两个层次:同一制度内部的互补和不同制度之间的互补。任何一项制度的系统内部组成部分之间都存在着互补关系。如果构成要素间联系紧密、彼此融合,制度的完善程度和运作效率就高。制度内部的互补性影响决定着人们的制度选择和制度今后的变迁方向。

新制度主义理论将制度视为复合体,上位制度由多项下位制度构成,制度之间具有互补性,某一制度功能的发挥会受到其他制度形态及其功能的影响。[①]当考核任务难度下降时,职称晋升难度提升,进一步弥补考核任务下降后效率机制的挫败。高校实施的"预聘期考核任务"需要组织内部其他制度的相互配合与补充,如职称晋升制度、学术奖励制度、条件需要等。

**命题 1a**(组织发展逻辑)高校设计激励制度是为了高校的发展。效率与"强激励"是优先考虑的,但由于"强激励"带来了负向影响时,平衡与互补机制将起作用,更好地实现组织发展。

**命题 1b**(作用机制)组织发展逻辑背后的作用机制是效率机制、激励强度机制、平衡互补机制,三者相互强化,共同形成一种组织向上发展的效应。

(二)资源获得逻辑——指标完成和服从机制

资源依赖理论认为没有任何一个组织是自给自足的,所有组织都在与环境进行交换,并由此获得生存。对资源的需求构成了组织对外部环境的依赖,资源的稀缺性和重要性决定了组织对环境的依附程度。因此,对某种具体的组织行为和现象的分析,要分析其所处外部环境的制约因素。[②]从组织外部来看,组织运行所需的各种资源,如财政资源、物质资源以及信息资源等,都是从外部环境中得到的,即组织明显依赖于外部资源提供者。

大学作为一个典型的资源依赖组织,为了生存和发展,必须依赖外部环境提供的资源,并与外部环境进行相应的交易。充足的经费不仅是大学

① [韩]河连燮.制度分析理论与争议(第二版)[M].李秀峰,柴宝勇,译,中国人民大学出版社,2014,149.
② Hall, Richard H. Organizations: Structure, Process and Outcomes[M]. New York: Jersey Prentice Hall. 1991:46.

正常运行的基本条件,也是促进高等教育发展的重要物质基础。政府增加对高等教育的公共投资,可以提高学校管理和教育质量,从而促进高校更快更好地发展。[①]政府控制的高校资源有各种排名机制、建设项目和考核项目等,高校组织若想获得这些资源,满足自己生存与发展的利益诉求,必须要完成目标和绝对服从。

**命题 2a**(获取资源逻辑)高校的发展离不开政府的扶持与资助,高校会想尽一切办法获得政府资源。

**命题 2b**(作用机制)获取资源逻辑的核心机制是指标完成与服从,这有助于高校获取政府部门的认可与资源。

(三)学术共同体竞争逻辑——争夺逻辑(抢夺逻辑,竞争逻辑)

本节将进一步回答,为什么其他高校一再增大考核任务难度的时候,D 高校考核任务中却取消淘汰机制。不同的高校构建了学术劳动力市场,学术劳动力市场中教师人数总量是一定的,高校建设一定程度上可以说是一流人才的竞争。不同的高校在学术劳动力市场中都在争夺优质的教师资源。但是争夺逻辑的发挥会受到至少三个机制的影响。

第一,等级机制,学术劳动力市场的一个重要机制体现为学术机构的等级性。学术劳动力市场的职位匹配过程是供给和需求分层对应的过程。[②]供给者根据学术经历、能力进行分层,而就业岗位的分层依据地域、收入、学术声望因素。就业岗位的各分层因素中,学术声望高的院校往往占据了更好的地理位置,收入水平也更优。[③]第二,名校挤压机制,排名靠前的高校依靠其名声、资源、薪酬待遇等优势,扩大博士后、专业科研人员、特聘教师的招聘人数。我国"双一流"高校在实施"预聘—长聘"制度过程中出现的"高入职率"与"高淘汰率"共存现象,具体表现为招聘阶段追求数量多,考核晋升阶段则诉求相反,从而牺牲了入职教师的"长聘"与职业安全需要,造成了人才流动中的无序竞争。在"双一流"建设背景下,高校之间的人才争夺加剧,"马太效应"愈演愈烈。地方高校由于缺乏区位优势及与"985""211"高校及省属大学在办学经费上的差距,面临着人才流失的巨大难题,这使得"名校挤压"效应明显。第三,普通学校抢夺机制,在学术劳动力市场排名较低的高校为了生存发展,依靠提供"长聘"和有竞争力的待遇与排名相对靠前的学校争夺人才。

① Ahmad, A.R. & Farley, A. (2014). Funding reforms in Malaysian public universities from the perspective of strategic planning. *Procedia-Social and Behavioral Sciences*, 129: 105-110.

②③ 徐志平.中国高校学术劳动力市场的供求结构研究[D].华中科技大学,2019.

**上述讨论可以形成以下命题：**

**命题 3a**(学术共同体竞争逻辑)处于学术劳动力市场的高校,其预聘期考核设计不仅关乎自身发展,还会影响到其他高校和学术组织的利益、诉求。

**命题 3b**(作用机制)学术共同体竞争逻辑的作用机制是争夺机制,争夺机制意味着激励过程必须有所提高和降低,来应对名校"挤压效应"和普通高校的抢夺。

(四)多重逻辑的优先顺序和相互作用

本研究分析的是逻辑而不是概念,并且强调对多重逻辑优先顺序和条件进行考察。首先,任何高校出台"预聘—长聘"制度要保证招聘到优秀的人才,人才进来后可以出产优质的成果,满足于组织的发展。当考核任务过重且完成难度较高的时候,高校会面临着招聘受阻的情况,尤其是在学术共同体中与其他组织存在争夺的情况下,"预聘—长聘"制度的考核难度要降低,才能保证招聘到青年博士。所以,此时出台了"不再淘汰"机制。其次,完成招聘任务并不是目的,更重要的是促进新入职教师产生需要的成果,所以高校需要配套相应的奖励机制。本节进一步探讨的问题是,上述各种逻辑之间的关系是怎样的？最终形成了怎样的人事制度和考核制度,对高校发展和新教师职业生涯产生了怎样影响？

组织发展中的效率机制使 D 高校采取"强激励"政策,"强激励"政策实施后,影响到获取政府资源、学术劳动力市场上竞争,"弱激励"政策开始出台,由于"弱激励"政策可能导致"预聘期"青年教师放松自身要求,D 高校通过出台更严格的晋升标准和更优厚的奖励政策弥补"弱激励"政策可能产生的负向影响。

1. 组织发展逻辑(效率机制)与政府资源获得逻辑相冲突,平衡和互补机制补救

组织发展目标永远都是排在首位,效率机制应该是组织尤为重视的,政府是通过一系列项目建设、指标体系深度影响高校,如高校的师生比、高校学科发展指标等。但是当效率机制的运行过程中带来了各种各样问题后,尤其是当效率机制影响到政府资源获取,平衡机制和互补机制将会发挥作用。当发展速度下降后,组织会通过内部其他制度(晋升制度、奖励制度)来调节由平衡机制带来的发展速度下降问题。组织如果重视效率机制,可能造成多种关系的失衡,此时平衡机制应该发挥作用,然而平衡机制会使效率受阻,影响效率机制的发挥。

2. 组织发展逻辑(效率机制)受到学术共同体竞争逻辑的相互制约

效率机制是组织追求目标之一,在组织中加大完成考核任务难度可以提升人员的业绩,然而高校组织又处于学术共同体中,不同组织争夺人才使得效率机制不会随意提高任务完成难度。由于学术场域的劳动力供给是一定量的,不同组织实施了同样的政策,会导致愈演愈烈的人才争夺战。

3. 政府资源获得逻辑与学术共同体竞争逻辑相互支持

组织外部环境主要包括政府和学术共同体,政府资源获得逻辑与学术共同体竞争逻辑共同制约着组织内部发展逻辑。同时政府资源获得逻辑和学术共同体竞争逻辑本身也是相互支持,当高校可以从政府获得资源时,会在学术共同体竞争中占据有利位置;在学术共同体竞争中取得优势地位,可以帮助其获得政府资源。

上述分析表明,高校考核过程不同于企业考核过程,既要考虑组织内部的效率与公平激励(效率逻辑和平衡逻辑),又要对抗组织外部环境(获取资源逻辑和学术共同体竞争逻辑)。三个逻辑相互冲突、相互强化和相互妥协的政治过程,就是"强弱激励"共存的形成过程。根据上述分析,提出如下命题:

**命题 4a**(优先顺序)高校预聘期考核过程,优先考虑组织发展(效率逻辑),在此基础上,再考虑政府资源获取逻辑和学术共同体竞争逻辑。

**命题 4b**("强激励"转"弱激励"共存)三种逻辑(组织发展逻辑、政府资源获取逻辑和学术共同体竞争逻辑)之间相互冲突、相互强化和相互妥协的政治过程,就是"强弱激励"共存的形成过程。


# 三、田野观察——D 高校六年来"预聘期"考核过程

D 高校是 L 省地级市 H 市省属重点建设高校。自 2016 年开始的"预聘—长聘"制度,可以分为四个阶段:第一阶段 2016—2017 年,可以被称为"强激励"阶段,通过住房和货币奖励激励制度,对新入职教师实施科研任务考核制度,试图通过"强激励"手段提高学校学术发展和排名,以便获得更多资源,并在学术共同体占据有利位置;第二阶段 2018—2019 年,可以被称为"强激励"增强阶段,通过改变激励物形式,增大物质奖励,吸引新入职教师;第三阶段 2020 年,可以视为"强激励"转"弱激励"的初步尝试,正式取消淘汰机制;第四阶段是 2021—2022 年,"强弱激励并存",一方面"弱激励"程度不断提高,除了取消淘汰机制,将科研考核改为"教学、科研、人

才培养和社会服务"综合考核方式,完成考核任务的难度大大降低。另一方面,同时提升更为优秀人才入职门槛与激励程度,职称、安家费、科研启动经费、薪资都远远高于前几年的政策。

（一）第一阶段:2016—2017 年——强激励

D 高校自 2016 年正式实施出台文件并在招聘启事上明确提出"预聘期科研考核"制度,并将任务考核分为 A、B 两类。A 类任务需要发表 5 篇文章,其中 3 篇为一级文章,此外,文科博士需要完成一个国家级科研项目,理工科博士需完成一个国家级课题和一个省部级课题。B 类任务需要完成一个省级科研项目,发表 4 篇文章,其中 1 篇一级文章和 1 篇二级文章。聘用合同中明确规定,完成 A 类考核任务可获得 100 平方米房子,完成 B 类考核任务可获得 35—55 万元安家费。签订 B 类任务博士一入职就会得到 35 万元安家费,后面的货币奖励视完成科研任务情况而定。在最终考核的时候,签订 B 类任务的博士如果完成了 A 类考核任务可以转为 A 类考核,并获得 A 类待遇。如果签订 A 类任务的博士只完成了 B 类考核任务,则按照 B 类考核任务考核,并享受 B 类待遇,且需退还房子。如果签约者完不成 B 类科研任务,D 高校将会与其解除聘用关系。此外,预聘期中完成考核任务内成果的新教师不进行额外奖励。除 A、B 类考核任务外,2016 年招聘文件还规定了特殊成果奖励,比如在《中国社会科学》《Cell》《Nature》《Science》等刊物发表论文,取得国家级重点课题、全国性的教学比赛一等奖,或指导学生在全国"挑战杯"或"互联网＋"比赛中获得一等奖,此类博士可以获得 120 平方米房子,并协助解决配偶工作。

D 高校自 2016 年正式实施"预聘期科研考核"制度,很多新入职教师都表示考核任务过重,压力太大,甚至陆续离职,截止到 2018 年年底共离职 22 位新教师。笔者曾对这些离职的教师进行访谈,大家纷纷表示 D 高校和其他高校相比,既没有特别好的学校的平台和声望,也没有排名相对较低学校的安逸,在这里付出和待遇并不成正比。

（二）第二阶段:2018—2019 年——持续强激励

2018 年和 2019 年的政策有了一些变化,虽然也是分为 A、B 两类任务考核新入职博士,但是预聘期奖励政策有变化,奖励从货币和住房变成了只有住房。A 类考核博士的奖励不变,学校奖励 100 平方米住房;B 类考核博士不再是 35 万元,而是变成奖励 50 平方米住房。由于住房在中国社会的特殊性,对人的绑定作用远远大于货币。由于 D 高校奖励的住房为毛坯房,从装修到入住最少需要半年,装修花费也至少需要 15—20 万元,这部分属于沉没成本,同时聘用合同规定获得住房需要至少服务10年,因此对于新教师来讲,住房对其限制作用远远大于安家费。新教师中途离职,安家费可以随时还给学校,但是如果奖励物是住房,不仅要归还,还要损失装修费用和装修时间。这种情况下,获得住房的新教师离职率远远低于拿安家费的教师。

2018年12月,D高校首次在文件上说明将预聘期由三年改为四年。2016年D高校共引进72名博士,2019年12月对2016年入职新教师进行"预聘期科研考核",其中完成A类考核任务23名,延期考核49名。

(三)第三阶段:2020年——激励由强减弱——取消淘汰机制

2020年是政策变化最大的一年,政策方面取消了淘汰机制,并把引进博士分为三类A类博士与B类博士和C类博士,B类博士享受的待遇与2018年、2019年引进的博士待遇相同,考核任务同为1个省级课题、一篇一级论文、一篇二级论文和50平方米住房奖励。C类是没有任何科研任务考核,并可以拿到35万安家费。A类博士与2018年、2019年相比,待遇有所下降,完成A类博士只能拿到80平方米房子。为此有不少2020年入职教师表示,入职年份仅相差一两年就有这么大的差距,实在是让人费解,这也引起了近几年新入职教师之间的矛盾。由于2020年取消淘汰机制,学校的吸引力变大,新教师不再担心会被淘汰的风险,这一年开始招聘博士数量相对增加,不少学院都超额完成了引进博士的任务。

2020年引进的博士与2016、2017年B类转A类博士在2021年3月抽取了住房。当时校领导表示这可能是D高校十年内最后一次分房。但是当时也有少数新入职教师放弃住房,而选择拿取35万安家费,其理由是房子的位置不好,也担心无法完成考核任务,实际上,这部分博士未来离职可能性很大,摆脱房子的牵绊使离职变得相对简单。结果表现为,6名放弃选房的青年博士在2021年底全部离职。

(四)第四阶段任务:2021—2022年——强弱激励并存

2021—2022年考核任务再次发生改变,一方面,继续维持"弱激励",除了没有淘汰机制外,考核任务有了突破性变化,从原来只考核科研,变化成教学、科研、育人、社会服务等综合考察。2021年开始,D高校的人事制度又一次变更,首次打破教学、科研、社会服务三项功能的界限,具体设置了各类任务及其对应的分数。另一方面,"强激励"持续,首次加入优秀博士奖励,新入职博士可以直接聘任教授,工资待遇、安家费都参照省级人才奖励。

## 四、多重制度逻辑分析D高校考核任务

多重制度逻辑如何影响D高校设计考核任务,政府政策、市场变化和学术发展以及组织的特殊性如何共同作用于D高校"预聘期"的考核任务与奖励机制的变化,这是本节要讨论的核心问题。

### (一)弱激励的源头——政策出台时已经降低难度

2014年底教育部发布的《深化教育领域综合改革实施方案(2014—2018年)》,将全面实施"预聘—长聘"制度作为先期综合改革试点高校的重要改革内容。2015年D高校人事部门开始讨论如何实施"预聘—长聘"制度,当时中国实施"预聘—长聘"的高校还都采取"非升即走"制度,即新入职教师需要在规定期限内(3+3年时间)完成晋升高一级别职称,否则将不再被聘用。但这种竞争下的淘汰制度并不适合D高校,因为D高校地处L省一个地级市,省会城市和周边大城市对其虹吸效应一直很强烈。D高校本身就存在招人难、留人难的困境,如果再实施"非升即走"制度,会在学术劳动力市场上遭到排斥,导致招聘困境。

2015年D高校人事处、科研院、组织部以及学校各个学院领导一起开会,商讨如何回应国家出台《深化教育领域综合改革实施方案(2014—2018年)》,提出了"预聘期科研考核"制度,新入职的教师在预聘期内,也就是入职的前三年完成规定的科研任务,就可以长久地被D高校聘任。D高校人事处老师M76YW10曾表示,如果实施"非升即走"制度,我们学校就招不来人啦。这也说明D高校如果模仿国内大多数已经实施"非升即走"制度的学校,将会失去一大批新教师。2016年入职的135名新教师,在2019年完成晋升的只有17人,2020年完成晋升的有32人,如果当初实施"非升即走"制度,D高校将会淘汰大部分新教师,因此"预聘期科研考核"制度更适合D高校。

在政策讨论出台之时,组织发展逻辑虽然优先被考虑,但是学术共同体竞争逻辑也在发挥着作用。D高校看到其他高校陆续实施"非升即走"制度时,也力求提升学校综合办学水平,在各类高校排名榜中提升排名,实施"预聘—长聘"制度势在必行,这是考虑到国家制度逻辑和学术制度逻辑的结果,但是不得不考虑D高校特殊情况,如本身不是名校,地理位置也不佳,无法和那些地处一线、二线城市的高校所相提并论等情况,招聘博士本身就存在困难,如果再严格实施"非升即走"制度,较难招聘到新入职博士,所以折中选择出台"预聘期科研考核"制度,这项制度也是"预聘—长聘"制

度的一种形式,完成难度却比"非升即走"制度低,这也符合中国地方高校实施这项制度的初衷。

(二)制度实施过程中,不平衡机制、学术共同体竞争逻辑渐凸显

笔者是 2016 年入职 D 高校的博士,同一批入职博士经常探讨"预聘期科研考核"制度,是该选择较难完成但待遇丰厚的 A 类任务,还是较容易完成但待遇一般的 B 类任务。多数新教师付出了极大的精力,甚至牺牲身体健康、亲朋关系和业余休闲,很多新教师担心未来由于学校严格执行该制度而被淘汰。许多新教师由于担忧导致焦虑和情绪紧张,经常找各级领导诉苦,希望这项制度不要严格贯彻实施,但是各级领导的回复却是模棱两可——"聘用合同是和学校人事处签订的,这事得问人事处"。由于2017、2018 年 D 高校人事处关于考核的政策不明朗,所以 2018 年陆续有20 多位新教师主动离职。

相对而言,D 高校最早开始制定的科研任务考核相对较难,甚至可以比肩评职标准,即达到了"非升即走"的高难水平。2016 年 D 高校职称晋升副教授的底线是一个省部级课题、1 篇一级论文和 2 篇二级论文,同年出台 A 类博士标准是 1 个国家级课题和 3 篇一级论文,远超参评副教授的条件,B 类考核标准是 1 个省部级课题、1 篇一级论文和 1 篇二级论文,略低于副教授标准。假设入职 D 高校的教师拥有职称晋升欲望,即使没有"预聘期科研考核"制度,也会努力出产科研成果,以便早日完成职称晋升。即使 2017 年 D 高校更改了副教授晋升条件,变成"1 个省级课题+1 个结题的厅级课题+2 篇一级论文+2 篇二级论文",也低于 A 类考核任务难度。所以"预聘期科研考核"制度看似不与他人竞争,但是可以设置不同难度,当难度超过晋升副教授的条件时,完成任务难度较高,当考核任务低于晋升副教授评职条件时,可视为较易实现。

当评职标准提高致使晋升职称达到难以实现的地步,许多新教师会认为自己在 D 高校难以达到评职标准,或者需要付出很多才能晋升职称,便会选择离开,即由于评职标准过高而离职,转到其他学校参评。过高过低的激励模式都不会带来学术进步和组织发展,激励设计时应该保证激励强度适中。如果个体或组织可以承受未完成目标的惩罚,则可以提高激励强度。反之,如果惩罚措施过重,个体难以承受失败风险,则应该减弱激励强度。因此,高校评职标准提升,长远来看会导致很多教师离职。当前学术劳动力市场由内部正在转向外部,很多学校接受现职以来的成果,很多教师可以凭借现有成果去其他学校评职,所以 D 高校很多新教师因升职无望选择调入其他高校。

职称晋升制度看似是 D 高校对预聘期任务的补充,其实属于"强激励"手段。提高职称晋升条件,增加职称晋升难度是"强激励"手段,是处于组织发展制度逻辑中的效率机制。但是激励理论表明,激励机制也是一个筛选机制,能力高者及愿意努力工作者倾向于选择"强激励"方案,而能力弱者及更愿意工作安稳者倾向于选择"弱激励"方案。D 高校在招聘时采取"低门槛"政策,招聘了大量科研业绩相对不好的老师,如此高强度的激励政策,使这些教师难以承受,预聘期还没有结束时较多人就选择了辞职。此外,学术共同体竞争逻辑凸显,2018 年很多名校都推出博士后计划、专职科研员等系列,虽然这些学校是实施"非升即走"制度,但是这些学校的名气、平台和待遇都是 D 高校无法比肩的,部分教师离职到名校做博士后就是因为这个原因。任务考核难度过高也会造成优秀教师的离职。此外,还有很多高校在 2018 年以前没有实施"预聘—长聘"制度,虽然这些学校排名不如 D 高校,但是胜在安逸,依靠安家费、购房补贴、科研启动经费、薪酬待遇等方面吸引人才。这一对比之下,2018 年底 D 高校新教师中有 22 人选择离职。可以看出,D 高校将考核任务难度提高,一方面会淘汰科研能力相对较弱的新教师,另一方面相对优秀的教师也可能选择奔赴更好的平台。在学术劳动力市场透明的背景下,这些教师以同样的科研成果可以获得更好的待遇,优秀教师离职难以避免。此时,学术共同体竞争逻辑发挥着主要作用。

(三)政府资源获得逻辑和平衡机制凸显——弱激励政策形成

新教师对于科研考核任务的质疑,以及很多新教师的辞职,D 高校开始重新审视这项制度,力求对这项制度进行改进,由此拉开了弱激励的序幕。

1. 延长预聘期时间

2018 年 1 月,笔者作为新教师代表参加了学校组织的"爱博会议室",许多博士在此提出"三年考核期"时间过短,希望可以延长预聘期考核期。2018 年 9 月,某二级学院院长表示学校已经提出对于 B 类博士考核延长一年的决策。2018 年 12 月,某学院新教师座谈会上,有教师 F88BWB10 提出,"目前学校的考核制度是针对 B 类博士延长一年,我想为什么不能对 A 类博士考核同样延长一年。"当时学院书记表示会把这条意见反馈给人事处。2019 年 10 月,D 高校人事处正式出台所有博士预聘期延长一年考核的规定。

2. 无淘汰机制的两种情况

(1)没有任何奖励的无淘汰

2019 年 12 月是 D 高校对 2016 年新入职教师进行考核的截止日期,

2016 年共引进 72 名博士,完成 A 类考核任务的有 23 名,延期考核的博士有 49 名。根据期刊发表周期判断,大多数一级、二级期刊投稿周期超过 1 年,如果此时没有录用文章,则很难完成考核任务中论文要求,即 2019 年 12 月未能完成 B 类任务的教师,则难以完成预聘期科研考核任务。对于这部分新教师关心的聘任问题,D 高校人事处明确表示学校不会解聘,但是要退还住房或货币补贴。也就是说,未能完成 B 类考核任务的新教师虽然可以留校,但会失去任何引进人才待遇。很多新教师难以接受这样的结果,选择离职重新找工作。一位已经离职的教师 M87YWA08 表示"啥待遇没有,我在这里干嘛,我不如换个地方,还能有一笔安家费"。

(2) 有一定奖励的无淘汰

经过了对第一批新教师的预聘期考核,D 高校汲取了经验,没有淘汰机制或没有奖励机制难以留人。学术共同体竞争逻辑依然起着作用,那些排名落后于 D 高校的学校以安逸环境、优越的安家费会吸引一批教师投奔,而 D 高校招聘难、离职多这一人才外流现象依然没有缓解。考虑到当前学术劳动力市场的状况,D 高校于 2020 年正式出台的招聘文件中明确"预聘期考核中不再有淘汰机制",并将引进博士分为三类,即 A 类博士与 B 类博士和 C 类博士。其中 C 类是新增设的,C 类博士可以选择没有任何科研任务考核,并享受 35 万安家费。A 类和 B 类博士的科研任务与此前 A 类、B 类博士相同,但待遇有所不同,A 类博士可以获得 80 平方米住房。由于 2020 年取消淘汰机制,"强激励"变"弱激励",学校的吸引力变大,新教师不再担心淘汰风险,这一年全校共招聘到 139 名博士,多数学院超额完成引进博士任务。

3. 完成任务难度降低——项目与论文项目分数互通

2016 年在签订的聘用合同中明确规定 A 类博士要完成 1 个国家课题和 3 篇一级论文,B 类博士要完成 1 个省部级课题和 1 篇一级论文和 1 篇二级论文。然而在 2019 年 12 月份执行合同的时候,双方并没有严格遵照合同约定。制度实施过程中出现了几种情况:第一,根据 D 高校科研分数规定,不同省部级课题对应的科研分数不同,如教育部课题是 400 科研分,省级课题是 200 科研分,省级重点课题是 300 科研分,这些课题都属于省部级课题。但是显而易见的是,科研分数越高的省部级项目,申报难度越大,如果归属于同一级别有失公平。第二,根据 L 省的规定,同一年申报省级课题和国家课题,如果获批国家课题,会取消省级课题获批资格,造成理科博士们难以完成合同中任务。第三,部分新教师擅长申报课题,能够获批国家、教育部、省级课题,但是由于所属学科没有一级期刊,更不适合发国际期刊,论文发表任务难以完成。第四,部分新教师擅长发表论文,拥有多篇顶级期刊(一篇顶级期刊可换取 300 科研分数),由于年龄超过 35 岁,无法申报国家课题青年项目,难以获批国家级课题。基于上述情况,D 高校在 2019 年底进行考核时,没有完全按照 2016 年签订的聘用合同约定,而是按照科研分数进行考核。完成 1100 分科研分数视为完成 A 类任务,完成 350 分科研分数视为完成 B 类任务。比如某新教师预聘期仅获批 1 个教育部课题,科研分数是 400 分,人事处认定其完成 B 类任务。某新教师预聘期仅获批 1 个国家级科研项目和 1 个教育部课题,科研分数是 1200 分(800 分＋400 分),虽然没有发表论文但也被人事处视为完成 A 类任务,并对超出部分给予学校的科研奖励。2020 年,D 高校又将国家级项目科研分数提高到 1000 分,A 类考核标准也相应提高到 1300 分。

4. 署名权上让步

D 高校在 2020 年补充了关于作者署名权的规定。以前预聘期规定的科研任务,要求第一作者且通讯作者的单位必须是 D 高校。2020 年开始,规定变成"第一作者或通讯作者的单位是 D 高校署名"即可。这项新规大大促进了学术合作的展开,也降低了科研任务完成难度,很多新教师选择与别人合作发表论文的方式应对预聘期科研考核。

(四)政府资源获得逻辑、组织平衡机制——弱激励持续

1. 首次加入教学考核

2018 年 9 月 10 日,习近平总书记在全国教育大会上明确指出:"坚决克服唯分数、唯升学、唯文凭、唯论文、唯帽子的顽瘴痼疾,从根本上解决教育评价指挥棒问题。"[①]此后习近平总书记多次就教师工作发表重要讲话、作出重要批示,强调教师是立教之本、兴教之源,建设政治素质过硬、业务能力精湛、育人水平高超的高素质教师队伍是大学建设的基础性工作,要健全立德树人落实机制,扭转不科学的教育评价导向。相继出台《中共中央国务院关于全面深化新时代教师队伍建设改革的意见》《深化新时代教育评价改革总体方案》《关于深化职称制度改革的意见》等文件,对深化高校教师职称制度改革、分类推进职称制度改革、建设高素质专业化创新型教师队伍进行全面部署,这使得教育教学业绩在绩效分配、职务职称评聘、岗位晋级考核中的地位不断上升。此外,在教育部专业、学科评估中,都增

---

① 摘自习近平总书记于 2018 年 9 月 10 日在全国教育大会上的重要讲话:《坚持中国特色社会主义教育发展道路 培养德智体美劳全面发展的社会主义建设者和接班人》,中华人民共和国教育部政府门户网站。

加了教学成果和人才培养的考察。高校如果想在政府评估中取得好成绩，获得政府的资源支持，势必要完成一系列指标。

在政府资源获得制度逻辑下，2020 年 D 高校的招聘政策有了较大调整。招聘文件上明确提出考核任务完成可以使用一个教学项目，比如省级教改课题 100 分，教育部产学研项目 200 分，一个国家级教学改革项目 1000 分。D 高校开始将教学纳入"预聘期科研考核"制度，这也是资源获取制度逻辑对考核任务改变的影响。2022 年招聘文件中，对于高层次人才的考核任务首次出现"教学科研水平达到……"，这说明 D 高校在政府资源获得逻辑影响下开始重视教学。

2. 科研考核变成了"教学＋科研＋育人＋社会服务"的综合考核

2021 年 D 高校的考核政策再次发生重大变化，首次打破教学、科研、育人、社会服务各项功能的界限，对教学、科研、育人、社会服务各领域设置了相应任务及其对应分数。如教学方面"主讲国家级课程"对应分数是 2000 分，科研上"国家级科研项目"对应分数是 1000 分，指导学生获得国家级比赛一等奖是 1000 分，社会服务上"援疆、援藏、援青等（一年及以上）"对应分数是 1000 分。2021 年 11 月 20 日，D 高校正式出台新的评职文件，此次文件对部分成果赋分进行修改。如国家级一流课程从 2000 分降至 1000 分，"援疆、援藏、援青等（一年及以上）"的分数从 1000 分降至 800 分。2022 年人事招聘文件上也做出修改，将一些分数修改为和最新评职文件中分数一致。

霍姆斯特姆和米尔格罗姆（Holmstrom and Milgrom，1994）指出几种提高激励强度方法之间的关系，认为在某些条件下各个激励工具之间存在着互补性，即提高某一种激励方法的激励强度，增加了应用另一种激励方法的边际收益。[①]教学、科研、育人、服务任务的打通是加大激励力度，增加边际收入的一种方法。综合评价方法的应用可以降低科研项目和文章在评价内容上的指标权重，减少科研评价对新教师的影响。减轻科研负担，增加实现评估目标的途径，提高新教师完成聘用任务的可能性，并成为一名长期聘用教师。这可以看作是降低任务难度的一种方式。

D 高校的综合考核设计，回应了 2020 年 10 月中共中央、国务院印发的《深化新时代教育评价改革总体方案》。该方案指出，改革教师评价机

---

[①] Holmstrom，B. and Milgrom，P. 1991 Multitask Principal-Agent Analyses: Incentive Contracts，Asset Ownership，and Job Design. Journal of Law，Economics，and Organization，7，24 - 52.

制,推进践行教书育人使命,坚持把师德师风作为第一标准,突出教育教学实绩,强化一线学生工作,改进高校教师科研评价,推进人才称号回归学术性、荣誉性。这是国家关于新时代教师评价的规范,教师不是专做科研的教师,教师要承担起培养学生的责任,教好学生是教师最重要的责任。好的教师不能仅以发表论文、承担科研项目为己任,也要讲好课、培养好学生。此外,综合考核促进了 D 高校的全面发展,很多新教师不愿意承担学院、学科等工作,此次考核规定系主任每年赋分 100 分,教研室主任每年赋分 50 分,鼓励青年教师承担起服务学校责任。

**3. 重教轻研学术奖励制度**

D 高校一直存在科研奖励制度。2015 年,科研业绩分数 1 分对应 100元人民币,如发表一篇顶级期刊的科研业绩分数是 300 分,科研奖励金额是 3 万元。学校也会根据难易程度和市场变化调整科研业绩分数设定和奖励金额。由于顶级期刊发表数量逐年增多,D 高校于 2019 年将科研业绩分数 1 分的奖励下调至 80 元。学校共有 19 个二级学院,每个学院发展状况各不相同,很多学院保持着十五年前的科研奖励制度,如发表一篇CSSCI 期刊奖励 1 000 元,这样的奖励制度早已与现实脱节。很多教师多次建议提高科研奖励制度,但是因为学院领导大多忙于行政事务,科研成果较少,并未提高科研奖励标准。有的新教师 M86NWB04 自嘲"学院那点科研奖励还不如要饭赚得多"。

2019 年教育部强调"金课建设",推出"双万计划",计划三年选出一万个一流专业和一万门一流课程。D 高校教务处部门积极响应推出课堂教学奖励制度,国家级"金课"奖励 10 万元,省级"金课"奖励 2 万元,试图通过加大教学奖励力度让更多教师关注教学。

**4. 落实真正分类职称晋升制度**

2021 年 11 月,D 高校正式出台新的评职文件,增加了教学型副教授、教授的评审难度。教师欲晋升教学型职称,需在课程、教材、专业建设、教学成果奖、指导学生比赛、课堂教学和班主任工作中均取得相应成绩,这表明 D 高校在对照国家要求下对教学的重视。此外,2021 年 12 月的省级优秀人才项目选拔中,D 高校遵照省里文件,单列思政教师和教学名师,这反映出 D 高校在切实做好"教师应该教学与科研平衡,教师应该教好课"。

D 高校在考核时重视教学其实是组织发展逻辑中平衡机制发挥着作用。"预聘—长聘"制度只考核科研成果,降低教学质量的考核已经被证实。在 D 高校新入职教师中也不乏出现"重研轻教"现象:新入职教师为了完成科研任务,把所有时间都放在撰写论文和申报课题上,全然不顾教学,在上网课期间不上课,线下上课的时候,也几乎不怎么讲课,让学生自学教材、论文,学生课程收获感全无,个人教学风评特别差,教学评价次次学院倒数第一,主讲的选修课程没人选,主讲的必修课学生罢课的后果是不得不更换主讲教师。长此以往,教学质量、人才培养质量都得不到保证。

(五)强激励机制——考核细化为超 A 类、A 类、B 类、C 类

2021 年政策有了新变化,D 高校取消了福利分房政策。A 类博士业绩分数要求是 1300 分,安家费 80 万元,科研启动经费 5 万元,工资待遇按照讲师或者副教授待遇,科研奖励约为 13 万元。B 类博士业绩分数要求是 200 分,安家费 50 万元,科研启动经费 5 万元,工资待遇按照讲师或者副教授待遇,科研奖励约为 3 万元。C 类博士,没有考核要求,安家费 35 万元,科研启动经费 5 万元。2021 年开始出现了超 A 类博士,称为"特聘教授",此前考核制度仅针对已经取得教授职称的高层次人才,2021 年开始面向刚毕业的少数极优秀青年博士,引进的高水平博士可不受"特聘教授"入选条件的限制,只需提供原创性强、影响力大的代表作,其中自然科学类 8 篇,人文社会科学类 4 篇。学校为超 A 类博士提供安家费 150 万元,科研启动经费 20 万元,年薪 45 万元,待遇远远高于 A 类博士,但要完成不低于 1600 分的业绩分数。D 高校推出超 A 类博士待遇,为了吸引学术劳动力市场中的优秀青年博士,吸引顶尖人才到来,保证 D 高校在学术劳动力市场的竞争力,这也是组织发展逻辑中效率机制在发挥作用。

# 五、高校考核弱激励长期存在且发挥作用

上文显示,连续六年的考核过程,都稳定反映 D 高校考核任务的"弱激励"机制,符合对高校组织行为的日常经验和想象。那么,这种看似无效率的激励制度为什么长期存在且具有效力呢?

1. 防止"名校挤压效应"后的溢出效应,保证招聘到博士

学术劳动力市场的职位匹配过程是供给和需求分层对应的过程。供给者分层一般依据学术经历和能力,就业岗位的分层一般依据地域、收入、学术声望等因素。在这些分层的要素中,博士毕业学校影响最大。在大学工作的各个层次,如果毕业的学校学术声誉高,该博士通常会具有更好的地理位置和更好的收入水平。在"双一流"大学建设的背景下,名校通过教师聘任制度改革,不断扩大本校日益增长的需求水平。师资博士后制度、专职研究人员制度和"预聘—长聘"制度,使我国顶尖大学的学术工作需求

明显增加,破除了编制对教师招聘数量的限制,①源源不断的博士毕业生涌入到名校,形成"名校挤压"效应。此种情况下,普通高校预聘期考核任务继续采取"强激励"政策,难以招到期望的青年博士,久而久之,会被学术劳动力市场淘汰。

在2020年以前还未取消淘汰机制时,D高校采取的"强激励"政策,很难招聘到博士。很多博士认为这里考核任务难、淘汰可能性大,大多放弃入职。每年D高校人事处网站公示的录取人数很多,但一半左右应聘者会放弃入职。甚至有位教师上午签约,下午离职。

当时签约的时候不知道有这么多任务,签完约了,与其他老师聊过之后才发现很难完成的,我只能立马辞职。(个案编号:F84YWB31)

但是D高校在实施了弱激励考核制度后,学校的吸引力变大,新教师不再担心淘汰风险,仅2020年一年全校共招聘到139名博士,超额完成引进博士任务。

2. 完成政府各项考核指标

中国以项目投入的方式将高等教育整体及高等教育系统内部主体事务的发展均纳入其框架中,由此产生了一种"项目治教"的高等教育治理新机制。②项目类型包括综合性项目(如"双一流"建设项目)和单一性项目(如不同类型科研项目、人才项目、教学项目、学生发展项目)。

高校所需要的资源有资金、高质量的学术研究人员、生源,以及政府推行的各种教育政策。高校资源来源呈现多元性,有政府拨款、学生缴费、教学、科研与社会服务收入、私人捐赠等,但是从政府外获得资源的方式、数量、限额,在某种程度上仍受政府控制。专任教师学历指标催生了评估期内全国所有高校尤其是地方高校引进教师的高潮。对外通过竞争获取政府和社会资源,对内通过科研评价保证科研投入产出的高效回报。科研评价成为高校保持组织竞争优势与可持续发展能力、展示绩效努力的有力工具。由于强激励政策导致招聘难、留人难,D高校还要完成政府部门制定的各项评估指标,尤其是关于专任教师结构包括"博士学位教师占比"和"45周岁以下青年教师占比"两项指标,这都是需要招聘博士学历教师来完成,当考核任务为"强激励"政策时,难以实现招聘目标,只有当"强激励"变成"弱激励"政策时,招聘目标才较容易实现。

---

① 徐志平.中国高校学术劳动力市场的供求结构研究[D].华中科技大学,2019.
② 熊进,林陈原野.高等教育项目运作的制度化:多重逻辑的诠释[J].江苏高教,2021,(12):32—39.

3. 教学科研平衡发展,满足各类人才发展需求

当科研考核变成"教学＋科研＋人才培养＋社会服务"考核时,新的考核方式确实可以发挥指挥棒作用,将除科研外的活动纳入考核范畴,让新入职教师可以增加除科研以外的投入,一定程度上转移了青年教师的工作方向与重心,使青年教师能将工作时间与精力合理地分配到科研以外的各项领域,有助于青年教师更好地实现学术社会化,践行立德树人核心思想,成为全面发展的新时代教师。

2020 年入职的新教师,由于没有完成科研任务量才能留任的硬性要求,不少新教师开始重视教学,如 M90NWB32,积极申报省级虚拟仿真课程、参加学校教学比赛、成立大学生比赛培训工作室(指导学生参加比赛专用的教研室),积极参与各项教学活动。因为 M90NWB32 入职时,学校相关部门指出教学成果也计为考核业绩。(个案编号:M90NWB32)

在制定预聘期考核任务时,高校须综合考虑教学、科研、社会服务、人才培养等各个方面,对科研成果实施量化指标与质性评价相结合,完善代表作制度和同行评议制度,破除唯论文、唯基金项目的量化评估体系。高校教师聘任制中任务考核如何设置是非常重要的,这关系到所有教师的积极性与努力方向,任务设置的科学性、兼顾性可以发挥教师立德树人、教育、科研和社会服务四个方面的共同发展。

高校教师是以高深知识的传播、发现与应用为使命的专门性职业。大学教师所从事的职业本质上是学术职业,包括教学、科学研究和社会服务等学术职业活动。[①]教师作为教学、科研和社会服务活动的发出者,是行为的主体。教师应从现代大学的本质属性——学术性出发,明确教学、科学研究和社会服务在大学和自身专业发展中的地位和作用,明确自身的职业素养及其价值所在。根据所在学校的性质和类型、自身专业成长所处的发展阶段和职业能力,教师应恰当地选择自身学术职业活动的重点和关注领域,在投入时间和精力上有所差异,重点突破,在教学或科研或社会服务活动中产出有理论意义和实践价值的成果。此外,教师自身还应在教学、科研和社会服务等活动中始终坚持学术活动的学术性和育人性,注重教师之间的交流与合作,保障大学人才培养目标的真正实现。

---

① [美]伯顿·克拉克.高等教育系统学术组织的跨国研究[M].王承绪等译,杭州大学出版社,1994.

# 六、结　语

本节借鉴已有研究成果,厘清高校预聘期考核“强弱激励”内部政治过程的优先顺序,继而从组织适应性和自主性的角度解释“弱激励”长期存在的原因,并指出“弱激励”存在获取政府资源、学术劳动力市场生存和教师个人平衡发展等方面所具有的效力。希望这一模型有助于提高研究高校内部运作过程的分析力度,有助于产生“预聘—长聘”制度考核的分析概念、研究问题和理论思路方面的知识,扩展“预聘—长聘”制度的研究视角和内容,丰富了中国关于这项制度研究的宽度。

第一,从组织内外相互依赖的角度分析高校考核任务。研究表明,科层体制内部并不是一个简单的单向权力关系和事本主义逻辑,它与整体性的政治氛围勾连在一起,与特定地方高校内部生存发展问题、外部竞争力问题的建构相互关联。因此,应该从一种相互依赖而不是相互孤立的角度分析和解释高校预聘期考核任务。

第二,推进了激励理论的发展,尤其“强激励”转化为“弱激励”的条件、限制和逻辑,并将这一理论应用于高校组织中并得到验证。对地方高校来讲,如果考核任务设置过高,难以完成,会出现招聘难、离职多的问题,高校不得不通过降低考核任务以切合地方高校发展诉求和实际情况。因此,相较于“强激励”,“弱激励”兼具适应性和自主性,具有持续增进组织效率的治理效果。

“预聘—长聘”制度的实施通常是通过目标任务和期限的设定来完成对青年教师的激励作用,旨在提升大学组织的工作效率,提高学术质量。“预聘—长聘”制度既有高校组织对教师的考核与评价,也包含学校支持教师发展、保护教师履行其学术职责的制度和服务保障。[①]太高的考核任务、太强的激励机制都不利于高校和教师的发展。如何设置科学合理的考核任务是高校首先需要思考的问题,本节对高校预聘期“弱激励”考核任务的设置且长期存在的有效性进行了推理和验证,值得其他高校借鉴。

本研究存在以下不足:第一,功能解释。本节指出强、弱激励之所以长期存在,是因为它兼具适应性和自主性。这一论述可能存在功能解释问题,即把结果当作原因来解释。第二,适用性问题,强、弱激励并存是只适

---

① 李连梅,姜林.中国大学“准聘—长聘”制度的缘起、困境与走向[J].现代教育管理,2021,(07):105—111.

用于地方高校,还是也适用于名校和普通高校,未来需要通过大量的实证研究来验证、修正和发展这一分析框架。第三,关于"预聘期综合考核"制度是否能真正带来教学与科研的平衡发展以及教学型职称评定实施过程中出现的问题,还需要通过客观数据进一步证明和解决。

# 第五节　本章小结

本章主要是从大学外部环境分析"首聘期科研考核"制度失效原因,研究发现,在双一流高校建设背景下,由各个大学所组成的学术场域中的争夺愈演愈烈。类似于 D 大学的地方高校,不仅受到在学术场域中名校的"挤压",还要与场域中同等地位或地位较低院校进行人才抢夺,可谓是左右夹攻,未来发展十分堪忧。第一节阐述学术劳动力市场理论。第二节在学术劳动力市场理论下重点探讨 D 高校遭受到名校的挤压效应。第三节从城市与大学关系详细叙述 D 高校遭遇的其他压力——同等院校的抢占效应和普校的抢夺效应。第四节通过近距离观察中国东部 D 高校连续 6 年的首聘期考核过程,分析激励物不断变化和考核任务不断降低,从设定淘汰机制到取消淘汰机制,从单一科研考核到教学、科研、育人、社会服务综合考核的原因。笔者从高校组织内部和外部环境出发,提出组织发展逻辑、资源获取逻辑和学术共同体竞争逻辑之间序贯作用是考核任务从"强激励"转变为"弱激励"的演变过程。"弱激励"考核,也是有效解决地方高校招聘难、离职多、人才不足等问题,提升教学质量的有效手段,值得其他高校借鉴。

# 第九章 结论与展望

前文在理论和文献综述的基础上,使用丰富的定量数据检验"预聘—长聘"制度对大学学术生产力的影响效果,并选择一所地方高校,从其实施"预聘—长聘"制度伊始,进行了长达 8 年的追踪调查,详细呈现该学校在实施"预聘—长聘"制度后陷入的困境,从大学内部系统的自主性与外部环境的变化分析出现困境的原因,力图全面详尽地呈现问题及其逻辑关系,并得出有意义的结论,为其他已经实施和即将实施"预聘—长聘"制度的大学贡献理论与实践方面的宝贵经验。

## 第一节 主要研究结论

通过"非升即走"制度和"首聘期科研考核"制度对大学学术生产力影响的定量研究,以及大学制度失效内外因素的定性分析,得出以下主要结论。

### 一、两类"预聘—长聘"制度对大学学术生产力影响不同

（一）"非升即走"制度效果明显

1. "非升即走"制度显著提升了科研生产力

"非升即走"制度对大学国际论文期刊发表表现有显著作用,已经实施"非升即走"制度的大学在国际期刊论文发表规模、顶尖成果、顶尖人才等方面的进步明显优于未实施"非升即走"制度的大学,但"非升即走"制度并未对国际期刊论文影响力构成影响。"非升即走"制度可能过于强调发表数量,导致教师更注重迅速完成研究项目,而忽视了深入挖掘问题、提升研

究的影响力。如果评价标准过度强调发表数量，教师可能更倾向于进行小规模、快速的研究，以满足标准，而忽视了深度研究和高质量研究成果的追求。为了追求发表数量，教师可能更倾向于进行零散的研究项目，而非深入挖掘一个主题或问题。这可能导致研究成果的碎片化，缺乏系统性和一致性。以发表数量为主导的评价标准容易导致忽视研究成果的影响力和贡献度。真正有价值的研究可能需要更长的时间来成熟，而过度关注数量会严重影响研究成果质量。制度设计中的科研考核标准可能过于简单或不够准确，导致教师更注重满足表面的标准，而非追求真正的科研进步。如果制度中缺乏对高质量研究和顶尖成果的明确激励机制，容易导致教师缺乏追求高水平科研的动力。因此，激励机制应该能够有效地奖励高质量、有影响力的研究成果。

"非升即走"制度对大学科研生产力的提升作用具有动态效应，随着实施年份的增长，科研生产力的增长更加明显。"非升即走"制度激发教师积极从事学术研究，推动学术创新。这有助于提高大学的整体学术声誉和科研水平。"非升即走"制度实施之初，需要一定时间来培养教师适应新的职业评价机制和升职条件。随着时间推移，越来越多的教师会更好地理解并适应这一制度，从而更加积极参与科研工作。该制度实施初期，一些教师更注重短期内可见的成果以满足升职条件，但随着制度实施年限的增加，教师会更愿意投入到更具长期价值的科研项目中。长期实施的"非升即走"制度会激发教师之间的竞争，促使他们在科研方面寻求更为创新和高水平的研究方向，从而提高整体科研水平。随着时间的推移，教师更容易建立起稳定的科研团队，形成合作网络，这有助于提高科研生产力。长期实施"非升即走"制度会使大学更加注重科研资源的引入，包括引进高水平的科研人才和获得更多的科研项目资金，从而提升科研生产力。

2. "非升即走"制度显著提升了教学生产力

"非升即走"制度是一种管理和激励机制，通过设立明确的升职条件，鼓励教师在教学和科研方面取得更好的成绩。已经实施"非升即走"制度的大学在教学质量、人才培养、毕业生质量、教师水平等方面的进步明显优于未实施这项制度的大学。

"非升即走"制度促使大学更加注重教学和学术的绩效，这对优化教职人员结构、提高教学和学术水平以及留住更多优秀教师都有积极的作用。由于升职条件与绩效挂钩，大学可能更加注重评价教师在教学和学术方面的表现。这种绩效导向可能使教师更加努力、创新和有动力，以实现更好的绩效。为了满足升职条件，教师会更加关注提高教学质量，投入更多时间和精力进行课程设计、教学改革,以提高学生的学术水平和综合素质。由于绩效与升职挂钩,大学更倾向于优化教职人员结构,确保团队中有更多具有卓越教学和学术表现的成员,这有助于形成更强大、有活力的教学和研究团队。高绩效的教师更容易升职,且能够在大学中取得更好的职业发展。这种机制可以帮助大学留住那些对教学和学术有出色贡献的优秀教师。"非升即走"制度有助于建立一种注重学术和教学的文化,使大学更加注重核心使命,提高整体的教育质量。

(二)"首聘期科研考核"制度失效

1."首聘期科研考核"在科研生产力的失效表现

"首聘期科研考核"制度对大学国际论文期刊发表有负向影响作用,即已经实施"首聘期科研考核"制度的大学,国际论文期刊发表规模的增长明显低于未实施这项制度的大学。"首聘期科研考核"对大学科研质量、顶尖成果和顶尖人才没有影响。"首聘期科研考核"制度可能使教师和研究人员更注重短期内的数量指标,而忽视了研究深度和质量。这可能导致他们在发表国际论文期刊方面采取更保守的态度,更注重数量而非创新性或深入度。对于首聘期内的教师而言,面临首聘期的考核可能导致更多的压力和焦虑,可能导致他们在短期内采取较为保守的研究方向,而非涉足更具挑战性和创新性的领域。此外,如果考核制度的设计存在问题,比如评价标准不合理、过于严苛,可能会限制研究人员追求高水平国际论文的动力。

2."首聘期科研考核"在教学生产力的失效表现

"首聘期科研考核"制度对教学质量没有产生影响,这说明实施"首聘期科研考核"制度的学校与那些没有实施"首聘期科研考核"学校的教学质量不受该项制度影响。"首聘期科研考核"制度主要着眼于评价教师在科研方面的表现,而并非直接关注教学质量。因此,实施了"首聘期科研考核"制度的学校与未实施该制度的学校之间,教学质量的差异可能并不是由于该制度的存在或缺失所导致的。教学质量主要受到学校一般性的教学评价体系影响,而"首聘期科研考核"制度可能并不直接纳入这些教学评价体系,无论是否实施了"首聘期科研考核"制度,学校的教学质量主要由日常教学管理制度决定。不同学科对于教学和科研的重视程度可能存在差异。某些学科更加注重科研,而另一些学科更强调教学。这种差异可能会在教学质量上产生影响。教学质量是一个复杂的多维度概念,很难单纯依赖一个制度的存在或缺失而得出结论。高校的教学质量往往是综合多个因素的结果,包括教学管理、师资力量、课程设置、学科特色等。因此,要全面了解学校的教学质量,需要综合考虑多个方面的因素。

## 二、"非升即走"制度与"首聘期科研考核"制度的比较分析

对两类"预聘—长聘"制度,可以说"非升即走"制度对中国大学学术生产力进步影响效果明显,"首聘期科研考核"制度对中国大学学术生产力进步的影响是失效的。下面从两类制度的性质与局限进行解释。

(一)"非升即走"制度的性质与局限

1."非升即走"制度的性质

"非升即走"制度是一种组织管理制度,特指在职员工如果不能达到一定的晋升标准,就必须离开组织或机构的制度。这种制度强调了对员工表现和职业发展的特殊要求,通常用于激励员工提升绩效、提高工作质量,以及促进组织整体的发展。"非升即走"制度在高校的实践表现为,如果教师在一定期限内未能满足晋升的相关条件,就可能面临离职的困境。这种制度旨在激发教师提高绩效、加强学术研究、提升教学水平等。制度的核心在于设定清晰的、明确的教师晋升标准。这些标准可能涉及教学成绩、科研产出、学术影响力、专业发展等方面。"非升即走"制度强调了教师职业发展的重要性,并且与教师职业生涯中的进步直接联系起来。这种制度设计基于对绩效的强烈要求,鼓励教师不断提升自己的绩效水平。通过设立晋升标准,教师被激励在教学、科研和社会服务等方面有更出色的表现。

2."非升即走"制度的局限

"非升即走"考核制度在大学教师管理中确实建立在一些潜在的假设基础之上。然而,这些假设并不一定适用于所有教师,因为个体的动机、目标和价值观可能存在差异。以下是对这三个潜在假设的讨论:第一,教师具有晋升的强烈欲望,这个假设基于对所有教师普遍具有事业发展欲望的看法。然而,不是所有教师都追求晋升,比如科研欲望不强的教师,还有一些教师可能更注重教学、社会服务领域取得成绩。因此,将所有教师都视为追求升职的个体可能忽略了他们多样化的职业动机。第二,教师的晋升主要依据学术表现考核的结果:这个假设基于对学术能力和表现的重要性的看法。晋升并非仅仅基于学术表现,组织贡献度、关系网络等因素同样可能是评价晋升的重要考虑因素。这反映了一个更广泛的认知,即教师的贡献不仅仅通过学术研究来体现,而还包括其他方面的贡献。然而,在大学中,教学、社会服务和学术研究等方面的贡献同样重要,而"非升即走"制度实施过程中可能会过度强调出版物数量而忽视教学和服务贡献,不能全面评估教师的贡献。第三,上级有权并严格按照学术考核的指标对教师进

行考核:这个假设基于对上级权威和评估的信任。然而,考核制度的公正性和透明度对于建立信任至关重要。如果考核标准过于模糊或受到主观判断的影响,可能导致教师对制度的不信任。另外,考核制度在实际运行中可能会灵活应对一些特殊情况。如果某一关键性指标过于出众,或者存在师德师风等方面的问题,评价机制可能会灵活调整,以更全面地反映教师的真实表现。

总体来说,考核制度需要考虑到教师多样化的需求、动机和贡献,并确保评估标准的公正性和全面性。"非升即走"考核制度在激发积极行为方面可能会有效,但需要谨慎应对教师的个体差异。

(二)"首聘期科研考核"的性质和局限

1."首聘期科研考核"的性质

"首聘期科研考核"制度的特点在于强调对新入职教师在科研方面的表现进行评估,并不涉及职称竞争。这种设计可以在一定程度上降低评职的紧迫感,特别是对于那些对职称评定并不十分热情的教师。由于不涉及职称竞争,新入职教师可以将更多的注意力集中在完成学校设定的科研任务上,而不必过于担心职称晋升的问题。这有助于缓解一些教师在职业发展中的压力。对于那些对职称评定兴趣不高或者对于刚刚开始职业生涯的教师来说,这种制度可能会减轻他们的评职压力,让他们更专注于自己的科研和教学工作。

2."首聘期科研考核"的局限

"首聘期科研考核"制度在激励效果和整体科研产出方面存在一些局限。如果留任的科研任务要求相对较低,可能导致教师在首聘期对于科研任务的完成缺乏足够的动力。相较之下,评职制度可能需要达成更严格的科研任务要求,从而具有更强的激励效应。由于"首聘期科研考核"制度不涉及与同校其他教师的竞争,可能导致一些教师缺乏追求卓越科研成果的积极性。在科研领域,竞争往往是激励创新和产出高水平研究的重要因素,缺乏竞争可能会影响学校的整体科研氛围。在一个激励机制明确、竞争激烈的环境中,学校可能更容易形成科研合作和共同进步的文化。因此,"首聘期考核"制度无法有效激发教师之间的积极竞争氛围,从而提升整体科研水平,本书的数据结果也证实了这点。

计划实施"首聘期科研考核"制度的高校,需要考虑设定合理的科研任务要求,要确保留任的科研任务要求能够既体现学校对科研的期望,又能够为教师提供足够的激励,尽量与评职要求保持一致。高校可以考虑在制度中引入一些竞争机制,例如科研成果的排名或评价,以激发教师之间的竞争动力。通过组织科研交流、合作项目等方式,营造积极的科研氛围,使教师积极主动提高科研水平。

# 三、"首聘期科研考核"制度失效原因

## (一)失效的内部原因

### 1."强激励"与"弱支持"

在"双一流"高校建设目标下,地方政府基于人才强省目标积极支持高校发展。由于高校与地方政府存在着协同发展的关系和上级压力,需要在一定时间内实现一定水平的学术和科研成就。高校在引进人才的过程中,选择性地忽视新教师引进标准,导致引进的教师在学术水平、科研潜力等方面存在差异。人才成长有相应的客观规律,需要经过一定时间的积累。如果高校在引进新教师时忽视了这一规律,可能使得新教师面临较大的发展压力。高校的发展策略可能存在疲软之处,未能很好结合人才成长规律,导致新教师在发展路径上缺乏有效的引导和支持。上述问题可能导致新教师对组织环境的不适应,缺乏有力的支撑,导致部分新教师的离职,人才流失不利于高校稳定发展和良好学术氛围的缔造。

高校可能通过高薪、奖金、晋升机会等强激励手段吸引新教师,以应对竞争激烈的人才市场。但是,新教师一旦加入高校,可能面临对于教学和科研的支持不足、发展通道不明确等问题,形成了激励与支持之间的矛盾。由于支持不足、环境不适应等原因,新教师可能在短时间内表现不如预期,或者在面临激烈的竞争和压力时选择离职。这导致高校需要不断进行招聘,形成了"招聘游戏"。新教师的不断流动可能导致高校内部人事变动频繁,形成了一个"招聘—解聘—再招聘"的循环。缺乏对引进人才失败情形的惩罚机制,造成高校对于新教师的选拔过程缺乏严谨性,不同层次水平的教师都可能参与到这一"招聘游戏"中。造成高校的管理成本增加,人才流动加剧,影响了高校的学术稳定性和学校声誉。

### 2.组织多重制度冲突

大学组织中存在多项制度,如教学评估制度、绩效考核制度、科研考核制度等,这些制度具有不同的目标指向。不同制度之间可能存在矛盾,比如一方面要求教学质量,另一方面要求科研水平,从而形成多重制度逻辑下的冲突。如果"首聘期科研考核"制度与学校其他制度存在冲突,可能导致评价标准不明确,新教师难以平衡各项制度要求。制度冲突可能引发学校内部系统问题,影响了对新教师的有效管理,最终导致"首聘期科研考核"制度失灵。

部分新入职教师选择严格遵守组织制度,可能是由于对组织文化和道德规范的高度认同。这部分教师可能在严格遵守组织制度的过程中,忽视了预聘期科研考核任务,由于未能充分积累学术资本,难以在劳动力市场中保持良好的竞争力。最终可能成为被淘汰的"过客"。另一部分新入职教师选择"权宜遵守",即关注预聘期考核要求的达成,同时注重学术资本的积累。这部分教师专注于学术发展,通过达成预聘期考核要求,积累学术资本,保持较好的竞争优势。他们可能通过驾驭信息不对称,将签约高校作为跳板,不断谋求更好的发展,成为"过渡客"。教师的行为方式受到组织文化和道德规范的影响,对组织价值观的认同程度可能影响其对制度的态度。不同教师对职业发展的理解和追求也可能影响其对组织制度的选择性遵守。总的来看,两种行为方式最终可能导致不同的发展路径。选择"严格遵守"的教师可能较难在劳动力市场中保持竞争力,成为"过客";而选择"权益遵守"的教师通过保持竞争优势,不断谋求更好的发展,成为"过渡客"。

(二)失效的外部原因——来自学术劳动力市场的竞争

1."学术场域"中"名校挤压效应"明显

名校由于其声誉和排名,较容易吸引大量的优秀教师。然而,"非升即走"制度导致一些人才在相对较短的时间内选择离开,使得名校在短期内可能呈现出虚假的繁荣。名校在吸引大量人才的同时,未必能提供足够的时间和机会充分发挥这些教师的潜力,导致了人才资源的浪费。由于名校在学术排名上的相对优势,普通学校可能面临较大的招聘困难,特别是在竞争激烈的领域。普通高校在实施"首聘期科研考核"制度后引进的教师可能在短时间内选择离开,导致学校频繁发生人事变动,影响学校的稳定性和长远发展。次优秀教师的流动会对普通高校的学术水平构成负面影响,影响普通高校在学术场域内的竞争力。教师在不同高校之间的频繁流动可能导致学术劳动力市场的不稳定性,使得一些人才不能够深耕在某一所学校,降低整个学术劳动力市场的可持续发展。教师频繁变动可能导致在某一所学校耕耘的机会成本增加,因为他们需要适应新的学术环境,短期内难以发挥最大潜力。解决这一问题需要学术界、政府和高校共同努力,通过改革评价机制、提高对普通高校的支持力度、促进学术合作等方式,建立更为稳定和可持续发展的学术劳动力市场。

2."门槛效应"导致求职者减少

高校实施了"首聘期科研考核"制度后,设置了特定目标任务的门槛,部分求职者可能因为不确定是否能够通过考核门槛,从而减少了求职者数量。如果其他高校没有实施类似的门槛或者门槛较低,那些有实力的研究者可能更愿意选择去其他高校,避免经历过于严格的考核。这可能导致高校在竞争激烈的学术市场上失去一些优秀人才。高校实施此类考核制度是为了提高科研质量和学术水平,但长远发展要与短期挑战之间达到平衡。制度实施伊始可能出现难以吸引优秀人才的情况,如果该制度长期能够带来高质量的研究成果,最终会提高高校的声望,进而吸引更多优秀学者。高校在实施此类制度时需要确保考核机制的公平、公正,避免因为过于主观或不透明的评价而引起负面反应。公平的考核机制有助于维持高校在学术劳动力市场上的声誉。总体来说,制定"首聘期科研考核"制度可能在一定程度上影响高校的竞争力,但实际效果取决于具体的实施方式以及高校在制度实施过程中的灵活性和反馈机制。

# 第二节　理论贡献和实践意义

## 一、理论回应

### (一)学术职业理论

"预聘—长聘"实施带来了学术职业的不确定和从业者的压力。"预聘—长聘"的实施,留任和聘期考核压力构成了大学教师面临的重要挑战之一。这项考核通常发生在教师的职业生涯的早期阶段,其结果可能对教师职业生涯产生深远的影响。教师在预聘期考核中通常需要在有限时间内展示他们在教学、研究和社会服务方面的成就,这一压力可能导致教师倾向于选择那些能够更迅速产生结果的研究方向,以确保完成考核任务。在预聘期考核中,发表学术论文通常是一个重要指标。教师需要在短时间内发表高水平的论文以证明他们的研究能力。造成了"数量至上"(quantity over quality)的研究文化,也就是追求科研数量而忽视科研质量成为一种较为普遍的现象。一些学术机构以发表论文数量评估教师绩效,职称晋升主要考量科研数量,大学排名和经费获取也与论文数量挂钩,这些进一步固化了研究者追求发表数量忽视质量的行为。

此外，在现有科研评价机制下，中文期刊的等级低于国际期刊但发表难度却高于国际期刊，使得许多教师将论文转投国际期刊。一些学校或机构的评价体系中为国际期刊上的发表设定了更高分值或更重要的分值权重，直接影响教师的职称评定。发表在国际期刊上的论文通常被认为具有更高的影响力，国际期刊大多具有更严格的审稿标准和更广泛的学术读者群体，发表在国际期刊上的论文也反映了教师在国际学术圈的交流与合作，这对于提升个体的学术影响力以及学校的国际声誉都是有益的，对教师的学术职业产生积极作用。这种偏向国际期刊的评价体系导致一些问题，包括忽略了在本土期刊上的贡献、过度关注数量而非质量等。因此，预聘期考评体系的设计需要谨慎，应充分反映教师在不同领域和层次上的贡献。过于重视国际期刊论文发表而忽视国内期刊发表，则会陷入"学术自我殖民化"。①如果把国际期刊发表作为学术评价的主导性标尺，势必损害学术研究的本土化。②中国的现代化之路，一直是在各个领域实现与西方发达国家的接轨，若干年的奋力赶超，我国在诸多领域建立起了为世界认可的中国标准。实际上，中国近些年的科研生产力已取得了巨大发展，国内期刊的发文质量和标准一再提升，侧重西方学术的评价体系理应变革。我国在评价学术生产水平时，不宜延续明显带有"西方中心"思维的准则。本研究的结果也证实了这一点，"预聘—长聘"制度的实施带来了国际期刊的繁荣，却损害了国内期刊的发表。

（二）大学组织功能分化会减缓大学教学质量的降低

大学在发展的过程中会通过组织功能分化来保证大学运行过程中教学、科研功能的强化，让"重科研轻教学"变成"重教学强科研"，实现教学与科研的双向发展。"预聘—长聘"制度的实施，部分教师将注意力更多地放在满足预聘期科研考核要求上，以确保自己能够获得长聘。这种情况下，教师更加关注科研成果、发表论文等方面，而教学投入可能减少，造成教学质量的降低，但是组织功能分化会缓解"预聘—长聘"制度对教学质量的伤害。组织功能分化是指组织内部的各个部门或功能在结构和运作上变得更加独立和专业化的过程。大学作为学术机构，其功能主要包括教学和科研，组织功能分化对于大学而言主要指教学、科研领域实现更高度的专业化和分工。学术职业分化理论的研究结果表明，大学在发展过程中经历了

---

① 党生翠.美国标准能成为中国人文社科成果的最高评价标准吗？——以 SSCI 为例[J].社会科学论坛，2005(04)：62—72.

② 刘彩娥.把论文写在祖国大地上——国内科研论文外流现象分析[J].北京工业大学学报（社会科学版），2018，18(02)：64—72.

从"重科研轻教学"到"重教学强科研"的变化。这种变化缘于大学在不同阶段对于教学和科研功能的重要性权衡,以及对于社会需求和机构目标的不断调整。大学通过组织功能分化的方式实现了教学与科研的双向发展。这意味着大学在教学和科研两个领域都强化了其专业性和效能,使得两者能够相互促进,推动整个机构的综合发展。通过组织功能分化,大学更有效地实现了其运行目标,即提供高质量的教育同时推动前沿科研的开展。这也符合大学的双重任务:培养人才和推动知识的前沿。本研究结果证实了学术职业分化理论,为理解大学内部结构和功能变化提供了有力的理论支持。

(三)"预聘—长聘"制度加剧了学术场域的分化

1."名校挤压"效应持续增强

"预聘—长聘"制度的实施在一定程度上加剧了学术场域的分化,并引发了"名校挤压"效应。这一现象源于名校和一般高校之间教师资源的不均衡分布。名校通常拥有更多的科研资源、研究机会和资金支持,这使得在预聘期科研考核中能够更容易产生优势。"预聘—长聘"制度可能使得名校在招聘过程中更具吸引力,从而吸引更多的优秀教师前来竞争。

名校的科研环境更为优越,其教师更容易在预聘期取得优异的科研成果,反之,一般高校教师则处于不利位置,使得名校与一般高校教师之间的差距日益拉大。一方面,名校的学术环境和资源可以刺激学者更加积极从事研究,促进学术产出。这种现象通常被称为"名校效应"或"学术声望效应",主要体现在以下几个方面:第一,名校通常拥有更多的研究经费、实验室设施和图书馆资源,这些资源可以激发学者的创造力,便于学者开展深入、复杂的研究,推动他们在学术界取得更为重要的成就。第二,名校往往有浓厚的学术氛围,学者之间有更多的合作和交流机会。这种密切的合作关系可以促使学者共同攻克学术难题,推动学科的发展。第三,名校通常拥有更加优秀的教职员工,学生可以在这些杰出教师指导下进行研究,提高学术水平和科研能力。第四,名校学者通常有更广泛的学术网络,能够参与到国际性的研究项目和合作中。这有助于学者获取更多的研究机会和资源。总之,名校提供了一个有利于学术研究的环境,激励学者进行更深入、更高水平的研究。良好的学术环境有助于培养出更多有影响力的学者和研究成果。此外,另一方面,期刊编辑更愿意接受名校师生的论文。第一,名校通常拥有更高的学术声誉和更丰富的研究资源,他们的研究更容易受到关注。接受高声誉机构的研究,有助于期刊提升自身声誉。第二,名校通常有更严格的同行评审过程,这意味着通过这一流程的文章大多是质量较高、方法严密的研究。期刊倾向于接受经过严格评审的高质量研究。第三,名校的学者通常具有更广泛的学术网络,这使得他们的研究更容易被同行注意到。期刊编辑可能更容易从这些学者那里获取高质量的投稿。这都导致了名校学术生产力更强,普通高校发展学术生产力举步维艰,马太效应逐渐增强。

### 2. 抢夺人才更加激烈

名校实施"非升即走"制度可能在一定程度上加强对新教师的筛选和竞争压力。名校通常设定相对高的升迁标准,要求教师在科研、学术影响力等方面表现出众才能有机会升迁。"非升即走"制度使得名校对于教师的表现要求更为严格,采用了一种优胜劣汰的机制,强调在预聘期展现出卓越的科研能力。名校一般会在招聘过程中更加细致地筛选教师,注重其科研潜力和学术背景,确保入选者在科研方面具有较高的起点。由于"非升即走"机制,名校可能更加注重新教师在预聘期的科研表现,以便在升迁时能够作出明确的评价。名校通过更加严格的选拔和升迁机制,吸引了更多高水平的教师前来竞争,从而造成了名校挤压效应,加大了其他高校的竞争压力。由于名校优越的条件,其他高校面临招聘难和留住人才难的现状,从而增加了整体的竞争激烈程度。

名校挤压效应会导致一些次优秀但有潜力的教师被挤出名校,进而选择到普通高校工作,即部分人才被迫再次流入学术劳动力市场,从而影响整体人才的培养和发展。名校占据了大部分教师资源,一般高校在吸引和留住优秀教师方面面临招聘难、留人难等问题。为缓解这一趋势,需要一系列的政策和措施,包括改进评价机制、强化一般高校的科研和教学环境、提升整体人才培养水平等,以确保学术场域的公平和均衡发展。

# 二、政策建议

### (一)制定科学合理的考核任务

### 1. 改善现有科研考核评价机制

科研考核标准要全面评价教师的科研贡献,确保评价体系更加公正、客观,促进高质量研究。第一,评价标准应该明确规定教师需要发表的数量目标,同时也要对这些发表进行质量评估。可以通过考察期刊的影响因子、论文的被引用情况等来实现。在考核标准中引入衡量研究成果影响力的指标,比如引用率、被广泛报道的媒体报道等。同时,要考虑研究的实际贡献度,例如解决实际问题、推动产业发展等。第二,设立机制,鼓励和支持长期研究计划的实施。例如提供灵活的科研项目资金、延长项目周期,以及允许在长期研究计划中积累更深刻的研究成果。第三,引入对团队合作的明确评价,包括教师在团队中的贡献度、团队合作的实际效果等,可以通过对教师在多人合作项目中的角色和贡献的考察来实现。第四,调整奖励机制,确保对于国际期刊和本土期刊的奖励权重相对平衡,以鼓励教师在不同期刊上发表优质论文。高校可以通过支持本土期刊的提升质量、提供奖励机制、提供经费支持等方式,增加这些期刊的吸引力,使其成为发表高质量研究的首选。

这些改进不仅能够帮助教师更全面地发展自己的研究方向,也有助于大学形成更加有利于高水平研究的学术氛围。为了确保这些改进的成功实施,还需要建立公正、透明、灵活的科研考核体系,以适应不同学科和教师个体的差异。

2. 设置科学性与兼顾性的考核任务

制定完善教师评价制度,履行好指挥棒的作用,实现教学、科研、育人及社会服务的转化尤为重要。高校教师聘任制中任务考核如何设置是非常重要的,这关系到所有教师的积极性与努力方向。科学性、兼顾性的任务可以发挥教师立德树人、教学、科研和社会服务四个方面的共同发展。

在高校教师聘任制度中,任务考核的设置是至关重要的,直接关系到教师的积极性、学术贡献以及学校整体的发展方向。高校应设定科学合理的任务目标,包括科研项目、论文发表、专著出版等,推动教师在学术研究方面的深入发展。同时,设定兼顾性目标,如教学效果评估、学生评价、参与社会服务等。这有助于教师全面发展,将科研成果转化为教学实践和社会服务。在任务考核中平衡科研和教学任务的权重,确保教师在两者之间能够找到平衡点。这可以通过设定权重、量化考核指标等方式来实现。在科学性任务中,可以考虑包括科研经费获取、论文质量、专利申请等多方面的指标。在兼顾性任务中,可以考虑学生评价、课程设计、社会服务项目等指标。通过综合考核多个指标,更全面客观地评估教师的整体表现,避免过于单一的考核方式。针对不同教师的兴趣和发展方向,制定个性化的发展计划,使任务考核更具有针对性。通过阶段性的考核,逐步提高任务的难度和要求,促使教师不断提升自身水平。在任务考核中强调社会服务的角色,鼓励教师参与社会项目、服务社区等活动,提升高校在社会中的影响力。将社会服务的效益纳入考核体系,使教师意识到他们的工作应该对社会产生实际贡献。设立科学性和兼顾性任务的奖励机制,以激发教师的积极性。奖励可以包括薪酬、晋升机会、荣誉称号等。定期评估任务考核的效果，根据实际情况灵活调整任务的设置和权重，确保其能够适应学校的整体发展方向。通过科学性和兼顾性任务考核的有机结合，高校可以更好地引导教师在学术研究、教学和社会服务方面取得共同发展，推动整个学校学术生产力的进步。

### 3. 实施个性化考核

高校可以考虑采用更加个性化的考核方式，根据每位新入职教师的专业领域、研究方向和实际情况，设计一套灵活的考核标准，以更好地反映教师实际水平和潜力，并允许根据不同领域和学科的特点进行调整。不同领域有着不同的考核侧重点，考核标准必须适应各种学科的特殊性。在制定考核标准的过程中，通过与教师沟通，了解他们的研究方向、专业领域和实际情况，以更好地定制个性化的考核标准。采用多元的评价手段，包括面试、学术演讲、研究计划书等，以综合评估求职者的整体素质，可以更全面地了解教师学术水平、研究动力和团队协作能力。邀请外部专家参与考核过程，特别是了解教师所在领域的专业特点和发展趋势的专家，他们的意见可以为考核提供更客观的视角。制定阶段性的发展目标，并与求职者共同制定计划。在一定时间内进行阶段性的评估，根据实际表现调整后续的发展方向和目标。根据个体的实际情况，提供个性化的支持措施，包括科研启动经费、导师指导、研究团队协作等。这有助于更好地激发新入职教师的潜力。在考核过程中建立反馈机制，及时向求职者提供评估结果和建议，促使其不断改进和提升。

### （二）做好新教师培训工作

高校需要加强对新入职教师的培训，以确保他们在教学科研和职业发展方面有着全面的提升。第一，建立健全青年教师导师制度。选择教育教学经验丰富、学术素养能力强、热心新教师培养工作的老教师，建立一对一的导师制度。导师可通过定期面谈、教学观摩等方式，了解新教师的需求和困惑，提供针对性的指导和建议。促使新教师更好地融入学校文化，分享经验，培养教学和科研的兴趣。第二，完善新教师培训体系。设计全面的培训计划，涵盖师德师风培育、教学科研能力培训、课堂管理能力提升、职业规划制定等各方面。引入专业培训师资，确保培训内容贴近实际需求，提高新教师的教育水平。提供有效的教学方法培训，包括课堂管理、激发学生参与、多样化评估方法等。引导新教师了解不同学习风格和应对学生需求的方法。提供关于课程设计和规划的培训，帮助新教师制定具有挑战性和吸引力的教学计划。提供关于学术写作、研究伦理和出版流程的培训。帮助新教师确定研究方向、发表论文,并提供有关申请研究经费的指导。提供关于大学文化、政策和程序的介绍,包括教学评估、晋升流程等培训。提供时间管理培训,引导新教师有效规划和管理工作时间,平衡教学、科研和生活的重要性。第三,经常性召开经验分享会。定期组织教师经验分享会,邀请校内外各领域取得突出成绩的优秀教师分享他们的教学、科研、社会服务经验。促进教师之间的交流合作,激发创新思维,提升整体教育水平。第四,创造新教师参与和提升途径。设立名师工作室,为新教师提供与资深教师共同合作的机会,加快其专业发展。推行项目制,让新教师参与到各类教育项目中,锻炼实际操作能力,培养团队协作精神。提供持续学习的机会,支持新教师进修深造,保持学科知识和教育理念的更新。

新教师是高校发展的有生力量,通过以上培训和支持措施,使他们更好地适应工作岗位,成为学校发展的中坚力量。作为大学生的引路人和指引者,他们在构建学生知识体系,获取专业知识技能方面将发挥着更为重要的作用。这样的培训体系不仅有助于新教师个体成长,也有益于学术发展和教育事业进步。

(三)提供必要的生活保障

由于新教师的经济基础相对薄弱,为了确保他们能够全身心地投入工作,解决后顾之忧,高校应建立一系列保障举措。这不仅有助于提升新教师的工作积极性和工作效能,还能够改善他们的工作生活平衡,增强工作稳定性。第一,提供周转公寓和安家费。高校需制定合理的周转公寓政策,确保新教师能够在刚到达新城市时有一个舒适的住所,有助于他们更好地适应新环境。设立专门的安家费用,包括搬迁费、基本家居用品购置费等,确保新教师在搬迁过程中能够顺利解决生活琐事,专心工作。第二,提供有竞争力的薪酬和科研启动经费。高校需定期开展薪酬调研,确保新教师的薪水水平与同行业市场水平相符,提高他们的工作积极性。制定灵活的科研启动经费使用规定,鼓励新教师在科研方面提出创新性的项目,促进学术研究的发展。第三,引进人才补贴和年薪制度。高校针对具有卓越教学和科研成就的新教师,提供额外的人才引进奖金,以进一步激发其工作热情。实施年薪制度,让新教师在职业发展方向上更有预期,稳定其工作动力。第四,落户和就业安置支持。高校应提供落户服务,协助新教师顺利完成户口迁移手续,减轻他们的后顾之忧。此外,高校还应提供就业安置服务,协助配偶找到适合的工作,增强家庭稳定性。第五,优质生活配套服务。高校可以设立健康保险计划,覆盖全家成员,以确保新教师在生活中能够得到全方位的健康保障。举办多样性的文体活动,如教职工俱乐部、团队建设等,增加新教师与同事之间的沟通与交流,提高团队凝聚力。

通过全面细致的保障举措,高校可以更好地满足新教师的各种需求,使其在工作中更为专注和投入,同时建立起更加健康和积极的教育工作氛围。这不仅有助于新教师的个人成长,也有助于高校学术生产力和教育事业不断发展。

# 第三节　研究不足与展望

本研究将高校人事制度和大学学术生产力相结合,在理论和实证上明确了"预聘—长聘"制度对大学学术生产力的影响机制,为既有研究提供了有益补充。但是,本研究仍存在一些不足之处,需要在未来进一步完善。

## 一、定性研究样本具有一定的局限性

本研究在探索"首聘期科研考核"制度失效时,只调查了一所地方高校,其在实施"首聘期科研考核"制度的八年里,出现了"招聘难""离职多""科研成果、教学质量下降"等现象。所研究高校的地理位置具有特殊性,而一线城市、二线城市和省会等中心城市的大学可能面临不同的社会经济背景和市场竞争情况,其管理环境和人才引进难度有所不同,仅仅通过地方高校的案例推论可能无法涵盖不同城市等级的差异,研究结论的普适性受到一定的限制,在推广到其他地区高校时需要谨慎。同时,高校的学科因素会对制度实施的效果产生影响,不同学科的特点可能导致对科研和教学的需求不同,从而对制度的反应也不同,该研究未充分考虑不同学科领域的异质性。

在未来的研究中,首先,会进一步选择来自不同地区和城市等级的高校,尤其是包括一线城市、二线城市以及省会等中心城市的大学,更全面地了解不同地域和城市级别因素对"预聘—长聘"制度实施的影响。按照中国城市与大学关系,城市等级越高,大学也越多,①这种集聚效应明显。其

---

① 陈星,张学敏.世界一流大学与城市的共生关系及启示[J].教育发展研究,2018,38(Z1):1—8.

次,在选择样本时,应当充分考虑高校的特点,包括综合性大学、工科院校、理工科大学等不同类型的高校。这样有助于理解不同类型高校在制度实施上的差异以及对学术生产力的影响。最后,除了在高校层面进行研究外,还可以考虑增加对学科、学院等更为具体层次的研究,以更全面地了解"预聘—长聘"制度在不同层次上的影响。通过深入到更细致的层次,研究者可以更好地了解"预聘—长聘"制度在不同学科领域和学院层面上的影响,以获得更详细的实证数据。未来的研究可以更好地克服样本局限性,使研究结果更具普适性和推广价值,为高校人事制度改革提供更为全面的参考依据。

## 二、定量研究中的局限性

本研究在使用定量数据进行分析时,选择以大学整体为分析单位,而没有以大学进入"长聘轨道"的教师为具体调查数据的分析单位。全国范围内有112所高校实施了"预聘—长聘"制度,将大学进入"预聘—长聘"制度的所有教师作为研究对象需要对这些高校的所有教师进行编码并进行抽样调查,受到时间、人力、物力、财力等因素影响,对112所高校的所有教师进行编码和抽样涉及较高的抽样难度,而在有限的研究周期内难以完成这一庞大的任务,因此选择了相对更容易实现的大学整体为分析单位的定量分析方法。

未来,在有足够经费支持的情况下,笔者计划以全国进入"预聘—长聘"制度的大学教师为研究对象,通过更广泛的全国抽样调查,扩大样本规模,使研究结果更具有代表性和普适性,更好反映全国范围内的情况。通过对更多高校、更多教师的深入调查,深入了解不同学校、学科和教师群体的情况,收集更细致入微的数据,从而更全面地评估"预聘—长聘"制度的实际影响,使研究更具说服力。后续研究将充分利用现代科技手段,如数据挖掘和大数据分析,提高数据的采集和整理效率,更快完成大规模的抽样调查。与其他研究机构或高校合作,在全国范围内开展大规模的调查项目,充分利用各方资源,解决资源有限的问题,使研究更具广泛的覆盖面和深度。

通过以上改进方向,聚焦提高研究说服力、扩大样本规模、充分利用现代科技手段和合作研究等关键方面,确保未来研究更为全面、深入和具有可操作性。

# 后　记

**初生牛犊——步入"预聘—长聘"制度**

2015 年年末,笔者当时还是一个即将毕业的博士研究生,博士期间在导师张翼研究员的悉心培育下,发表了 10 篇论文(其中 6 篇刊发于 CSSCI 期刊、1 篇发表北大核心期刊),踌躇满志准备开启下一阶段的学术道路。寻找工作过程中,最早了解到"预聘—长聘"制度,几乎所有面试高校都实施了这项制度,但具体设计差异较大,表现为学校设定预聘期(一般是 3 年以上)及需要达成的目标,部分学校制定了需要完成的科研任务,部分学校要求在预聘期内要晋升高一级职称,只有达成相应目标才能获取长聘资格。在本书中将两种考核制度分别称为"首聘期科研考核"和"非升即走"制度。我和众多准教师还未经工作岗位的磨砺,就不得不面临两种"预聘—长聘"制度的抉择。投身"首聘期科研考核"制度相对容易,因为仅仅是对本人的考验,努力完成学校规定的科研任务就可以确保留任;而进入"非升即走"制度,意味着与同期新老师和早先同一职称的前辈竞争有限的晋升名额,显然后者难度更大。作为新教师,出于职场安全考虑,笔者选择进入一所实施"首聘期科研考核"制度的学校。

**研究源起——"他们为什么刚报到就想着离职"**

进入大学从教,实现了自己儿时的梦想,最初有很多规划,努力工作,认真讲课,教学上拿优秀,研究成果有所突破……总之,日思夜想的是如何在工作岗位上好好干出一番成绩。但是,同一天入职的某位教师突然说"估计过些天就离职了,在这儿干不了多久"。入职前,一直认为大学教师是份很稳定的工作,那么这位教师为什么刚来就想着离职呢?为了探究其中原因,我对他进行了多次访谈和观察。随后连续半年的新教师入职培训,结识了更多同年新教师,其中有离职想法的并不是少数。他们为什么会有离职的想法呢?是担心无法完成科研任务?还是觉得现有平台不符合未来发展?或是不满意学校目前提供的福利待遇?……种种疑问成为本研究的起点。

随着观察的深入，我发现许多新入职教师工作极为努力，用流行词来表达不是996，而是007，一周七天，从早到晚，没有休息日，这成了常态。撰写论文、投递论文、修改论文，周而复始，笔耕不辍。新教师们的常用聊天用语是"你投了吗?""你录了吗?""你发了吗?""你发哪儿了?"几乎成了见面的招呼语模式。2018年开始，身边陆续有新教师离职，部分去了更好的学校，部分到名校读博士后，还有一部分选择去没有聘任考核要求的二本、三本学校，甚至少数新教师离开高校领域。通过整合，将离职新教师分为两大类情况，一是科研实力、个人能力卓越的新教师，凭借取得的科研成果和相关业绩跳槽到更好平台;二是科研实力和个人业绩薄弱，被迫离职。

**没有捷径——困难与挫折中不断探索**

工作与读书虽然都是以学术为业，但深感不同。博士期间，每天轨迹是宿舍—图书馆—食堂"三点一线"的生活，每天要阅读大量文献，跑数据做模型，开展基层调研或者扎根农村田野调查，学术工作简单充实，论文从写作、投稿、修改、录用到发表全过程，亦很顺利。正式入职后，学术之路有了很多新体验，工作之初的一年半，极少有时间坐下来独立思考，入职培训、新教师考核、班主任工作、备课，经费报销等各种事务接踵不断，加之考核任务压力，入职初常常工作到深夜，连续三年春节都在课题申报书的煎熬中度过，即使努力向前，课题申报和论文写作常常遭遇打击。究其原因，有新情况、新问题了解不充分，新工作、新标准未完全适应，加之一些客观因素等等。

论文发表和研究中的困境，痛定思痛后，翻看专业内知名期刊发表的论文，内容深度、写作质量与以往相比有很大提高，部分论文的被引用次数和影响力十分显著。由此我开始思考，论文水平大幅提升是否与某些高校正实施的"预聘—长聘"制度具有相关性。由于从个人层面搜索的工作量和难度很大，因此笔者选用高校为单位，寻找相关数据，验证"预聘—长聘"制度对大学论文表现的影响，从而发现"预聘—长聘"制度与大学科研生产力的关系。

**执着探索——科研与教学是否能相互促进**

我是一个较为传统的读书人，对于学术有强烈追求，之前很多同事劝我要一直开展博士期间的研究方向，但是入职后对于新教师离职的强烈好奇心驱使我开展了新领域的研究。作为崇尚实践的学术人，我对于现实问题一定要经过详细调研，看起来成果出产慢，却符合个人的研究心态。在撰写第五章时，探究"预聘—长聘"制度是否会降低教学质量，这里涉及"教学与科研关系"，查阅资料过程中，我发现此前研究者并没有得出一致性认知。为科学回答高等教育领域长期关注的这个问题,我在2021年一整年中放下了其他科研工作,将工作重心放在教学领域,多次参加全国各地的教学培训课程,阅读教学理论与方法书籍,参与课程建设尤其是课程思政建设,参加教学微课比赛、教学创新大赛等,并努力进行课程改革研究。这一年的时间,我始终围绕以下几个问题展开探讨,即"如何将教学与科研有机结合""如何在教学中做科研""如何把科研成果转化到课程建设中""在本科生的课堂中做到知识与研究双重创新""如何让本科生在课堂上吸纳最新的研究成果""如何让研究生带领本科生共同从事研究"等。进一步考虑的问题是,高校在"预聘期"如何制定考核任务才能使教学科研达到共生且共升。

**现实指向——考核任务应该如何合理设置**

面对日益严重的新教师离职问题,以及整个学术劳动力市场的不断变化,高校的首聘期政策和考核任务也一直在调整。所调研高校在实施"预聘—长聘"制度的6年中,激励物不断调整和考核任务逐年降低,主要表现为从设定淘汰机制到取消淘汰机制,从单一科研考核到教学、科研、育人、社会服务综合考核。从高校组织内部和外部环境出发,我提出组织发展逻辑、资源获取逻辑和学术共同体竞争逻辑之间序贯作用是考核任务从强激励转变为弱激励的演变过程。弱激励考核存在的原因,是为有效解决地方高校招聘难、离职多这一人才缺失问题,也是提升教学质量的有效手段,应得到高校的认真思考。

**再接再厉——学术无止境唯有不断努力**

当我决定探究本研究主题的时候,相关理论和学科基础都十分薄弱,很多延续博士期间研究方向的同事已经成果颇丰时,我的成果簿还是空白,好在导师一直鼓励我,要研究真问题,遵从研究兴趣,为了更快熟悉本领域,我四处求教专家,从补短板开始,精读专著200余本、中英文论文2 000篇,内容涉及社会学、教育学、管理学、经济学、组织学,研究主题涵盖了高校人事制度、高校教师流动、大学治理,同时努力夯实相关理论基础,如组织社会学相关内容、组织与制度激励、新管理主义理论、学术职业理论、多任务激励、多重制度冲突、制度逻辑等等。

研究最开始阶段,由于缺少课题经费的支持,基础性工作只能完全自己承担,数据录入、数据挖掘、模型建立、数据质量检测……都是熬夜干出来的,视力因此再次严重下降。当时国内在某些方面的研究几乎是空白,我逐步摸索,时常为了尝试添加一个自变量,要花费几天时间去寻找相关、录入数据,并纳入模型进行判断。学术没有捷径,过程时常是枯燥的,需要循环往复进行。为了尽可能节约时间,速食、快餐成了常态,偶有一些研究所得,才会奖励自己外出锻炼身体的些许时间,以致体重飙升和习惯性神经衰弱。

回顾研究历程,寻找访谈对象时也遇到了很多困难,面对比较熟悉的新教师展开访谈,一般比较顺利,大多是知无不言、言无不尽。随着访谈对象的增多,拒访、访谈中有所保留、质疑访谈目的等情况时有发生。随着年龄的增长,我的学术沉稳度也逐渐成熟,我会耐心细致地解释自己的研究目的,尽量取得访谈对象的信任,并通过多次接触获取访谈对象的信任,逐渐获取第一手资料。

初来工作高校,对于周围环境还十分陌生,为了结识更多的新教师,我抓住每一次学校培训会、集体座谈会、党员会议以及到行政楼办理业务的机会,尽可能扩大交往圈,从而接触到更多的访谈对象。

面对种种困难,我从未动摇研究"预聘—长聘"制度的信念。逐渐清晰了研究问题,找准了研究内容,并于 2019 年公开发表第一篇《高校新教师离职问题分析》论文,2019 年 10 月有幸获得国家社科基金后期资助,这是笔者博士毕业后,独立研究获得的第一个国家级科研项目,感谢全国教育科学规划办公室以及评审专家的肯定,这对我们青年教师的极大鼓励,使我更加坚定成为一名优秀学者的信心。2020 年,我开始深入探索本领域,第二篇论文《"预聘—长聘"制度会提升中国大学科研生产力吗?——基于多期双重差分法的政策评估》公开发表并被《高等学校文科学术文摘》转载,2020 年 11 月,我在第六届全国教育科学研讨会宣读了此论文,获得与会专家学者的一致好评,后来又被《中国教育科研参考》2021 年第 12 期转载,截止到 2024 年 1 月,论文被引用 50 余次。2022 年和 2023 年,又陆续发表《当聘期遇上预聘期——高校青年教师学术生产力的比较研究》《多重制度逻辑冲突下高校"过客"与"过渡客"的形成》和《"预聘—长聘"制度会降低大学教学质量吗?》。

迈入 35 周岁的门槛,青丝已不能掩盖白发。"预聘—长聘"制度研究伴随着我青椒岁月,见证了我从学术新人走向独立研究者的过程。科研之路的艰辛,每位学者都曾品尝过,回顾起来,苦中有甜。未来我会继续从事"预聘—长聘"制度相关研究,希望出产更多有价值的成果。

2023 年是非常不平凡的一年,这一年我的女儿伊一宝贝出生,我也成功入选之江青年社科学者,获推申报浙江省教学英才……但长久没有休息的身体也遭受到一场生死考验,8 月 29 日凌晨 3 点半,前胸突然撕裂般疼痛,长达 12 个小时的 10 级疼痛,后经历 8 个小时的抢救(主动脉夹层手术),7 天的 ICU、14 天不能自己进食、21 天卧床经历……还好最后足够幸运,在与病魔抗争中获得完胜。接下来的康复运动,从最初只能坐在床上、到下地走路需要家人搀扶、到每天练习走路。每天 24 个小时都有爸爸、妈妈和丈夫轮番照顾我。患病以来,得到了校领导、院领导和学院老师们的关心和看望,还有社会工作系兄弟姐妹们无怨无悔的帮助和支持,多位毕业生从外地赶回看我。每一个关心的电话、每一个问候的信息、每一句早日康复,我都看了无数遍,听了无数遍,感动了无数次。2024 年我希望我可以早点恢复,回到工作岗位继续为学校、学院和学生贡献力量。

本书的最后修改完善工作几乎都是笔者在床上完成的,从最初写作10 分钟就要休息半小时,带着永不服输的执着和坚持,书稿的修改工作终于告一段落。感谢全国教育科学规划办公室的领导和工作人员,尤其是张航老师数次关心我的病情,帮我办理课题结题延期申请等事宜。

未来的许多日子,我会把有限的生命投入到挚爱的学术研究工作,为中国高校学术生产力进步付出最大的努力。

尹木子

2024 年 1 月 7 日于浙江金华

# 附录 1:"最好大学网"介绍

**表 f-1:"最好大学网"排名指标说明**

| 指标类别 | 指标名称 | 指标内涵 | 权重 |
|---|---|---|---|
| 人才培养<br>(45%) | 生源质量(新生高考成绩) | 录取新生的高考成绩 | 30% |
| | 培养结果(毕业生就业率) | 本科毕业生的就业率 | 10% |
| | 社会声誉(社会捐赠收入) | 学校基金会年度社会捐赠收入 | 5% |
| 科学研究<br>(40%) | 科研规模(论文数量) | Scopus 数据库收录的论文数 | 10% |
| | 科研质量(论文质量) | 学科标准化后的论文影响力 | 10% |
| | 顶尖成果(高被引论文) | 被引用次数位居各个学科世界前 1% 的论文数 | 10% |
| | 顶尖人才(高被引学者) | 各个学科被引用次数最高的中国学者数 | 10% |
| 服务社会<br>(10%) | 科技服务(企业科研经费) | 企事业单位委托的科技经费数 | 5% |
| | 成果转化(技术转让收入) | 大学技术转让当年实际收入 | 5% |
| 国际化<br>(5%) | 学生国际化(留学生比例) | 学历留学生占在校生总数的比例 | 5% |

注:计算单项指标得分时,令该项指标表现最好的大学为 100 分,其他大学按其与最高值的比例得分,一所大学的总得分由各单项指标得分加权得出。FWCI 指标为相对指标,论文数量较少时 FWCI 不够稳定。因此在计算该指标的得分时,最大值以发表论文 10 000 篇以上的大学中 FWCI 最大者为准,令其为 100 分。其他大学按其 FWCI 与该最大值的比例得分,但超过该最大值的大学,FWCI 均得 100 分。

# 附录 2：与本书使用数据相关指标说明

**表 f-2：指标定义、统计方法与数据来源（以 2018 年排行榜为例说明）**

| | 指标定义 | 统计方法 | 数据来源 |
|---|---|---|---|
| 生源质量（新生高考成绩） | 指录取的文史、理工类本科新生的高考成绩。新生高考成绩是最受社会关注的办学指标，它客观反映了大学的生源质量，更是大学人才培养声誉的综合体现。 | 收集 2017 年全国普通高校在各省高考文史类（简称文科）、理工类（简称理科）本科及提前批次的录取平均分和录取人数，同时收集上海市和浙江省不分文理科的本科及提前批次的录取平均分和录取人数。 | （1）各省市招生/教育考试院出版的 2018 年高考报考指南类丛书（含 2017 年院校投档数据）；（2）部分省份招生考试院官方网站；（3）教育部高考招生信息发布平台——阳光高考网（http://gaokao.chsi.com.cn/）。 |
| 培养结果（毕业生就业率） | 指本科毕业生的就业率。大学的根本任务在于培养对社会有用的人，就业率是大学培养的人才是否获得社会认可和接纳的最直接的体现。 | 本科毕业生中落实就业单位的比率，包括签订就业协议和劳动合同、考取研究生、出国留学及出国工作、自主创业、灵活就业等。一般统计 2017 届本科毕业生的年终就业率（数据截至日期 2017 年 12 月 31 日），当没有相关信息时也采用 2017 届本科毕业生其他日期的就业率数据。未公布就业率的高校，按所有参加排名高校中毕业生就业率的最小值计算。 | 各高校发布的《2017 届本科毕业生就业质量报告》、各高校通过其他权威渠道（如《本科教学质量报告》）发布的就业率数据、各高校通过软科数据调查计划提供的就业率数据。 |
| 科研规模（论文数量） | 指 Scopus 数据库收录的论文数。论文是科研活动成果的重要形式，发表论文的数量多少体现了大学科研活动的规模大小和显示度。 | 统计大学 2013 年至 2017 这 5 年发表的类型为研究论文（Article）和综述（Review）的文献数量。 | Scopus 数据库 |

| 指标定义 | | 统计方法 | 数据来源 |
|---|---|---|---|
| 科研质量（论文质量） | 指学科标准化后的科研论文影响力（Field Weighted Citation Impact，简称 FWCI）。科研评价中测量论文的影响力或者质量的基本指标是论文的被引用次数。然而，不同学科的论文被引用次数的整体情况存在显著差异，需要标准化处理后才能进行跨学科比较。同理，发表年份不同、类型不同的论文的被引用次数也不能直接比较。FWCI 是标准化后的论文影响力①，计算的是对象论文的被引用次数和相同学科、相同年份、相同类型论文平均被引次数的比值，这种方法是目前国际公认的定量评价科研论文质量的最优方法。 | 统计大学 2013 年至 2017 年这 5 年发表的类型为研究论文（Article）和综述（Review）的文献在 2018 年 11 月之前被引用次数和相同学科、相同年份、相同类型文献平均被引用次数比值的均值。 | Scopus 数据库 |
| 顶尖成果（高被引论文） | 指被引用次数位居各个学科世界前 1% 的论文（World Top 1% Most Cited Paper）数。这类论文体现了大学在各个学科做出的有重要影响力的成果情况。 | 统计大学 2013 年至 2017 年这 5 年发表的类型为研究论文（Article）和综述（Review）的文献中，2018 年 11 月之前的被引用次数处在同年份、同学科全世界前 1% 的文献数。 | Scopus 数据库 |
| 顶尖人才（高被引学者） | 指各个学科被引用次数最高的中国学者（Chinese Most Cited Researchers，简称高被引学者）数。高被引学者总人数 1 900 人左右，各学科的人数分布根据各学科论文中出现的中国作者数量的分布确定。高被引学者的筛选标准客观统一，从纯学术影响力的角度给出了中国的高被引学者名单。大学的高被引学者数量体现了学校拥有的各个学科的最具影响力的人才情况。 | （1）列出各个学科的论文地址中曾经包括中国（大陆）机构的所有作者，并按总数 2 000 人和各学科所有中国（大陆）机构作者数量的分布计算出各学科在 2 000 人中的名额分配；（2）在各个学科按相应名额筛选出作为通讯作者或第一作者发表的论文被引总次数排名最高的作者名单；（3）排除从未发表过被引次数世界前 1% 论文且 FWCI 低于 1（世界平均水平）的作者；（4）排除现职工作单位是中国（大陆）以外机构的作者。 | Scopus 数据库 |

---

① FWCI 指标为相对指标，论文数量较少时 FWCI 不够稳定。因此在计算该指标的得分时，最大值以发表论文 10 000 篇以上的大学中 FWCI 最大者为准，令其为 100 分。其他大学按其 FWCI 与该最大值的比例得分，但超过该最大值的大学，FWCI 均得 100 分。

续表

| 指标定义 | 统计方法 | 数据来源 |
| --- | --- | --- |
| 科技服务（企业科研经费） 指企事业单位委托的科技经费数。大学服务经济社会发展的重要途径之一就是利用知识和人才优势解决企业发展的关键科技问题,大学在科技服务方面的能力可以由学校获取的来自企业的科研经费所反映。 | | 中华人民共和国教育部科学技术司编:《2017年高等学校科技统计资料汇编》,北京:高等教育出版社。 |
| 成果转化（技术转让收入） 指大学技术转让当年实际收入。大学的研究成果是否对经济发展具有实际价值,技术转让获得的收入是直接的测量指标,体现了市场对成果的认可。 | | 中华人民共和国教育部科学技术司编:《2017年高等学校科技统计资料汇编》,北京:高等教育出版社。 |

# 附录 3:D 大学 20××年引进青年博士此前科研成果展示

表 f-3:青年博士学术能力情况表

| 序号 | 毕业院校 | 专业 | A 类期刊 | B 类期刊 | C 类期刊 | 普通 |
|---|---|---|---|---|---|---|
| 1 | 985 高校 | 文科 | 0 | 1(1/2) | 3(1/2; 1/2; 1/1) | 1(1/2) |
| 2 | 211 高校 | 文科 | 0 | 0 | 1(2/2) | 2(1/1) |
| 3 | 211 高校 | 文科 | 0 | 0 | 4(3 个 1/1; 4/4) | 0 |
| 4 | 普通高校 | 文科 | 0 | 0 | 0 | 3(1/1) |
| 5 | 211 高校 | 文科 | 0 | 2(1/1, 2/3) | 1(1/1) | 2(1/1) |
| 6 | 985 高校 | 文科 | 0 | 1(1/1) | 1(1/1) | 1(2/2) |
| 7 | 985 高校 | 文科 | 1(2/3) | 1(1/3) | 1 | 0 |
| 8 | 985 高校 | 文科 | 0 | 1(1/5) | 3(1/3, 1/2, 1/3) | 0 |
| 9 | 985 高校 | 文科 | 0 | 0 | 1(1/1) | 3(1/1, 1/1, 2/3) |
| 10 | 知名研究院 | 文科 | 0 | 2(1/1, 2/2) | 5(1/1) | 3(1/1) |
| 11 | 985 高校 | 文科 | 0 | 1(1/2) | 2(1/2; 1/3) | 2(1/2; 4/5) |
| 12 | 211 高校 | 文科 | 0 | 0 | 4(1/4; 3/4; 4/4; 4/4) | 4(1/4; 1/2; 3/3; 3/3) |
| 13 | 985 高校 | 文科 | 0 | 1(1/1) | 3(1/1, 1/1, 1/1) | 3(1/1, 1/1, 1/2) |
| 14 | 普通高校 | 文科 | 0 | 2(1/1, 2/2) | 4(1/1, 1/2, 1/1, 1/1) | 1(3/3) |
| 15 | 留学澳洲 | 理工科 | | | | |
| 16 | 留学韩国 | 理工科 | | | | |
| 17 | 留学韩国 | 理工科 | | | | |
| 18 | 211 高校 | 理工科 | 0 | 0 | 1(1/2) | 0 |
| 19 | 985 高校 | 文科 | 0 | 0 | 1(1/2) | 0 |
| 20 | 留学韩国 | 文科 | | | | |

续表

| 序号 | 毕业院校 | 专业 | A类期刊 | B类期刊 | C类期刊 | 普通 |
|---|---|---|---|---|---|---|
| 21 | 985 高校 | 文科 | 0 | 0 | 0 | 0 |
| 22 | 985 高校 | 文科 | 1(2/2) | 0 | 0 | 1(1/1) |
| 23 | 留学日本 | 文科 | | | | |
| 24 | 985 高校 | 文科 | 0 | 1(1/1) | 1(1/1) | 2(1/1，1/2) |
| 25 | 留学法国 | 文科 | | | | |
| 26 | 留学日本 | 文科 | | | | |
| 27 | 留学美国 | 理工科 | | | | |
| 28 | 普通高校 | 文科 | 0 | 0 | 0 | 0 |
| 29 | 普通高校 | 文科 | 0 | 0 | 0 | 0 |
| 30 | 985 高校 | 文科 | 0 | 0 | 0 | 0 |
| 31 | 985 高校 | 理工科 | | | | |
| 32 | 985 高校 | 理工科 | 0 | 0 | 0 | 2(1/7；1/3) |
| 33 | 985 高校 | 理工科 | 0 | 0 | 0 | 0 |
| 34 | 985 高校 | 理工科 | 0 | 0 | 0 | 0 |
| 35 | 985 高校 | 理工科 | 0 | 0 | 0 | 0 |
| 36 | 985 高校 | 理工科 | 0 | 1(1/6) | 0 | 0 |
| 37 | 知名研究院 | 理工科 | 0 | 0 | 0 | 0 |
| 38 | 知名研究院 | 理工科 | 0 | 0 | 0 | 0 |
| 39 | 985 高校 | 理工科 | 0 | 0 | 0 | 0 |
| 40 | 985 高校 | 理工科 | 0 | 0 | 0 | 0 |
| 41 | 985 高校 | 理工科 | 0 | 4(1/6；1/3；1/3；1/6) | 3(1/4；1/6；4/7) | 6(2/4；3/7；3/9；4/5；2/2；2/2) |
| 42 | 知名研究院 | 理工科 | 0 | 0 | 1(2/4) | 0 |
| 43 | 985 高校 | 理工科 | 0 | 10 | 4 | 8 |
| 44 | 985 高校 | 理工科 | 0 | 0 | 0 | 0 |
| 45 | 211 高校 | 理工科 | 0 | 3(1/5；4/4；5/7) | 0 | 2(1/2；3/3) |
| 46 | 985 高校 | 理工科 | 0 | 0 | 0 | 1(1/2) |
| 47 | 985 高校 | 理工科 | 0 | 0 | 0 | 0 |

注:标注灰色是毕业于国外大学的老师。A、B、C类期刊为核心期刊。与国内名校毕业的教师相比,国外留学回来的教师在科研成果上并没有什么优势。这可能是国内外博士要求不一样,近些年国内博士毕业要求发表1—2篇 CSSCI 期刊,而一些优秀的博士在发表论文方面表现得更为突出,在博士期刊发布10篇及以上 CSSCI 期刊的人比比皆是,这可以说是国内博士质量提升的一种表现形式。

# 附录 4:2018 年国内部分城市引进人才优惠政策

**表 f-4:部分城市优惠政策**

| | 落户政策 | 住房政策 | 就业政策 | 创业扶持政策 | 其他配套政策 |
|---|---|---|---|---|---|
| 杭州 | 本科 45 周岁以下居住一年落户,硕士及以上学历先落户后就业。 | 应届外籍人才享受硕士每人 2 万元,博士每人 3 万元的一次性生活(或租房)补贴。 | | 个人贷款最高额度为 50 万元,小微企业达 300 万元。 | |
| 南京 | 2018 年 3 月 1 日,研究生以上学历,40 岁以下本科毕业生,中级以上专业技术资格人员和三级以上国家职业资格(技能类)人员可直接落户。 | 高层次人才购买商品住房,在该市无住房,购买首套房的,可不受户籍限制。 | | 最高 500 万元的创业扶持资金,最高 300 万元的科技重大专项支持经费及税收优惠政策。开办创投机构最高奖 1 500 万元。 | |
| 合肥 | 全日制中专以上直接落户。 | 给予实际购房款 20% 最高不超过 30 万元的购房补助,分 2 年支付。 | 顶尖人才得一次性给予每人 200 万元生活补助和最高 500 万元工作经费。 | 鼓励人才创新创业,予以现金扶持。 | 海外归国创业的高层次人才,每名子女每学年补助 1 万元,补助期限不超过 2 年。 |
| 成都 | 本科及以上学历凭毕业证直接落户。 | 人才公寓按市场价 75% 出租,租满五年按入住时价格购买。外地本科。 | 享受城乡居民最低生活保障家庭和残疾的毕业年度高校毕业生求职补贴按 800 元/人的标准给予补贴。 | 对大学生创业与初创企业给予不同金额的扶持。 | 人才绿卡制度。 |

281

| | 落户政策 | 住房政策 | 就业政策 | 创业扶持政策 | 其他配套政策 |
|---|---|---|---|---|---|
| 西安 | 本科35周岁以下凭借身份证和毕业证直接落户。 | 购房最高补贴100万元,租房最高补贴5万元。 | 3项服务、5项补贴。 | 不低于30亿元的人才创新创业投资基金,提供全链条式保姆政策。 | 提供优质生活服务"绿卡通"。在医疗、子女就学、落户等方面实现"一卡在手、处处绿灯"。 |
| 武汉 | 30周岁以内专科及35周岁以内本科,连续参加城镇社会保险1年以上,可登记武汉市常住户口。 | 大学生以低于市场价20%买到安居房、以低于市场价20%租到租赁房。 | 专科生最低年薪4万元,本科生最低年薪5万元,硕士生最低年薪6万元,博士生最低年薪8万元。 | 车都英才计划实施,免费创业工位提供。 | |
| 长沙 | 35岁以下本科生均可落户零门槛落户。 | 租房补贴:两年内租房与生活补贴0.6—1.5万元/年。购房补贴:全日制博士、硕士毕业生可分别申请6万元、3万元的购房补贴。 | | 免费体检与专家疗养。发放"长沙人才绿卡",优先办理出入境、落户、社保、子女入学,住房保障等。 | |
| 郑州 | 专科以上毕业生、职业(技工)院校毕业生,凭毕业证来郑即可申请办理落户手续。 | 租房补贴:三年内每月补贴500—1500元。购房补贴:博士每人10万元,硕士每人5万元,本科毕业生每人2万元。 | | | |

**图书在版编目（CIP）数据**

"预聘—长聘"制度与中国大学学术生产力 /
尹木子著 . -- 上海：上海三联书店，2024.12
-- ISBN 978-7-5426-8720-3

Ⅰ. G644

中国国家版本馆 CIP 数据核字第 2024F3A406 号

# "预聘—长聘"制度与中国大学学术生产力

著　　者 / 尹木子

责任编辑 / 方　舟

装帧设计 / 徐　徐

监　　制 / 姚　军

责任校对 / 王凌霄

校　　对 / 莲　子

出版发行 / 上海三联书店

　　　　（200041）中国上海市静安区威海路 755 号 30 楼

邮　　箱 / sdxsanlian@sina.com

联系电话 / 编辑部 :021-22895517

　　　　　发行部 :021-22895559

印　　刷 / 上海颛辉印刷厂有限公司

版　　次 / 2024 年 12 月第 1 版

印　　次 / 2024 年 12 月第 1 次印刷

开　　本 / 710mm × 1000mm　1/16

字　　数 / 300 千字

印　　张 / 18

书　　号 / ISBN 978-7-5426-8720-3/ G · 1743

定　　价 / 88 .00 元

敬启读者，如发现本书有印装质量问题，请与印刷厂联系 021-56152633